中国棉纺织行业
2020 年度发展研究报告

中国棉纺织行业协会　编著

中国纺织出版社有限公司

内 容 提 要

本书汇总了2020年我国纺织工业、棉纺织行业发展情况和特点，还对“十三五”期间，棉纺织行业的经营质效、贸易形势、产品特点、技术进步、绿色发展以及人力资源等情况进行了数据梳理与归纳。另外，本书对2020年棉纺织行业的重大事件、会员风采及年度国内外统计资料等内容进行整理汇编。

本书内容涵盖棉纺织行业发展的各个方面，是棉纺织企业经营管理者了解掌握行业发展现状、趋势的一本重要读物，同时也可供国家有关部门以及纺织院校有关人员阅读参考。

图书在版编目（CIP）数据

中国棉纺织行业 2020 年度发展研究报告 / 中国棉纺织行业协会编著 . -- 北京：中国纺织出版社有限公司，2021.8

ISBN 978-7-5180-8691-7

Ⅰ. ①中… Ⅱ. ①中… Ⅲ. ①棉纺织工业—工业发展—研究报告—中国—2020 Ⅳ. ①F426. 81

中国版本图书馆 CIP 数据核字（2021）第 132458 号

责任编辑：范雨昕　　责任校对：王花妮　　责任印制：何　建

中国纺织出版社有限公司出版发行
地址：北京市朝阳区百子湾东里 A407 号楼　邮政编码：100124
销售电话：010 — 67004422　传真：010 — 87155801
http: //www.c-textilep.com
中国纺织出版社天猫旗舰店
官方微博 http: //weibo.com/2119887771
廊坊市瀚源印刷有限公司印刷　各地新华书店经销
2021 年 8 月第 1 版第 1 次印刷
开本：787 × 1092　1/16　印张：21
字数：293 千字　定价：260.00 元

凡购本书，如有缺页、倒页、脱页，由本社图书营销中心调换

前言

2020年是极不寻常的一年，新冠肺炎疫情突如其来，给中国以及全球带来巨大考验，从人类生存到国内经济再到国际贸易，都产生了连锁反应。面对国内国际经济“大变革”，中国棉纺织行业积极应对，努力打通国内大循环，激发内需潜力，表现出强大韧劲和活力。

2020年也是“十三五”的收官之年，回看过去的五年，我国棉纺织行业以高质量发展为目标，大力推动供给侧改革，产能结构不断优化，绿色制造不断加速，品牌与人才建设卓见成效。

本书旨在回顾2020年我国棉纺织行业运行情况，归纳“十三五”期间行业取得的成绩，梳理发展中存在的问题和挑战，为行业“十四五”发展以及实现2035年远景目标奠定基础。

全书从以下五个方面展开：

1. 专家论坛篇：首先，透过2020年我国纺织工业发展运行形势看“十四五”发展重点和方向；其次，科技是引领行业高质量发展的关键，通过介绍我国纺织行业的科技创新成果，分析行业技术进步的方向；再次，近年来，国际贸易风险加大，通过对2020年我国棉制纺织品及服装的进出口情况，分析行业面临的贸易形势，规避风险；最后，指明中国纺织工业服务型制造发展方向。

2. 专题研究篇：梳理了2020年棉纺织行业运行特点及发展趋势，通过数据对2011年至2019年棉纺织行业在经济效益、产品发展、技术进步、绿色制造、人才建设等方面发展特点进行梳理和归纳。

3. 政策篇：收录了2020年与棉纺织行业相关的重要文件和通知，为企业把握宏观政策、制定发展战略提供指导和依据。

4. 统计篇：收录了国内外棉纺织行业的有关重点统计数据，供读者查询。

5. 风采篇：对行业的重大事件、优秀会员单位的风采以及本协会相关活动等内容进行汇总。

本书可供国家有关部门、院校以及纺织上下游企业阅读参考。

编著者

2021年4月

目　录

专家论坛篇

以高质量发展引领纺织强国新征程………………………………………………… 2
厚积薄发，坚定不移地走自立自强的科技创新之路……………………………… 10
抵御风险，行稳致远，中国纺织服装出口再创佳绩
——2020年中国纺织品服装贸易概况……………………………………… 18
中国纺织工业服务型制造发展现状与方向…………………………………………… 32

专题研究篇

夯实基层党建工作，为纺织强国努力奋斗…………………………………………… 49
2020年中国棉纺织行业运行及展望………………………………………………… 56
我国棉花与纱线的供应与发展分析………………………………………………… 69
中国棉纺织行业发展数据盘点系列报告…………………………………………… 81
数据盘点之：经济运行能力分析报告……………………………………………… 82
数据盘点之：进出口贸易与市场分析报告………………………………………… 93
数据盘点之：原料及产品发展分析报告………………………………………… 108
数据盘点之：技术能力发展分析报告…………………………………………… 119
数据盘点之：资源与环境分析报告……………………………………………… 129

数据盘点之：人力资源发展分析报告………………………………………… 139
中国棉纺织行业“十四五”发展指导意见专题研究报告……………………… 151
“十四五”发展指导意见之：原料保障研究报告 ……………………………… 152
“十四五”发展指导意见之：科技发展研究报告 ……………………………… 161
“十四五”发展指导意见之：可持续发展研究报告 …………………………… 173

政策篇

新冠肺炎疫情防控税收优惠政策指引汇编……………………………………… 186
关于新时代加快完善社会主义市场经济体制的意见…………………………… 193
关于以新业态新模式引领新型消费加快发展的意见…………………………… 207
关于进一步做好稳外贸稳外资工作的意见……………………………………… 214
关于推进对外贸易创新发展的实施意见………………………………………… 219
关于支持“专精特新”中小企业高质量发展的通知…………………………… 227
关于加快推动制造服务业高质量发展的意见…………………………………… 231
中小企业数字化赋能专项行动方案……………………………………………… 238
关于进一步促改革稳就业强动能的实施意见…………………………………… 243
关于进一步降低物流成本的实施意见…………………………………………… 250
关于构建现代环境治理体系的指导意见………………………………………… 257

关于新时代推进西部大开发形成新格局的指导意见………………… 264
工业数据分类分级指南（试行）…………………………………… 277

统计篇

2020年全球地区及国家GDP增长情况………………………………… 281
2020年国内社会生产销售及消费情况……………………………… 281
2020年全国用电情况………………………………………………… 282
2015～2020年棉花及化纤短纤产量情况…………………………… 282
2020年纺织工业经济指标完成情况汇总表（规模以上）………… 283
2020年棉纺纱加工、棉织造加工经济指标完成情况汇总表……… 284
2020年跟踪重点企业经济指标完成情况汇总表…………………… 285
2015～2020年棉纺织行业纱、布总产量…………………………… 285
2015～2020年棉纺用原料加工量…………………………………… 285
2020年我国出口棉布统计表………………………………………… 286
2020年我国进口棉纱统计表………………………………………… 287
2014～2020年世界棉花平衡表……………………………………… 288
2020/2021年全球棉花供需表（12月）……………………………288
2020年中国棉纺织行业景气指数…………………………………… 289

风采篇

百年风雨铸伟业，任重道远写新篇………………………………………………………… 291
纱线的百年情怀……………………………………………………………………………… 297
“三友·唐丝”2020年全国棉纺织行业营业收入排名名单 ………………………… 300
“三友·唐丝”2020年全国棉纺织行业优良发展型企业名单 ……………………… 302
“三友·唐丝”2020年全国非棉纱产品营业收入排名名单 ………………………… 303
“三友·唐丝”2020年全国粘胶短纤纱产品营业收入排名名单 …………………… 304
“三友·唐丝”2020年全国涤纶短纤纱产品营业收入排名名单 …………………… 305
“三友·唐丝”2020年全国色纺纱产品营业收入排名名单 ………………………… 306
“三友·唐丝”2020年全国白坯布产品营业收入排名名单 ………………………… 307
“三友·唐丝”2020年全国色织布产品营业收入排名名单 ………………………… 308
“三友·唐丝”2020年全国牛仔布产品营业收入排名名单 ………………………… 308
2019年全国棉纺织行业竞争力百强企业名单………………………………………… 309
2019年全国棉纺织行业优良发展型企业名单………………………………………… 311
2020年度“福建新华源”非棉纤维应用“火炬手”…………………………………… 312
2021/2022中国纱线流行趋势推荐产品名单 ………………………………………… 313
2020年度中国纺织工业联合会专利奖名单…………………………………………… 315
2020年度中国纺织工业联合会科学技术授奖名单…………………………………… 316

2020年全国纺织行业技术能手获得者…………………………………………… 317
2020年全国棉纺织行业技术能手获得者………………………………………… 317
2020年全国棉纺织行业织布操作能手获得者…………………………………… 318
2019中国纺织行业年度创新人物………………………………………………… 319
2020年全国优秀纺织（青年）企业家…………………………………………… 319
2020年度中国纺织工业联合会产品开发贡献奖………………………………… 320
纺织行业“专精特新”中小企业（第一批）…………………………………… 320
2021年实施的棉纺织标准名单…………………………………………………… 321
中国棉纺纺织精品基地…………………………………………………………… 322
中国棉纺织行业节能减排技术暨创新应用目录（第八批）…………………… 323
中国棉纺织行业产品品牌………………………………………………………… 324
2020年中国棉纺织行业协会活动掠影…………………………………………… 326

棉纺
锭子
经编
赋能纺织
精彩生活
Brilliant textile
Wonderful life
摇架
罗拉
捻线
钢领
化纤

专家论坛篇

以高质量发展引领纺织强国新征程

中国纺织工业联合会党委书记兼秘书长　高勇

2020年是我国全面建成小康社会和“十三五”规划收官之年，纺织行业经历了跌宕起伏的发展过程，经受住了复杂严峻的国际形势考验，克服了新冠肺炎疫情造成的严重冲击，竭尽全力保障了重要防疫物资的供给，稳步推进复工复产，支持国民经济及社会就业回稳，以强大的产业链、供应链体系为基础，有力服务了疫情防控大局和国民经济与社会发展需要。与此同时，纺织行业坚持深化转型升级，努力化解疫情带来的风险冲击，主要运行指标降幅持续收窄，经济运行态势平稳回升，出口贸易在防疫物资拉动下实现超预期增长。2021年，“十四五”新发展周期已经开局起步，国际形势的复杂严峻性依然不减，由新冠疫情衍生而来的风险因素众多，纺织行业身处深度调整转型阶段，必须勇于突破自身发展约束，积极应对、化解各种风险挑战，努力保持平稳、健康发展，更好地服务于国民经济与社会发展的新战略要求。

一、纺织行业2020年经济运行概况

近年来，我国纺织行业发展整体处于深度调整转型、着重提升发展质量的阶段，经济总量增速持续放缓。从2012年我国宏观经济进入发展“新常态”开始，纺织行业规模以上企业营业收入（主营业务收入）增速呈现明显的阶梯状放缓态势，出口总额、固定资产投资完成额等指标增速也呈现波动下行走势。2020年新冠疫情在全球蔓延，引发世界经济衰退、市场需求萎缩，纺织行业主要运行指标出现下滑，出口则在口罩等防疫物资拉动下出现超预期逆势增长，与此前年份相比较，经济运行轨迹发生明显变化。

2020年以来，纺织行业景气度总体保持扩张，产能利用率逐季提升。根据中国纺织工

业联合会调查数据，2020年一季度纺织行业景气指数受疫情影响降至50临界点以下，自二季度起景气指数回升到50以上，四季度为61.3，为近年来的较好水平，表明企业经营信心稳步向好。根据国家统计局数据，2020年纺织业和化纤业产能利用率分别为73.1%和80.5%，较前三季度分别回升0.7和1.4个百分点，但较2019年分别下降5.3和2.7个百分点。

1.生产形势稳步回升

根据国家统计局数据，2020年纺织行业规模以上企业工业增加值同比减少2.6%，增速低于2019年5个百分点，较2020年前三季度和年初1~2月分别收窄2和23个百分点。产业链各主要环节中，产业用纺织品行业在防疫物资拉动下，生产实现较好增长，2020年工业增加值同比增长54.1%；化纤行业和家用纺织品行业工业增加值同比分别增长2.2%和1.1%，实现由负转正。1 ~ 11月营业收入同比下降9.7%，利润总额同比下降8.6%，固定资产投资完成额同比下降约18%。主要大类产品中，仅有非织造产品明显增加，1~11月同比增长14.4%；化纤产量进入四季度后实现微幅正增长，其他产品产量均较2019年同期减少。

2.内需市场持续回暖

国内疫情暴发初期，关闭实体商业、居家隔离、减少社交活动等防疫措施使得纺织服装类商品内需消费在一季度出现大幅下滑。二季度以来，随着经济生活有序恢复，居民消费活动日渐活跃，在国家各项促进消费政策的良好支持下，纺织行业内需市场销售逐季改善。国家统计局数据显示，2020年全国限额以上单位服装鞋帽、针纺织品零售额同比减少6.6%，降幅较前三季度收窄5.8个百分点；网络零售规模恢复更为迅速，到7月底全国网上穿类商品零售规模已超过上年同期水平，全年同比增长5.8%，增速较前三季度加快2.5个百分点。

3.出口竞争力稳定释放

在防疫物资采购需求带动下，纺织行业出口规模创2015年以来新高。海关快报数据显示，2020年我国纺织品服装出口总额为2912.2亿美元，同比增长9.6%，增速高于2019年11.1个百分点。其中，纺织品出口金额为1538.4亿美元，同比大幅增长29.2%，占全行业出口总额的比重由2019年的44.3%大幅提升至58.2%；服装出口形势上半年较为严峻，但下半年随着海外经济重启，我国纺织产业体系的完善性和供应链的运转稳定性优势显现，服装出口逐步好转，到年底出口额同比降幅已收窄至6.4%，自8月起单月出口额均实现正增长。

4.企业效益持续修复，运行压力仍然突出

伴随着内外市场需求逐步回暖以及国家大规模减税降费等助企纾困政策措施显效，纺织企业经济效益在经历年初大幅下滑后，呈现稳步修复、逐季改善的态势。根据国家统计局数据，2020年全国规模以上纺织企业实现营业收入45190.6亿元，同比减少8.8%，降幅较前三季度和1~2月分别收窄3.3和20.7个百分点；实现利润总额2064.7亿元，同比减少6.4%，降幅较前三季度和1~2月分别收窄5.7和46.9个百分点。规模以上纺织企业营业收入利润率为4.6%，较年初2.2%的水平大幅改善，并超过2019年0.2个百分点。其中，产业用和家用纺织品行业盈利能力表现突出，利润总额同比分别增长203.2%和14.7%，营业收入利润率分别为11.4%和5.6%，居于产业链各环节前列。随着效益修复，纺织企业运行质量较年初也有所改善，但经营压力仍然较大。2020年，规模以上纺织企业亏损面为22.7%，亏损企业亏损额同比增长26.8%，较2月末分别下调13.6和2.7个百分点；总资产周转率和产成品周转率分别为1.1次/年和13.2次/年，同比分别放缓11.6%和10.9%；三费比例为7%，比上一年提高了0.2个百分点。

5.产业链主要环节表现稳定

从棉纺织行业看：2020年纱产量累计同比下降6.76%，其中纯棉纱、棉混纺纱和纯化纤纱产量同比下降幅度在5.15% ~8.12%之间；布产量累计同比下降11.38%，其中纯棉布、棉混纺布和纯化纤布产量同比下降幅度在7.01% ~23.70%之间。自2月起纱、布产量同比降幅持续收窄，与2月相比12月纱布产量同比降幅分别收窄25.62个和15.99个百分点；原料消耗方面的数据显示，2020年原料消耗量累计同比下降6.51%，其中原棉消耗量同比下降5.09%，原棉中进口棉消耗量同比下降15.17%，非棉纤维消耗量同比下降8.87%。棉纺织企业原料消耗量同比变化走势与纱产量走势基本一致，自2月起原料消耗量逐渐增加，8月我国服装出口迎来当年首次正增长，进口棉消耗量同比大增，降幅较7月收窄10.59个百分点；销售方面的数据显示，2020年纱销售量累计同比下降4.31%，其中纯棉纱、棉混纺纱和纯化纤纱销售量同比下降幅度在3.76% ~5.49%之间；布销售量累计同比下降13.51%，其中纯棉布、棉混纺布和纯化纤布销售量同比下降幅度在9.17% ~25.43%之间。数据显示两个特点：一是坯布的销售量降幅明显高于纱线；二是纱、布销售量同比变化走势与产量基本一致，降幅均呈逐渐缩小趋势，其中，自8月开始，纱销售量同比降幅小于其产量降幅，纱库存量明显下降；布销售量同比降幅自年初以来一直高于其产量降幅，布库存量不断增加。

二、“十四五”时期纺织行业的发展基础与形势

曲折坎坷的2020年为“十三五”画下句点，回看过去五年，我国纺织行业在世界第一生产大国的基础上继续实现长足发展，为“十四五”高质量发展打下坚实基础。随着科技创新与应用能力稳步增强，纺织行业不仅保持了产业体系完整、供给规模稳定优势，而且全产业链先进、优质、绿色制造水平均显著提升，对于我国经济、社会发展的贡献作用得到巩固，在国际纺织供应链中的影响力持续加大。从规模上看，目前我国纤维加工总量超过全世界的50%，化纤产量约占70%，出口总额约占三分之一；从综合能力来看，我国纺织产业链从门类品种、产出品质，到生产效率、自主工艺技术装备等方面，普遍达到国际先进或领先水平，不存在严重的短板环节，纺织行业在“十一五”时期构想的纺织强国目标基本如期实现。根据中国工程院对我国26个制造行业开展的竞争力评估结果，纺织工业是我国在全世界居于先进位置的五大产业之一，在我国制造强国建设进程中处于第一梯队。

“十四五”时期，我国纺织行业面临的发展形势将更加复杂严峻，不确定、不稳定因素层出。国际经济、政治格局深刻调整，经济全球化遭遇逆流，国际经贸合作机制发生改

变，总需求增长放缓趋势难以避免，贸易环境风险将持续存在。新冠肺炎疫情突如其来，推动百年变局加速演进，国际纺织产业分工合作格局发生重要变化，我国纺织行业参与国际贸易、投资及供应链合作的难度必然将有所增加。但在风险丛生的形势下，发展机遇依然存在。我国全面建成小康社会任务如期完成，经济发展长期向好，人民对美好生活需求持续释放，将推动空间广阔的内需市场不断升级，为纺织行业提供最为核心的发展动力。新一轮科技革命深入发展，材料技术占据科技革命前沿，纤维新材料以高性能、多功能、轻量化、柔性化优势替代传统材料，为纺织行业实现价值提升提供重要路径；我国科技创新软、硬件环境不断优化，新科技应用主体广泛多元，为纺织行业科技创新提供优越条件，强化科技创新的发展主引擎作用。

尽管形势复杂，站在强国目标基本实现的基础上，纺织行业有理由坚定面对未来的信心和推动高质量发展的决心，立足国家发展战略要求，精准把握国际产业格局调整特征，正视与发达国家在前沿科技自主创新、品牌及时尚软实力、绿色发展主导能力、国际供应链掌控能力等方面的差距，强化制造体系优势，解决好产业链、供应链短板，在新格局中开辟新局面，实现新发展。

三、“十四五”时期纺织行业的发展重点

“十四五”时期，我国国民经济和社会发展将向着全面建设社会主义现代化国家的新目标开局起步。纺织行业将立足我国现代化发展新目标和以国内大循环为主体的“双循环”发展新格局，在坚持科技驱动、时尚引领、绿色导向的路径基础上，以科技自主创新和产业结构调整为核心引领，进一步推动高质量发展，强化产业基础，优化产业体系，以“十四五”为新起点，适应新形势，谋求新突破，跨入新征程，实现新发展。

关于纺织行业在“十四五”时期推动高质量发展的重点方向，应当着重从两方面引领：

一是坚持自主自强的科技创新发展战略，推动产业基础高级化。

1.加快纤维新材料及配套装备自主创新，补齐产业链短板

加快关键技术自主研发突破，实现碳纤维、对位芳纶、聚酰亚胺等高性能纤维及其复合材料的更优性能、低成本、规模化生产，发展配套专用技术装备，填补产业链尖端技术空白。发展聚乳酸、新溶剂法纤维素纤维、生物基聚酰胺、壳聚糖、海藻纤维等生物基纤维，突破单体、原料规模化生产技术，开发差别化产品，建立更加多元化的纤维原料技术路线，解决石化原料比重偏高问题，提升产业链安全可控性，稳固融入国内大循环。发展功能性、生物可降解脂肪族聚酯等纤维新材料，提升品质与性能，丰富产品线，强化基础纤维材料长板优势，更好满足全面小康社会条件下更加多领域、多元化、多层级的消费及应用需求。

2.坚持提升绿色制造能力，打通可持续发展路径

大力研发并推广应用纺织绿色制造技术，着重推进生态印染加工关键技术突破，发展高效低耗及短流程印染技术、非水介质印染技术、绿色纺织化学品、印染废水高效低成本深度处理及回用技术等，进一步优化纺织面料的品种品质和生产效率，降低能耗、水耗和污染物排放量。加快废旧纺织品再生利用关键技术研发突破，提高整体技术水平，解决制约废旧纺织品循环利用体系发展的技术瓶颈问题，增强产品附加值和竞争力。推行绿色纤维材料、绿色面料等产品设计开发，建设绿色纺织工厂，开展绿色供应链试点示范。布局开展碳排放相关计量管理、碳中和前沿基础研究等工作，为我国2030年前实现碳排放达峰和2060年实现碳中和目标做出有益贡献。建立起适应绿色发展需要的行业综合服务体系，完善绿色标准体系，倡导绿色环保的生活方式和消费理念。

3.发展高端纺织制成品，提升产业链、价值链分工地位

加强纺纱、织造、非织造、染整、缝制等全产业链精细化加工技术的研发应用，全面强化先进、优质制造产业基础。融合新材料、新技术与内需消费升级趋势，开发具有高舒适度、易护理、抑菌保健等功能性及多功能复合的高端纺织制成品，高品质天然纤维产品，具有感知、调节等功能的智能纺织品，不断提升服装服饰以及家用纺织品的品质和科技附加值。大力推动非织造技术、复合材料技术进步，提升产业用纺织品先进制造技术水平；针对医疗卫生、环境保护、应急与公共安全、土工建筑、国防军工、航空航天等重点领域，加大产品开发力度，拓展纤维材料应用空间，为保障国家经济安全、公共安全做出应有贡献。

4.大力发展纺织智能制造，持续优化生产效率与生产模式，保障产业稳定、安全发展

加强工业互联网、人工智能、工业机器人、大数据等智能制造共性关键技术应用研发，解决纺织智能制造重点装备、智能化车间/工厂、智能服务系统中的关键技术问题。大力推动化纤智能工厂、无人值守环锭纺工厂、短流程纺纱智能工厂、织造智能化生产线、针织数字化车间、印染数字化网络化工厂、非织造布智能工厂、服装和家纺智能工厂建设。加快发展纺织智能制造系统集成商，组建有效的创新联合体，推动专用装备、自动化、软件、信息技术等跨领域企业协同创新，形成龙头企业先行推进、大批“专精特”企业深度参与的智能制造发展生态。通过智能制造技术突破，持续提高生产效率，优化生产流程，化解劳动力等要素资源对产业发展的制约，保障国内产业链的稳定性、安全性。

二是坚持以深化供给侧结构调整为发展主线，强化对需求侧的引导作用，推进产业体系现代化。

1.大力优化产业链结构，提升纺织产业体系的价值创造能力

加强产学研用合作及跨产业链融通创新，以纺织新材料、绿色制造、高端纺织制成品为中心，加强相关产业链配套产品及关键技术装备的开发应用，带动纺织全产业体系结构升级。大力发展产业用纺织品，提升材料创新、制造升级和产品开发水平，努力贯通医疗卫生、土工建筑、安全防护等重点产品的跨部门应用体系，拓展应用需求，进一步提高产业用纺织品在纤维加工总量中所占的比重。结合消费市场个性化发展趋势，依托智能制造创新成果，发展纺织服务型制造，提高服装、家纺产品大规模定制服务水平，打造融合线上交易及线下服务的智能化服务平台，拓宽纺织产业链增值空间。以融入国内大循环格局为核心立足点，推动纺织全产业链产品加强品牌化发展，以卓越的产品研发、创意设计、生产制造和配套服务为基础，主动提升对消费市场的引领作用和掌控能力，助推自主品牌发展取得新成效。

2.立足深度融入“双循环”发展格局，推动产业区域结构优化调整

继续推动纺织产业向中西部地区转移布局，以中西部地区特色资源条件为基础，不断完善产业体系、服务配套和综合投资环境，形成有序分工合作、高效满足内需、助力新型城镇化的纺织产业布局体系。强化产业集群在提升资源配置效率方面的优势作用，打造东部沿海地区世界级产业集群先行示范区，促进中西部地区新兴产业集群转型升级。坚持高水平对外开放，加强对国际供应链优质资源的整合利用，通过跨国并购、股权合作等方式，高质量获取技术、品牌、渠道、高端制造及人才等海外优质资源；在保障国内产业链、供应链安全可控的前提下，选择适宜地区，稳妥推动制造产能国际化布局，促进产业资源优进优出，与国内产业布局实现协同、互促发展。

刚刚过去的“十三五”时期是新中国纺织工业发展史上值得深深铭记的五年。现在，“十四五”新征程已经开启，纺织行业将通过坚定推动高质量发展，巩固行业对于国民经济和社会发展的支持作用，稳固建立国民经济与社会发展支柱产业、解决民生与美化生活基础产业、国际合作与融合发展优势产业的新定位，努力做出与建设社会主义现代化国家新目标相适应的发展新贡献！

厚积薄发，坚定不移地走自立自强的科技创新之路

中国纺织工业联合会副会长　李陵申

过去十年间，在党中央、国务院的坚强领导下，我国科技创新取得了量质齐升的历史性成就，与发达国家的科技竞争格局从集体追赶转化为局部同台竞技，在众多科技领域由跟跑并跑转向领路者，为全面建成小康社会，实现“两个一百年”奋斗目标的第一个百年目标贡献重要力量。虽然新一轮科技革命和产业变革为我国提供了“换道超车”机遇，但“卡脖子”技术、竞争加剧等挑战也不容忽视，长期以来全球化带来的技术扩散红利显著弱化，科技创新的边际效应不断下降，由此对我国自主创新能力的提升提出了更高要求。未来五年是“两个一百年”的交汇期，在新的历史起点上，面向世界科技前沿、面向经济主战场、面向国家重大需求、面向人民生命健康，科技自立自强作为国家发展战略的重要支撑，必将成为赋能引领社会经济发展，推动辐射各产业升级的关键抓手和最大增量。

当前，世界经济进入深度调整阶段，经济增长减速带来的各类压力持续释放，特别是新型冠状病毒肺炎疫情，使世界经济陷入第二次世界大战以后最严重的衰退，各国经济走势呈现明显分化态势。与此同时，新一轮的科技革命和产业变革正处在实现重大突破的历史关口，全球科技创新空前密集活跃，前沿技术呈现集中突破态势，链式发展局面正在逐步形成，众多颠覆性创新快速渗透扩散，引领新兴产业加速发展，并以革命性方式对传统产业产生全面影响，有望为世界经济增长注入新的动力。

在全球产业合作格局和创新版图加速重构、国际分工体系全面调整的背景下，全球产业价值链体系开始更多地向研发和创新倾斜，要素优势在国际竞争中的重要性正持续下降，发达国家与新兴国家间的国际竞争越来越从错位竞争向全面竞争转变，世界各国对于

可能引起新一轮科技革命和产业变革的颠覆性新技术空前重视，加剧了不同国家、区域之间的竞争激烈程度，世界范围内的科技创新与科技产业发展进入碰撞整合期，全球的科技创新协作正面临着重大挑战。

坚持自主自强的科技创新发展战略，着力于补齐产业链短板、升级产业链基础，同时加强纺织科技国际合作，能够提升我国在国际纺织产业链、价值链中的分工地位，进一步推动我国纺织行业高质量发展。

一、未来纺织科技创新的关注点

纺织行业的科技创新是新时期我国纺织工业构建新发展格局的内在要求，是推动社会经济高质量发展的必然需要，是提升自身应对外部挑战能力的关键力量。纺织行业的科技创新必须坚持自主原始创新与全球开放合作相结合，必须坚持需求牵引拓展与产业链自主安全可控相结合，必须坚持关键核心技术突破与产业基础高级化相结合。

（一）以基础研究原创科技引领未来

过去十多年，中国科技领域发展迅猛，取得了举世瞩目的成绩，实现了一大批“从0到1”的突破。新时代科技创新要充分树立新的价值观，把握世界科技发展新方向，掌握全球科技竞争的战略主动权。我们要深刻领会党和国家领导人对国际科技创新发展前沿的“四个形势”的分析：科技力量具有的威势、科技创新呈现的趋势、新一轮科技革命的蓄势、发达国家创新的态势，以及由此作出的科学判断：“基础研究是科技创新的源头”“颠覆性技术的形成是个厚积薄发的过程”。要在危机中育先机、于变量中开新局。我国纺织工业自改革开放以来，紧跟国际创新步伐，形成了全球体量最大、最完备的产业体系，已充分具备大力实施基础科学研究的经济基础，已经到了由“制造”向“创造”的关键转型期。行业应充分认识到基础研究对于技术进步和经济发展的深远意义，建立符合基础研究规律特点的评价机制，强化以学术贡献和创新价值为核心的评价导向，坚持需求导向和问题导向，面向行业科技前沿的基础地位和牵引作用加强前瞻部署，聚焦行业原创理论、原创发现和共性关键技术，激活行业科技创新内生动力。

（二）以数字经济赋能产业创新变革

以制造业为核心的实体经济，是保持国家竞争力和经济健康发展的基础，已成为世界各国的共识。制造业的科技创新是全球新一轮科技革命和产业变革的前沿阵地，数字化作为制造业升级的重要手段，不仅是全球先进制造业创新发展的主流方向，同时也成为催生新一轮工业革命的关键。数字技术对纺织行业提升产品和服务质量、降低市场交易成本、创建新业态有着重要意义。纺织产业终端消费者对个性化、功能化、快时尚产品的需求推动了科技与时尚的融合，个性化定制、柔性化生产、制造资源共享、供应链高效协同又赋予了纺织产品新的生命力和消费偏好，数字化技术已逐渐开始渗透到行业的研发、生产、营销、服务等环节，在推动纺织行业全要素生产率整体提升的同时，使消费越来越精致、智慧和高效。纺织行业的数字化转型有助于促进制造优势与网络化、智能化的叠加效应，是实现柔性化、绿色化、智能化生产，转变行业发展方式、推动行业高质量发展的重要途径。

（三）以绿色制造推动行业可持续发展

绿色制造是绿色科技创新与制造业转型发展深度融合而形成的新技术、新业态、新模式。党的十九届五中全会对绿色发展理念又有了进一步的诠释，提出尊重自然、顺应自然、保护自然，促进经济社会发展全面绿色转型，推进重点行业和重要领域绿色化改造。中国的绿色发展理念、绿色发展方式和绿色发展智慧，为建设美丽中国提供了不竭动力。从纺织行业多年的绿色发展实践经验中不难发现，纺织行业不仅为经济社会打赢蓝天绿水保卫战提供过滤防护新材料，而且全面推行的绿色制造相比实施末端治理，具有明显的经济优势。实践证明，绿色制造并不代表着高投入低产出，新的节能降耗技术、再生循环利用技术、短流程和非水介质印染技术、污染物减排技术等带来的是成本的进一步优化和长期的稳定收益；同时，产品的绿色属性也有助于打破国外绿色贸易壁垒，并成为影响消费者偏好的重要选择。新型绿色纤维、绿色染化料和助剂等化学品的开发应用，进一步提高了纺织品的功能属性，赋予产品价值再造。纺织行业要积极贯彻党中央关于推动形成绿色发展方式和生活方式的重要思想，聚焦全产业链各环节，加强绿色制造关键核心技术的研发，加快科技成果转化，为行业可持续、高质量发展持续提供新动力。

二、今后纺织科技基础工作和“十四五”科技发展纲要

“十四五”作为我国纺织工业迈向世界科技强国前列的重要时期，加大应用基础研究力度，促进科技成果产业化，强化创新载体间协同互促，构筑行业标准化创新生态体系、加强重点领域标准体系建设，强化知识产权创造与协同运用，提升产业科技创新支撑服务能力是我们未来相当一段时间里需不断努力的方向。

（一）加强行业科技管理顶层设计和战略布局

1.系统布局纺织科技发展，增强创新发展活力

近二十年来，主要科技强国竞相出台和更新其国家科技创新战略与政策，以战略规划引领、以科技政策保障，促进其科技创新体系的有效运行和效率提升。我国作为全球纺织品最大的生产、消费和出口国，纺织科技发展必须顺应我国中长期经济社会发展大趋势，加强长远战略规划，建设和完善具有发展活力的纺织科技创新体系，形成中长期纺织科技发展的系统布局，以指导和引领未来纺织科技创新工作，实现纺织科技创新体系的能力和效率的提升，长期、稳定支撑纺织行业高质量发展和纺织强国建设。

2.加快“卡脖子”关键技术攻关，破解创新发展难题

解决“卡脖子”关键技术难题，在持续加大对基础研究长期稳定的支持力度基础上，加快形成“卡脖子”关键技术攻关的综合支撑体系。建立政产学研用一体化的合作机制，汇聚人才、技术、资本等创新要素，大力推动创新链和产业链的精准对接。落实攻关项目牵头企业主体责任，指导、监督牵头企业协同相关企业、高校、科研院所形成协作攻关组，集中实施攻关行动。在“卡脖子”攻关实施主体企业设立重点实验室、科技创新中心等科研平台，为科技创新营造一个良好的环境，以便于人才和创新资源的集中集聚。

3.促进纺织科技成果转化，打造行业发展新引擎

充分发挥科技创新的作用，加大科技成果转移转化力度。破解科技创新与市场需要之间的“藩篱”，促进科技成果转移转化市场化服务，完善从科技成果到产业化技术的中间平台建设。我们将在充分利用国家层面促进科技成果转移转化政策基础上，建立纺织科技成果评估评价体系，完善纺织科技成果转移转化机构建设，加强纺织科技转移转化人才培养，搭建市场化纺织科技成果交易平台。集聚市场力量、科技力量、资本力量和人才力量，以市场需求为导向，构建纺织行业科技成果转化新机制、新模式、新体系，打造行业发展新引擎。

4.推进科技创新平台建设，凝聚科技创新力量

提高科技创新能力，必须夯实科技创新的物质技术基础，加快建设以行业重点实验室和技术创新中心为引领的创新基础平台。做好创新平台建设，一要加强领导，建立科技创新平台建设的协同机制，促进科技创新平台建设对集聚创新要素、激活创新资源、培养创新人才、转化创新成果的引领作用；二要整合资源，积极引导行业创新平台合理分配人力、财力和设备，保证重点领域、特色优势产业的科技攻关和服务，最大限度地发挥现有创新平台作用；三要加强合作，积极寻求跨界合作，共建高层次的科技创新平台，提高纺织行业的自主创新能力。

5.加强纺织科技国际合作，提高科技创新水平

通过国际科技创新合作，利用全球创新资源，是提高我国纺织科技创新能力的重要途径，我们要努力提升全球纺织科技创新资源整合能力，在开放合作中加强自主创新；聚焦前沿基础研究、关键技术领域和标准体系建设，加强与国外相关协会、企业、高校、科研院所的合作，开展联合研究；要打造国际创新资源开放合作平台，鼓励我国纺织行业创新主体对接国际创新资源，强化知识产权创造与协同运用，促进关键技术国际转移；要深度参与全球纺织科技创新管理，立足我国优势领域，主动发起全球性创新议题，全面提高我国纺织科技创新的全球化水平和国际影响力。

（二）“十四五”期间我国纺织产业科技发展方向

在国家中长期科技发展规划和“制造强国”重点产业技术发展路线图研究的基础上，“十四五”期间我国纺织产业优先发展的方向主要集中在纺织纤维新材料、纺织绿色加工、先进纺织制品和纺织智能制造与高端装备四个方面。

1.纺织纤维新材料

重点发展功能纤维、生物基纤维、可降解纤维等基础纤维材料；开发高性能碳纤维、芳纶1414、超高分子量聚乙烯纤维、聚酰亚胺纤维、连续玄武岩纤维等战略纤维材料；开发纳米纤维、智能纤维、生物医用纤维等前沿纤维材料。力争“十四五”末期，基础纤维材料总体水平和战略纤维材料规模化制备技术接近国际先进水平，建立废旧纺织品资源化分级分类标准评价体系，攻克聚酰胺及改性聚酯纤维等熔体直纺关键技术，重点前沿纤维材料实现规模化生产。

2.纺织绿色加工

重点发展绿色纤维油剂助剂及催化剂、环保型PVA替代浆料、绿色表面活性剂、分散染料等绿色纺织加工化学品；低温节能前处理、分散染料免（少）水洗染色印花、高速喷墨印花等高效低耗及短流程印染技术，超临界CO_2流体和活性染料新介质染色等非水介质印染技术。力争“十四五”末期，突破环保型PVA替代浆料等绿色化学品制备关键技术，研发并推广高效低耗及短流程和非水介质印染技术。

3.先进纺织制品

重点发展纺织、印染、缝制等全产业链精细化加工生产体系；开发功能纺织品及先进的纺织产品设计和印染加工技术；攻克智能纺织品设计与加工技术，建立智能纺织品性能检测评价体系；重点发展高端医卫个体防护用纺织品，土工建筑、应急救援、海洋工程、工业过滤用等工业用纺织品，纺织基增强复合材料、高性能纤维基复杂异型材、碳纤维预浸料等战略新材料纺织品。力争“十四五”末期，高品质纺织消费品、功能纺织消费品、个体防护医卫用纺织品、智能纺织品、工业用纺织品和战略新材料纺织品等实现重大突破，适应不断升级的居民消费需求，基本能够满足下游应用市场需要。

4.纺织智能制造与高端装备

重点发展基于大数据、人工智能和工业互联网平台等新一代信息技术的化纤智能工厂、车间无人值守环锭纺智能工厂、短流程纺纱智能工厂、智能化全流程机制生产线等纺织智能工厂/车间，纺织生产专用制造执行系统；开发新溶剂法纤维素纤维、大丝束碳纤维和大容量再生纤维等化纤成套装备；研发棉条、细纱等自动接头机器人，全自动转杯纺、喷气涡流纺等关键设备，研制自动络筒机的精密定长装置、捻接器、电子清纱器、槽筒、数字或高精度纺纱张力器和伺服驱动送纱器等，研制转杯纺纱机单锭纺纱磁悬浮电机、纺杯和分梳辊，喷气涡流纺纱机空心锭子等关键零部件；一次成型纬编机，高速无梭织机，自动穿经机，连续式针织物/纯涤纶织物印染成套装备，宽幅高速非织造布成套装备及针刺机、熔喷模头等，智能自动裁剪、吊挂输送、自动模板缝制和成衣物流智能配送系统与装备，纺织复合材料特种织造成型技术与装备；研发数字化高速无梭织机，自动穿经机，智能纱架和物料自动更换与输送装备等关键设备，高速开口装置等关键零部件；研发接头挡车、自动抓取、立体缝纫等纺织服装关键工艺环节机器人和纺织在线质量检测系统等。力争“十四五”末期，建立基于大数据、人工智能和工业互联网等新一代信息技术引领下的纺织智能工厂，高端装备实现重大突破，基本达到世界先进水平。

站在“第一个百年目标”取得决定性成就，开启全面建设社会主义现代化国家新征程的起点上，“十四五”时期是我国全面建设社会主义现代化国家新征程的开局起步期，是实现中华民族伟大复兴进程中的一个关键期。在这一时期，把科技自立自强作为国家发展的战略支撑既是适应国内社会主要矛盾变化，立足当前、着眼长远的战略布局，也是应对错综复杂国际环境带来的新矛盾、新挑战的必然选择。加快科技自立自强是纺织行业畅通国内大循环，塑造在国际大循环中的主动地位的关键。我们将以习近平新时代中国特色社会主义思想为指引，坚持以科技创新催生新发展动能，打造一条从科技强到产业强的科技强国之路。“长风破浪会有时”，全产业链凝聚起同心共筑纺织强国的磅礴力量，用伟大的成就奉献新时代。

抵御风险，行稳致远，中国纺织服装出口再创佳绩
——2020年中国纺织品服装贸易概况

中国纺织品进出口商会　朱宇星　韩啸

2020年，突如其来的新冠疫情对世界各国的经济、贸易格局造成了重大影响，打乱了我国纺织服装生产和贸易的节奏，致使出口一度陷入低谷，2月单月我国纺织服装出口剧降62%，甚至超过2008年金融危机时的跌幅。面对突发疫情，中国政府迅速应对，有效部署，积极防控，在最短的时间内赢得了防疫战的胜利。在党中央提出的“六稳”“六保”政策的大力支持下，国内市场活力得到激发，企业信心逐步恢复，全体生产企业和外贸企业共同努力，加强上下游产业链协同，保障供应链畅通，打通外销渠道，顺利确保全年对外贸易实现逆势增长。2020年，中国成为全球唯一实现经济增长的主要经济体，也是当年全球唯一实现货物贸易正增长的主要经济体。纺织服装作为重点出口商品，与全国货物贸易一致，顶住了疫情带来的巨大冲击，在口罩等防疫物资的带动下，全年出口实现超预期增长，成为拉动全国货物贸易增长的重要动力。2020年中国纺织品服装对外贸易总额3198.8亿美元，同比增长8%，占全部货物贸易的6.9%，其中出口2962.3亿美元，仅次于2014年出口2984.9亿美元的历史峰值，同比增长9.1%，占全国货物贸易出口的11.4%，进口236.5亿美元，下降4.1%。实现累计贸易顺差2725.8亿美元，占全国货物贸易顺差的51%，同比增长10.4%，拉动全国货物贸易整体出口增长1个百分点。

一、2020 年中国纺织品服装对外贸易呈现的特点

（一）一季度出口大幅下降，二季度起逐步反弹

受疫情影响，春节后国内各地生产、物流严重受阻，加上长假使大量劳动力滞留在

乡，无法及时返工、复工，纺织服装生产和出口遭到严重冲击，一季度累计出口仅463.5亿美元，同比下降17.7%。二季度，国内疫情得到有效遏制，生产基本恢复正常，但国外疫情开始大规模爆发，主要市场客户开始取消、缩减订单或要求延迟发货，导致出口环节再次遇阻，传统大宗商品的出口均出现大幅度下降。但同时由于国外疫情蔓延导致口罩等防疫物资严重不足，以前占总量份额极小的口罩（计入纺织品中）出口剧增，迅速拉动当季纺织品整体出口实现63%的增长。三季度至四季度，随着国外疫情的缓解和物资供应到位，包括防疫物资在内的纺织品整体出口增幅有所回落，三、四季度分别增长44.3%和16.5%。伴随着感恩节、圣诞、元旦等传统西方节日对服装、家纺用品等消费品的需求回升，以及东南亚、南亚等我国主要竞争对手的产业链、供应链受疫情影响不能满足外部市场需求而产生的订单部分转移、回流到中国，服装、家纺用品的出口开始反弹，四季度针梭织服装和家纺用品出口止跌回升，纱线、面料降幅收窄。大类商品纺织品自4月以来连续9个月实现增长，服装自8月后实现逆转，至年底连续5个月实现增长。如图1所示。

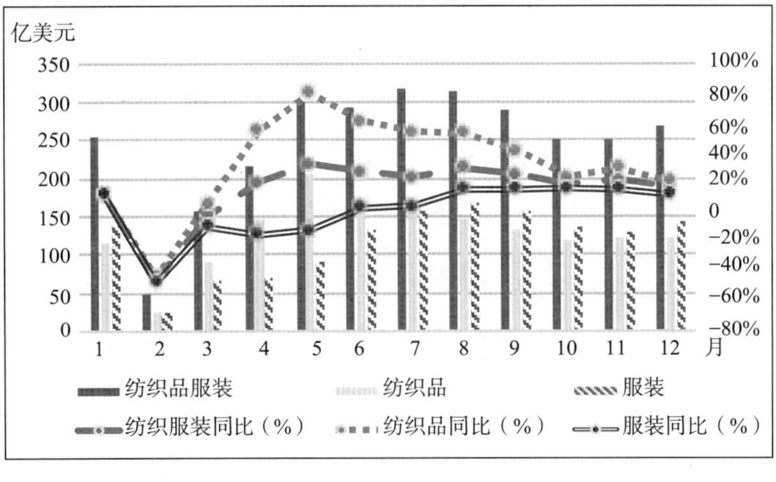

数据来源：根据中国海关数据整理

图1　2020年1～12月纺织品服装出口金额及同比

对重点市场出口全部实现增长，我国纺织品服装产品在欧、美、日的市场份额回升。

（二）对重点市场出口全部实现增长，我国产品在欧、美、日的市场份额回升

欧盟——对欧盟纺织类防疫物资出口增长迅猛，英国脱欧后与我国纺织服装贸易往来更为紧密。

2020年我国对欧盟27国（不含英国）累计出口539.7亿美元，增长34.4%，其中纺织品出口增长130%，主要由防疫物资拉动，纺织品类防疫物资（按8位HS码统计）出口218.9亿美元，占对欧盟出口总额的40.6%，同比增长了8倍多。传统大宗出口商品服装下降3.7%，其中针梭织服装的出口量自2015年以来持续缩减，2020年再降6.1%。

英国于2020年1月30日正式脱欧，随着这一地区性不确定性因素“靴子落地”，英国与中国的贸易往来得到进一步发展，2020年中英间全部货物贸易进出口同比增长7%，其中中国出口增长16.3%。纺织服装领域，中国对英国全年出口128.5亿美元，增长83.3%，高增长主要由防疫物资拉动，但传统大宗商品针梭织服装的增幅也高达31%。

美国——对美国出口先跌后涨，防疫物资成为最大亮点。

美国是全球疫情最为严重的国家，是我国防疫物资出口最多的单一市场。2020年，我国对美国出口纺织服装553.8亿美元，增长22.6%，其中纺织品类防疫物资（按8位HS码统计）出口215.9亿美元，占对美出口总额的39%，同比增长4倍多。

美国在2020年中可谓风波不断，但消费需求的基本面仍然稳固，我国对美国的出口呈现先跌后涨的特点：一季度出口额下降幅度接近30%，随后逐季回升，四季度增幅升至38%。

对美国传统大宗商品的出口下降明显：纱线、面料分别下降21.6%和16%，针梭织服装下降16.5%，只有家用纺织品增长3.5%。

东盟——东盟成为我国服装出口唯一实现增长的地区，疫情后双边仍有巨大合作空间。

在中国—东盟双边贸易协定的推动下，中国与东盟的经贸合作发展迅速，2019年东盟

超过美国成为我纺织服装第二大贸易伙伴。2020年受疫情影响导致贸易往来减少、防疫物资数据偏离常规的影响，中国—东盟双边纺织服装贸易额再次落于美国之后，累计实现466.3亿美元，增长0.65%。其中中国对东盟出口398亿美元，增长1.9%，从商品结构看，纺织品出口下降2.2%，服装增长14.1%，东盟是我国重点市场中唯一实现服装出口增长的地区。

东盟作为我国在全球最主要的竞争对手之一，长期将纺织服装行业作为其重点发展行业，在吸引投资、加强基础设施建设方面不断深化，并将触角进一步伸展至产业链的上游，拓展到纱线、面料领域以力求摆脱对中国的原料依赖。东盟纺织服装对外贸易额逐年上升，与我国的差距正在迅速缩小。2020年东盟出口同样受到疫情影响，出口势将大幅减少，但其疫情后发展趋势会继续向好，中国—东盟间仍有巨大的贸易潜能和商机。

日本——在我国出口市场中的份额略有回升，服装出口价格回落。

尽管日本已经被东盟超越，在我国出口市场中的份额持续下降，但其作为成熟的市场经济国家，庞大的进口规模和价格优势仍使其保持住重要的市场地位。2015~2019年的五年间，日本在我国出口市场中所占份额处于持续而缓慢的下降状态，五年间仅下降了0.3个百分点，位于欧盟、美国和东盟之后列第四位，单一市场中列第二位。2020年我国对日本累计出口219.3亿美元，市场份额小幅回升至7.4%，出口额增长10.3%。

对新兴市场及“一带一路”沿线国家出口小幅下降。

2020年，我国对非洲、拉丁美洲等新兴市场，以及“一带一路”沿线国家的出口全部下降，但降幅均不大，分别为1.4%、6.5%和5.7%，这些市场的未来表现依然值得期待。

中国产品在欧、美、日市场中的份额全部回升。

疫情之下，产业转移愈发成为业内关注焦点：从主要市场进口统计数据看，2020年中国产品在欧、美、日重点市场中所占的份额都经历了从下降到增长的过程。疫情初发时，中国产品份额明显下降，一季度中国在欧盟、美国和日本市场所占的份额比2019年底时分别减少了1.6个、10个和5.4个百分点，其中绝大部分转移至东南亚、南亚等地。

但随着中国工业生产和贸易秩序的逐步恢复，以及疫情全球化蔓延，东盟等与我国形成竞争关系的地区均深陷其中，在中国恢复生产时，这些地区刚进入高发期，同样遭遇停工、订单下滑的影响。二季度末，中国的市场份额已明显回升，并将这股势头延续至年底。

根据欧盟统计局统计，2020年1～11月，欧盟自全球进口纺织品服装1272.4亿美元，增长9.2%，自中国进口545.8亿美元，增长52.3%。中国产品所占份额从2019年的30.8%升至42.9%，上升了12个百分点。

根据美国商务部统计，2020年美国自全球进口纺织品服装1227.5亿美元，与2019年基本持平，其中自中国进口473.6亿美元，增长17.9%，中国产品在美市场份额比去年扩大了近6个百分点。

由于日本疫情控制相对较好，防疫物资进口的带动作用不突出，自中国服装进口份额仍持续下降，且日本最先恢复自中国以外地区采购。根据日本财务省统计，2020年日本纺织品服装自全球进口382.2亿美元，下降1.4%，其中自中国进口224.5亿美元，增长4.8%，自东盟进口下降5.7%。我国纺织服装在日本市场中所占份额从2019年的55.3%回升至58.76%，主要是由纺织品推动，服装仍然处于下降态势，服装所占份额较2019年继续下降1.2个百分点，至54.85%。

（三）防疫物资成为拉动增长主动力，传统大宗商品出口全部下降

2020年，全球疫情暴发并持续蔓延使我国防疫物资成为拉动出口增长的主动力，全年按HS8位码统计的口罩（口径略大）近538.5亿美元，同比增长71%，防护服127亿美元，增长16.8%，加上医用手术帽、医用手套等合计占总出口的25.6%，对全年出口增长形成强力正向拉动。

传统大宗商品的出口则在疫情冲击下全部下降，纱线、面料、家用纺织品和针梭织服装出口额分别下降21.5%、17.7%、3.6%和8.7%。其中纱线和面料的出口数量和单价下降速度相对更快，针梭织服装降速稍缓。见表1。

表 1　2020 年中国对全球纺织服装大宗商品出口量、单价及金额同比变化情况

项目	出口量同比（%）	出口单价同比（%）	出口金额同比（%）
纱线	−10.1	−12.8	−21.5
面料	−9.9	−8.7	−17.7
家用纺织品	—	—	−3.6
针梭织服装	−5.2	−3.7	−8.7

数据来源：根据中国海关数据整理

在疫情推动下，2020年纺织服装出口商品结构发生了重大改变，口罩出口的巨量增长带动纺织品全年出口实现28.9%的高速增长，纺织品在纺织服装整体出口中所占比重迅速扩大至52.3%，首次超过服装（47.7%）。图2～图4为中国对主要市场口罩、医用防护服以及各类防疫物资的出口情况。

即使没有疫情，纺织服装出口商品结构也在不断优化调整，从大类商品看，纱线、面料作为最主要的纺织产品，出口合计占比与2019年相比下降了6.8个百分点，而针梭织服装作为最主要的服装产品，出口合计占比较2019年下降更多，相差7.6个百分点。说明即使纺织品和服装常规产品出口全部下降，但纺织品的出口地位仍在不断升高，所占份额不断扩大。

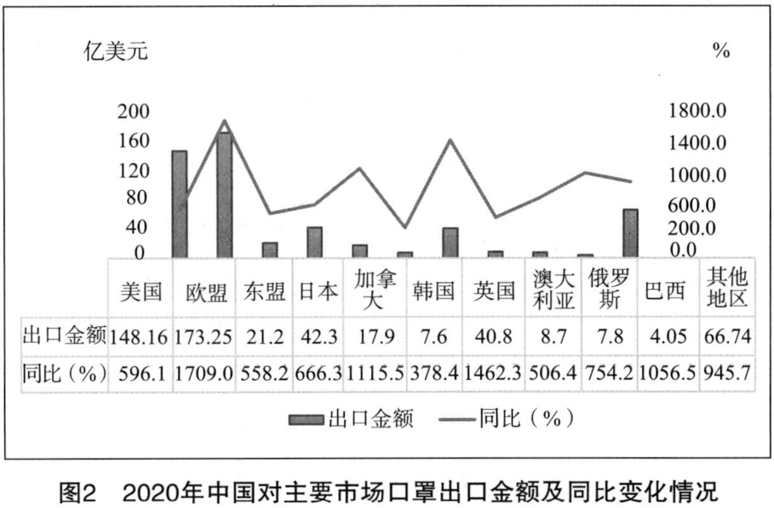

	美国	欧盟	东盟	日本	加拿大	韩国	英国	澳大利亚	俄罗斯	巴西	其他地区
出口金额	148.16	173.25	21.2	42.3	17.9	7.6	40.8	8.7	7.8	4.05	66.74
同比（%）	596.1	1709.0	558.2	666.3	1115.5	378.4	1462.3	506.4	754.2	1056.5	945.7

图2　2020年中国对主要市场口罩出口金额及同比变化情况

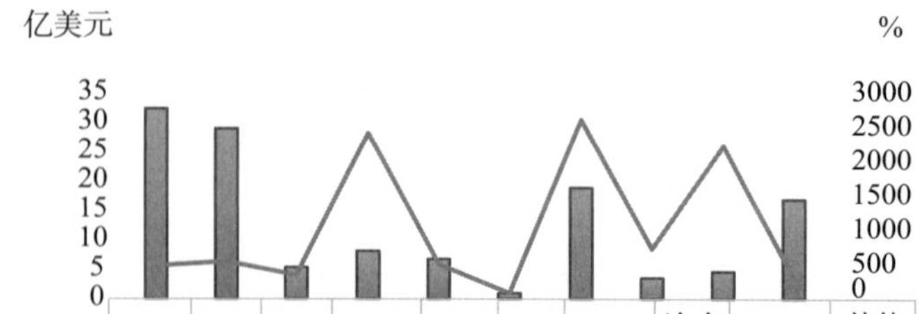

	美国	欧盟	东盟	加拿大	日本	印度	英国	澳大利亚	俄罗斯	其他地区
出口金额	32.4	29	5.4	8.15	6.8	1.02	18.9	3.6	4.7	16.93
同比（%）	484.3	549	349.8	2415.3	506.2	86.3	2615.1	731.7	2234.5	305.6

▬出口金额 —— 同比（%）

图3　2020年中国对主要市场医用防护服出口金额及同比变化情况

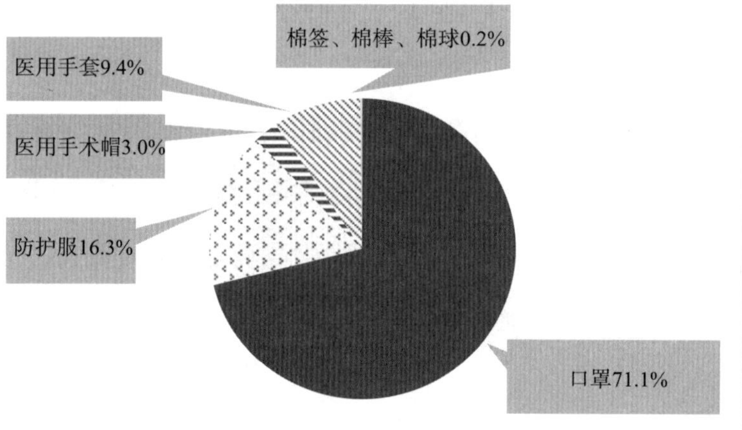

图4　2020年各纺织类防疫物资出口占比

数据来源：根据中国海关数据整理

注：图表中口罩等产品均按HS8位码进行统计，统计口径略大于实际产品出口实绩。

区域供应链带动半成品贸易进一步发展，传统市场出口降幅明显。

随着世界对中国经济依存度的上升，我国作为半成品供给方和资本提供方的重要性日益显现。

2020年我国纱线面料进出口额693亿美元，下降18.7%。其中纱线出口额132.1亿美元，下降3.8%，出口量515.1万吨，下降10.1%；面料出口额587亿美元，增长6.8%，出口量

456.7亿米，增长2.3%。

东盟与中国形成高度融合的区域供应链网络，纱线面料作为半成品出口占比进一步提升。

2010年东盟与中国建立了“中国—东盟自贸区”，中国和东盟有超过90%的产品实现了零关税待遇，且双方在优化港口效率、海关环境、招商引资、园区建设等方面有了更明确的合作。大量企业尤其纺织服装领域与我国产业高度融合，正逐步成为中国纺织服装全球产业链布局中的重要一环。

从市场份额看，东盟作为新兴市场，从2013年起就超越日本成为我国出口第三大目标市场，是我国纱线面料最大的出口地区之一。2020年在疫情影响下，东盟在我国纱线面料出口市场中的份额仍进一步提升，与2019年相比，占比提高1.8个百分点。与2010年自贸区建成时相比，中国对东盟出口纱线面料从2010年的79.6亿美元增至2020年的194.5亿美元，累计增长1.4倍，占比从17.5%提升至32.6%，提高了15.1个百分点。2020年受疫情影响，我国纱线面料对全球出口受阻、物流中断、订单交货延迟，纱线面料等上游产品整体出口需求下滑，对全球出口额为597.4亿美元，下降18.43%。但因东盟国家与中国地理相邻，已经形成了高度融合的供应链网络，在2020年出口整体下降的情况下，我国对东盟国家纱线面料出口下降13.7%，降幅小于对全球出口。

纱线面料对主要发达国家市场出口全部下降。

2020年我国对欧盟纱线面料出口36.5亿美元，同比下降26.3%，其中纱线出口9.2亿美元，下降24.5%；面料出口27.4亿美元，同比下降27%。

2020年对美国纱线面料出口16.2亿美元，占对美国纺织服装出口额的2.9%，下降17.2%，其中面料出口12.9亿美元，下降16%，纱线出口3.3亿美元，下降21.6%。

2020年中国对日本纱线面料出口6亿美元，下降24.2%，占纱线面料出口市场份额的1%，其中纱线出口2.5亿美元，下降27.1%；面料出口3.5亿美元，下降22%。

（四）我国东部大省出口份额略有下降，中部地区的产业承接效应进一步显现

2020年，纺织服装出口额排名前五的地区依次为浙江、广东、江苏、山东和福建。其中广东超过江苏再次跃居出口第二大省。五大省出口合计占全国的73.7%，占比较2019年下降2.3个百分点。中部地区的产业承接效应进一步显现，当年中部地区累计出口238.2亿美元，占全国总出口的8%，比去年提升1.4个百分点。

全年出口增长主要依靠东部地区（增长8.4%）和中部地区，西部地区和东北三省出口分别下降2%和5.4%。虽然没有实现增长，但在特殊时期，西部地区和东北三省没有出现大幅度的波动，降幅稳定在较小的区间，也说明我国区域协调发展取得了进步，地区间差距逐步缩小。

（五）纺织品服装进口先抑后扬，中间品和最终消费品的进口量均未恢复增长

在疫情导致生产受阻、需求下降以及中美贸易摩擦等因素的影响下，2020年中国纺织品服装进口未能恢复增长，全年累计进口236.7亿美元，下降4.1%。从产品结构看，全年进口下降主要受纺织品拖累，纺织品全年累计进口141.7亿美元，下降9.8%，服装进口94.95亿美元，增长6.2%。

按大宗商品的用途划分，中间品纱线、面料的进口出现量、价齐跌的情况，纱线进口量、价分别下降4.2%和11.3%，面料分别下降28.3%和0.4%。最终消费品针梭织服装依靠单价上涨实现进口额增长0.9%，但进口量下跌12.2%。家用纺织品进口额下降18.4%。

二、疫情对中国纺织服装外贸形成的短期效应和长期影响

（一）短期内造成的激增效应将逐渐消退，产业转移仍将持续原有速度和路径

疫情属于突发、偶发事件，在短期内会对全球贸易走向形成应激效应，迅速将订单集

中到少量具备完整产业链并在第一时间恢复产能的国家和地区，如下半年印度订单一度回流中国；市场的采购意向也再次转回中国，使中国在主要市场的份额快速回升。

2021年初，全球疫情仍持续肆虐，新冠病毒仍将在较长时间内与人类并存。但随着疫苗的问世和大量接种，疫情总有一天会过去，相信把未来关键的1～2年挺过去之后，全球经营秩序和贸易、投资活动将恢复正常，纺织服装的贸易格局也会逐步回归疫情前的状态。其中一个主要动向是中、低端纺织服装产业将继续从中国向外转移，且转移的速度和规模将进一步加快、扩大。主要承接方仍是东南亚、南亚以及非洲等新兴发展地区。从数据上看，中国产品在主要市场的份额将延续疫情前的下降趋势。

（二）长期看，疫情促推国际市场多元化，发达经济体将进一步减少对“中国制造”的依赖，我国与发展中国家和地区的竞争合作关系更加稳固

疫情并没有让全球形成合作共识，反而加剧了各国间的不信任和脱钩。出于对经济和产业安全的考虑，部分发达国家，如美国、日本等不断出台政策吸引产业回流，促进本地供应或趋向“邻近采购”，产业链区域化将成为后疫情时代的主要风潮。最突出的是美国，奥巴马时代就提出“购买美国货”、并出台制造业促进法案、税收优惠政策等多项优惠措施提振美国制造业。特朗普上台后在全球范围内推行单边主义，强化美国利益优先，吸引制造业投资向国内回流。

虽然庞大复杂的纺织服装产业链不可能在一朝一夕间就能顺利回流至本地，但会促进美国、日本等国家从减少对中国依赖的角度出发，加速将采购向东南亚或周边地区布局。根据美国公布的数据，2015～2019年的五年间，美国自中国进口纺织品服装的份额下降了5.2个百分点，中国失去的份额主要被越南、印度、孟加拉国及墨西哥、洪都拉斯等中北美国家瓜分。五年间中国在日本市场中失去的9.2个百分点的份额则几乎全部被东南亚国家和孟加拉国瓜分。未来随着疫情消退，这些地区的供给条件改善，为挽回损失，将加剧与我国争夺市场，中国面临的外部环境将更加复杂严峻。

在竞争的同时，我国始终坚持扩大改革开放的宗旨将进一步引领我国与东盟等国加深在产业链建设、中间品贸易方面的合作。2020年，区域自由贸易安排取得了巨大成果：11月15日，区域全面经济伙伴关系协定（RCEP）正式签署，成员包括中国、东盟十国、日本、韩国、澳大利亚和新西兰在内的15个国家，覆盖全球30%的国内生产总值、人口和出口额，是目前全球最大自由贸易区。2020年，中国对RCEP国家出口纺织服装共计780.6亿美元，占总出口额的26.4%。对于中国纺织服装业来说，首次与第二大单一出口市场日本建立自由贸易协定及协定中区域内原产地累积规则最为“实惠”。协定生效后，将对我国纺织服装业扩大贸易规模及深化产业链合作产生积极深远的影响。除此之外，我国与“一带一路”沿线国家始终保持着友好合作关系，双边贸易往来不断加强，纺织服装贸易额持续稳定增长。其中许多国家和地区在疫情中得到中国的物资和医疗援助，与中国的友谊历久弥坚，在疫情后也仍将与中国保持密切交往，双边贸易将迅速恢复并进一步扩大。

（三）与美国的贸易关系不确定性增强

美国财政部年初将中国移出汇率操纵国名单，2020年1月15日，中美签订了第一阶段经贸协议，美方将3000亿美元加税产品清单List 4A项下产品的关税从15%降低到7.5%。中方也相应下调了部分自美进口商品的关税。双方刚刚释放善意，美政府即于1月29日签署了美墨加贸易协定，并针对中国纺织产业发出“大招”，7月发布“新疆供应链商业咨询公告”，通过“涉疆法案”“实体清单”“预扣令”等多种政治、经济手段干涉中国内政，打压和扰乱新疆正常经济活动，对中美间正常的经济秩序和贸易往来造成严重破坏。

2020年由于疫情严重，美国自中国进口大幅增长。2021年随着美国民主党上台执政，美对华政策会有所缓和，单边主义、孤立主义风向会有所改变，但美国长期遏制中国的基调不会变，对中国重点科技产品的打压政策不会变。虽然纺织服装尚不属美国重点遏制产品，但作为中国对美国出口的大宗商品和中国实现贸易顺差的主要商品，美国也势必采取各种贸易常规或非常规手段对我国纺织服装产品形成限制和围堵，如签署美墨加协定、重提CPTPP，以达到孤立中国的目的。双边经贸关系的不确定性会在2021年及疫情之后进一步增强，对中美纺织服装正常贸易形成更多挑战。

三、总结成绩，正视差距，迈进“十四五”发展新征程

（一）疫情大考下，中国纺织服装业优势地位进一步凸显

经过三十年的发展，中国纺织服装产业已形成垂直完整的产业链和供业链基础，成为全球最大的纺织服装产业链中心和供业链枢纽，拥有庞大的国内消费市场。如今，我国纤维加工总量超过世界比重的50%，化纤产量约占70%，纺织服装出口额占全球的34%，根据国家统计局公布的数据，我国规模以上棉纺织企业年纱产量超过2600万吨，布产量近400亿米，限额以上企业服装类消费品零售额8000多亿元，网上穿类商品零售额逐年递增。面对突发疫情，中国的产业链、供应链经受住了冲击，国内企业迅速复工复产，调整产能转产口罩、防护服，为稳定全球消费和抗击疫情作出了巨大贡献，彰显了中国强大的制度优势和化解突发危机的能力。据中国海关公布的数据，2020年3～12月，中国共向全球出口了2242亿只口罩，相当于为中国以外的全球每个人提供了近40只口罩，出口了防护服23.1亿件，外科手套29.2亿双。2020年下半年，疫情肆虐全球，一度导致东南亚、南亚等地无法承接订单，导致部分订单回流中国，填补了部分国家和地区的供给缺口。进一步证明中国拥有良好的产业基础和稳定的产业结构，产业韧性强，灵活度大，企业有责任、能担当。这些优势短期内无法被替代被超越，中国纺织服装产业在未来较长的一段时间内仍将占据全球主要地位。

（二）正视行业存在的弱点，努力缩小与发达国家之间的差距

1.我国纺织服装产量和出口规模庞大，但利润率普遍不高，近年整体利润水平持续下降

目前，只有小部分拥有品牌和自主创新能力的大型、超大型企业能够达到较高利润回报，大多数中小纺织服装企业的利润率依然较低，出口企业的平均净利润率仅为3% ～8%。行业整体利润总额持续回落，根据统计局公布的数据，2016～2019年，纺织

业规模以上工业企业利润总额逐年递减，4年间下降了50%，服装服饰业利润总额下降了38.6%。2020年，纺织业在防疫物资带动下实现利润总额1105.40亿元，恢复7.9%的增长；服装服饰业利润总额640.4亿元，下降21.3%。

2.多数企业微利生存，抗风险能力亟待提升。由于利润率低，行业对汇率波动等外界因素的变化更为敏感

2020年，美元兑人民币汇率发生了“过山车”似的波动，人民币汇率呈现先贬后升的走势。1~5月受疫情冲击影响，人民币汇率震荡贬值，5月29日一度贬值至7.1316，跌破2008年3月以来的低点。此后，随着中国新冠肺炎疫情得到全面控制，经济全面复苏，加之美国救市放水纾困，释放流动性，致人民币重拾升势。2020年12月31日，美元兑人民币中间价报6.5249，7个月间，升值幅度高达8.5%左右，超出预期，实属罕见，全年人民币兑美元一年内上涨了6.47%，叠加下半年出现的集装箱供应紧缺、海运费用上涨现象，导致外贸企业，尤其中小企业的利润见底甚至无利可赚。2021年伊始，美元兑人民币中间价再度跌破6.5，加之美国拟将采取1.9万亿美元的释放流动性救市政策，人民币升值趋势仍将持续。出口企业的利润将进一步受到挤压。

3.我国纺织服装行业的生态仍有待优化，在品牌建设、节能环保、前端研发和成品设计、价值链掌控以及出口定价权方面仍与发达国家存在明显差距

需要进一步推动全产业高质量发展，提升行业软实力，使我国成为真正的制造业强国。

（三）“十三五”实现圆满收官，期待“十四五”再创佳绩

“十三五”期间，中国纺织服装对外贸易进入平稳发展阶段，贸易总额和出口、进口全部实现增长，平均年增幅分别为2.5%、2.7%和0.3%。2020年，纺织服装生产和出口在疫情下实现逆势增长，取得圆满收官。这是我国纺织服装产业规模实力和强大韧性的展现，也是动能转换能力的体现，更是多年来推动产业升级、提升发展质量成果的全面体现。

2021年将开启“十四五”规划新征程，中国纺织服装业面临新时代新要求，应力争在

国家支持政策的护航下，继续深化调整，加快科技创新研发与品牌建设，推进产业升级；外贸出口在巩固原有市场的同时，积极开拓新兴市场，加强与东盟国家的产业合作；继续寻找投资价值洼地，充分利用现有多、双边自贸协定优惠措施提前布局；持续补短板，增利润，扩充软实力；在复杂严峻的国际经济形势下，试点内销，构建以国内大循环为主体、国内国际双循环相互促进的新发展格局。

长风破浪会有时，直挂云帆济沧海。我们相信，中国纺织服装业在“十四五”时期及更远的未来必能行稳致远，实现跨越式发展，取得更加辉煌的成绩。

中国纺织工业服务型制造发展现状与方向

中国纺织信息中心　吴猛　闫博　宋秉政　曹文娜　李惠　和晓颖

“十四五”时期，我国经济社会进入新发展阶段，发展服务型制造对加快建设现代产业体系、推进制造强国建设至关重要。2020年，工业和信息化部等15个部门联合发布《关于进一步促进服务型制造发展的指导意见》，明确提出要“持续推动服务型制造创新发展，促进制造业与服务业融合”。中国纺织工业依托数字化、网络化、智能化发展，在新业态、新模式方面取得了诸多进步，发展服务型制造具有良好的产业基础与巨大的价值空间。

一、服务型制造的定义与内涵

综合国内外研究成果及企业实践，服务型制造可定义为，制造企业以先进制造系统为基础，以客户价值创造为导向，以新一代信息技术为支撑，实施服务延伸、价值共创和协同运营，变革企业运营管理方式和生产组织形式，创造基于产品服务系统（Product Service System，PSS）的价值解决方案，实现企业从以产品为中心的制造型企业向以客户为中心的“制造+服务”型企业转变。

在服务型制造模式下，企业将客户价值放在首位，与生产性服务企业和客户通过更为紧密的产业分工和工艺分工，重塑企业价值链。在这一过程中，制造企业相互提供工艺流程级的制造过程服务，生产性服务企业为制造企业和客户提供覆盖产品全生命周期的业务流程级服务和相互协作，从而建立面向客户个性化需求的产品服务系统价值创造的商业模式和制造模式。

与传统制造模式相比，服务型制造在核心理念、商业模式、产品模式、组织模式、制造和服务的关系定位、业务形态、组织形态、核心竞争力、盈利模式等方面都有着明显的区别，这些区别也体现了服务型制造的内涵。具体来说，在核心理念上，服务型制造企业从传统制造企业的产品导向理念向服务导向理念转变。在商业模式上，服务型制造企业更加注重对客户价值创造过程的清晰、透彻理解，通过为客户创造价值而实现自身的价值。在产品模式上，从传统的物理产品向产品与服务深度整合的产品服务系统模式转变，为客户提供整体解决方案。在组织模式上，改变传统的以核心制造企业为主完成产品生产与交付的模式，向基于社会化制造的合作价值创造网络模式转变。在制造和服务的关系定位上，服务型制造的一切活动，都是为了满足客户需求的服务活动。在业务形态上，服务型制造表现为制造业务和服务业务互相融合，制造企业拓展服务业务和服务范围，或者服务企业增加产品生产制造业务，主动进行产品的生产。在组织形态上，它既有制造企业面向中间企业的B2B服务形式，如装备制造企业为客户企业提供设备维护保养服务，也包括制造企业面向最终消费者提供B2C服务，如为客户提供个性化设计与制造服务。在核心竞争力上，服务型制造以客户需求为中心，依靠企业具有的专有知识有效挖掘价值创造网络上的需求，是知识密集型和创新驱动的发展模式。在盈利模式上，核心产品以及基于产品全生命周期的各类增值服务成为服务型制造的主要收益来源。

二、新时代下发展服务型制造的重要意义

（一）服务型制造是加快发展现代产业体系的重要方向

发展服务型制造是顺应新一轮科技革命和产业变革，增强制造业核心竞争力、培育现代产业体系、实现高质量发展的重要途径。《中华人民共和国国民经济和社会发展第十四个五年规划和2035年远景目标纲要》明确提出，深入实施智能制造和绿色制造工程，发展服务型制造新模式。近年来，国家及各省市也相继出台了多项相关政策（表1）。服务型制造通过互联网、大数据、人工智能等技术同制造业深度融合，推动制造业的转型升级，培育新技术、新产品、新业态、新模式。服务型制造通过不断增加服务要素在投入和产出中的比重，促进企业从生产型制造向服务型制造转变、由单纯提供产品向提供全价值链服务

转变，提高全要素生产率、产品附加值和市场占有率，从而推动制造业迈向全球价值链中高端。因此，推进服务型制造创新发展，有利于推进产业基础高级化和产业链现代化。

表1　服务型制造相关政策文件

——《中华人民共和国国民经济和社会发展第十四个五年规划和2035年远景目标纲要》（2021年3月11日）
国务院：
——《中国制造2025》（2015年5月）
——《关于积极推进供应链创新与应用的指导意见》（2017年10月5日）
——《关于创新管理优化服务培育壮大经济发展新动能加快新旧动能接续转换的意见》（2017年1月13日）
——《关于深化制造业与互联网融合发展的指导意见》（2016年5月13日）
国家发展和改革委员会：
——《关于推动先进制造业和现代服务业深度融合发展的实施意见》（2019年11月10日）
——《增强制造业核心竞争力三年行动计划（2018～2020年）》（2017年11月20日）
工业和信息化部：
——《关于进一步促进服务型制造发展的指导意见》（2020年6月30日）
——《发展服务型制造专项行动指南》（2016年7月28日）
——《制造业设计能力提升专项行动计划（2019～2022年）》（2019年10月11日）
——《中小企业数字化赋能专项行动方案》（2020年3月18日）
——《工业绿色发展规划（2016～2020年）》（2016年6月30日）
——《纺织工业发展规划（2016～2020年）》（2016年9月20日）
部分省市：
浙江《浙江省推动先进制造业和现代服务业深度融合发展的实施意见》（2021年1月8日）
江苏《关于推进服务型制造赋能制造业高质量发展的实施意见》（2020年12月16日）
山东《关于加快促进服务型制造发展的实施意见》（2021年1月25日）
上海《上海市生产性服务业和服务型制造发展专项支持实施细则》（2018年12月14日）
福建《福建省服务型制造示范企业培育和扶持实施细则》（2017年6月12日）
江西《江西省发展服务型制造新一轮专项行动实施方案》（2021年1月13日）

续表

宁夏《关于推动服务外包转型升级的实施意见》（2020年10月12日）
辽宁《辽宁省发展服务型制造专项行动推进方案》（2016年9月20日）

（二）服务型制造是推动构建双循环新发展格局的重要力量

发展服务型制造有利于扩大内需，进而促进形成以国内大循环为主体、国内国际双循环相互促进的新发展格局。一是服务型制造以“客户需求”为导向，可以更高质量、更加全面、更加创新地满足消费者需求，从而能极大地满足消费者的潜在需求与更高要求；二是服务型制造的发展，极大地深化了新一代信息技术的应用深度，拓展了新一代信息技术的应用场景，从而可以有效激发对诸如5G、大数据中心、人工智能、工业互联网等新型基础设施的投资需求。服务型制造的新模式新业态可以有效带动“新基建”的投资，推动“新基建”在国内的需求；三是服务型制造不仅总体上能促进制造业高质量发展，而且还有利于促进生产性服务业的发展，从而更好激发内需活力。伴随服务型制造的发展，一些束缚生产性服务业发展的体制机制问题被日益重视，要素市场化配置体制机制逐步完善，研发设计、系统集成、检测认证、专业外包、市场开拓等服务业态会迎来快速发展的契机，面向服务型制造的专业服务平台、综合服务平台和共性技术平台也会不断成长，相关职业教育、服务规范等迅速发展，最终形成生产性服务业良性大发展的态势，进一步加速促进形成以国内大循环为主体、国内国际双循环相互促进的新发展格局。

（三）发展服务型制造是我国纺织工业高质量发展的内在要求

中国纺织工业已经形成了全球体量最大、最完备的产业体系，基本已实现了“纺织强国”目标。现阶段，行业面临着环境约束强化、综合成本上升、供给质量与消费升级不匹配等诸多难题。发展服务型制造，由生产制造环节向研发设计、物流管理、品牌营销、金融服务等高附加值服务环节延伸，由产品制造向产品制造+服务模式转变，能有效改善供给体系的质量和效益，实现产需互动和价值增值。这对于充分发挥超大规模市场优势，推动行业高质量发展具有重要意义。当前，纺织工业正在经历全产业链的服务化转型。开放式设计、协同式研发方兴未艾；大规模个性化定制、互联制造、产能共享等新模式深入发展；供应链智慧化、柔性化、金融化进程持续加快，服务型制造呈现巨大活力。

中国服务型制造发展较好的地区与纺织产业发达的地区高度重合。《服务型制造区域发展指数（2020）》报告显示，2020年度区域发展指数排名前10位的省市分别是浙江、江苏、广东、上海、四川、福建、安徽、辽宁、云南和河北。浙江省因生产性服务新产业发展迅速，数字经济优势明显，在服务型制造产业生态、发展成效和融合程度等方面均位列第一。从各项指数来看（图1），我国服务型制造进入了快速发展的阶段。浙江、江苏、广东、上海等纺织产业较发达的地区服务型制造也发展领先，纺织工业发展服务型制造具有良好的区域生态支撑，处于重大的发展机遇期。

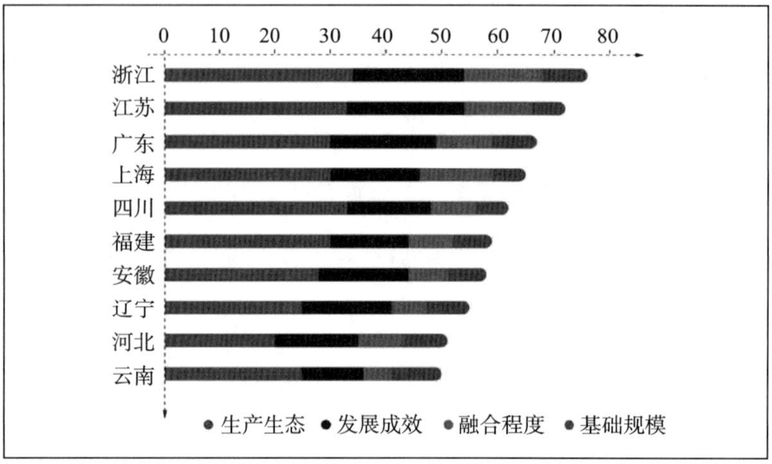

数据来源：《服务型制造区域发展指数（2020）》

图1　服务型制造区域发展指数

三、国内外服务型制造的发展现状

根据世界银行公布的数据，2019年全球服务业增加值占GDP的比重平均达到65%左右，其中高收入国家为70%，中等收入国家为55%。从不同经济体来看，美国、英国、日本等发达国家该数值的占比分别为77%、71%和69%，而“金砖国家”的平均水平也已达到50%以上。全球经济已进入服务经济时代，产业结构的服务化特征日趋明显，发展服务型制造正是顺应产业发展趋势，已经成为全球共识。

（一）全球服务型制造的发展水平

从全球范围来看，不同国家和地区在不同年份的服务型制造❶发展水平见表2。服务型制造发展水平指当地开展服务型制造的企业占所有制造企业的比例。由表2可以看出，以美国、英国为代表的欧美发达国家的整体服务型制造发展水平较高，我国的服务型制造发展水平与其相比仍有较大差距。

表2　不同国家和地区的服务型制造发展水平

国家/地区	2007年	2011年	2018年
中国内地	1%	19%	38%
美国	58%	55%	53%
芬兰	51%	54%	44%
荷兰	40%	27%	43%
挪威	30%	50%	40%
德国	29%	28%	39%
中国香港	28%	24%	31%
瑞典	27%	42%	39%
瑞士	28%	31%	39%
西班牙	26%	29%	33%
英国	24%	39%	56%
希腊	23%	19%	32%
澳大利亚	22%	29%	51%
南非	21%	23%	37%
法国	18%	41%	36%
奥地利	15%	19%	38%
日本	11%	31%	41%

数据来源：Neely et al., 2011❷；Mastrogiacomo et al., 2019❸

❶ 国外一般使用“服务化（Servitization）”作为服务转型的术语。但其内涵与“服务型制造”类似，在此统一使用后者。

❷ Neely A， Benedetinni O， Visnjic I. The servitization of manufacturing：Further evidence：18th European Operations Management Association Conference， Cambridge， 2011.

❸ Mastrogiacomo L， Barravecchia F， Franceschini F. A worldwide survey on manufacturing servitization[J]. The International Journal of Advanced Manufacturing Technology， 2019， 103（9）：3927−3942.

（二）国外服务型制造的发展特点

国外的服务型制造发展特点体现在以下几个方面。第一，起步较早。如IBM早在20世纪90年代就开始了大规模的服务型制造转型，有效提高了公司的利润率和股东回报。第二，服务型制造相关的理论研究更为丰富，在当前的服务型制造相关文章和书籍中，国外学者占据了大多数的比例，这也为国外实施服务型制造的企业提供了更多的参考。第三，注重知识密集型和信息密集型服务。国际著名咨询公司德勤的《基于全球服务业和零件管理调研》报告显示，在被访的80家全球领先的制造业公司中，服务收入占总销售收入的平均值为26%，服务净利润贡献率平均值则达到46%，这在很大程度上归功于发达国家先进的科技与信息技术水平。第四，注重服务型制造的区域化发展，这一特点在欧洲各发达国家的服务型制造企业中体现明显，欧洲各国的服务型制造发展水平较高，也较为均衡。

（三）我国服务型制造的发展特点及存在的问题

随着国家政策的大力扶持，新兴技术的快速创新，应用场景的不断拓展，我国服务型制造展现出迅速发展的形势。2015～2019年，我国离散制造企业开展服务型制造的企业比例由14.1%增长至25.3%（图2）。其中电子、交通设备制造行业开展服务型制造的企业比例分别为31.1%、27.7%，位于离散制造行业前列。不同行业开展服务型制造的路径各有不同，但均将价值链延伸与重构作为终极目标。

与欧美等发达国家相比，虽然我国服务型制造企业的整体比例正在快速提升，但仍存在几个方面的问题。首先是由于起步较晚，企业服务型制造转型的基础较为薄弱，对服务型制造重要性的意义认识不足，尤其是目前大多数制造企业秉承的是以产品为中心的经营理念，忽视了对顾客的关注。另外，相对于发达国家以知识/信息密集型等高端服务为主的服务型制造模式，我国的制造业整体的竞争力以加工组装见长，存在重规模轻定制的现象，许多制造企业所从事的服务活动局限于安装或维修等基本服务，还没有涉足高级服务领域，德勤与中国机械工业联合会联合发布的《2014中国装备制造业服务创新调查》报告显示，在被访的198家装备制造企业中，只有6%的企业服务收入占总营收比超过20%，

81%的企业服务净利润贡献率不足10%。此外，自主创新能力不足仍然是制约我国服务型制造发展的重要因素，我国制造企业长期以来采取的是规模/价格制胜的竞争策略，而服务型制造是基于企业核心产品和核心业务的服务创新，服务型制造的客户对产品和服务贡献有更高的要求，而我国制造企业整体来说在核心技术水平、研发水平等方面都有较大差距。

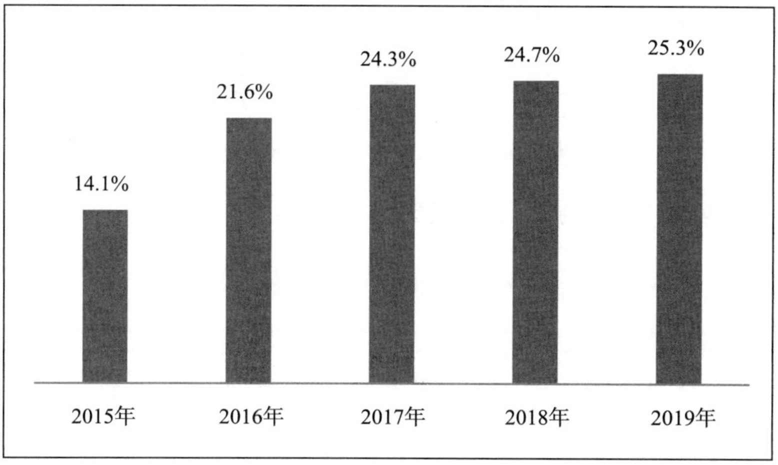

数据来源：《中国两化融合发展数据地图（2019）》

图2　全国开展服务型制造企业（离散制造）比例

四、国外纺织工业服务型制造的发展现状

（一）纺织工业服务型制造

结合纺织工业相关的理论与实践，基于服务型制造的定义，纺织工业的服务型制造可以定义为，在以互联网、物联网、大数据和社交网络等新一代信息技术的推动下，以客户价值创造为导向，基于分工、共享、协作、共赢的理念，纺织工业企业引导客户积极参与价值共创，服务与制造紧密融合，创造面向客户个性化需求与全价值链增值的先进制造模式。在这一过程中，服务型制造的主体是纺织工业中的制造企业，提供服务的对象是客户，纺织工业企业通过与供应商和服务商的更深入、细化的分工与合作，为客户提供满足其个性化需求的整体解决方案，可以帮助客户实现收益的提升，也可帮助客户实现对成本

的控制；所提供的服务是高附加值的增值服务（如定制化服务、工业与时尚设计服务、检验检测认证服务等），而不是简单的基础性服务；所提供的服务不仅是基于自有产品的，也可以是在其他纺织工业企业产品、流程之上开发的服务（如供应链管理、全生命周期管理服务等）。

（二）国外纺织工业的服务型制造实践

国外纺织工业服务型制造的实践模式主要可以分为两类：一类是以大型企业为主，整合各类行业相关服务，全方位满足客户的需求；另一类是结合自身能力特点，深入开展特定服务业务，此类别以中小规模企业为主。通过对瑞士、瑞典、芬兰等国家的相关企业案例的梳理[1]，其主要开展的服务型制造业务见表3。

表3　国外纺织工业服务型制造业务

业务类别	业务描述	企业国别
信息增值服务	瑞士乌斯特技术公司是一家从事纺织品质量监控系统设备的研发、制造、销售和服务的专业公司。其不仅出售纱线检测设备，更延伸至制定、发布和销售公报，不断拓展为产业链上下游企业提供质量与统计值的服务	瑞士
系统解决方案	瑞士创新纺织科技公司（HeiQ Materials AG）根据客户的具体需求定制服务，包括技术支持、解决问题、法律合规服务等基础服务，客户培训、环境健康安全等中间服务和各种高级服务。通过整合的产品服务业务，该公司与客户共同创造价值。在过去五年中，该公司实现了30%的销售复合年增长率	瑞士
交互设计	再设计服务是基于共同创造的设计选择和研讨会进行的，用户保留产品所有权，达成一致之后再进行付款。DIY活动也会向用户传授关于慢时尚和可持续性的重新设计技能和知识	瑞典
租赁服务	童装租赁及上门服务。每个包裹包含大约15件衣服，可以以30欧元的价格租出去。此外，还提供9～10欧元的退货服务。除了派送和上门收件服务外，该公司还通过第三方组织洗衣服务	芬兰

[1] Pal R. Extended responsibility through servitization in PSS[J]. Journal of Fashion Marketing and Management: An International Journal，2016，20（4）：453–470.

五、中国纺织工业服务型制造的发展现状

（一）主要模式

中国纺织工业服务型制造的模式主要包括个性化定制服务、工业与时尚设计服务、检验检测认证服务、全生命周期管理服务、供应链管理服务和其他新模式或新平台服务。

1.个性化定制服务

企业在客户参与、客户交互的情境下，满足客户个性化需求，提升产品价值的新模式。其中，大规模个性化定制还可实现大批量、低成本、高质量和高效率的制造。

2.工业与时尚设计服务

面向纺织服装行业的工业设计、时尚设计需求，搭建网络化的设计协同平台，提升纺织服装行业的工业与时尚设计服务水平。

3.检验检测认证服务

企业开放检验检测资源，开展检验检测服务，参与检验检测公共服务平台建设；推进检验检测认证服务标准体系建设，加强相关仪器设备和共性技术研发，提高检验检测认证服务水平。

4.全生命周期管理服务

企业以客户为中心，开展从研发设计、生产制造、运行监测、维护检修、回收利用等全链条服务。

5.供应链管理服务

企业建设供应链协同平台，面向行业上下游开展供应商管理库存、精益供应链等服务。

6.其他新模式或新平台服务

在推动服务型制造创新发展、促进制造业与服务业融合方面的其他新模式与新平台。如印染等行业的产能共享与节能环保服务，服装等行业的生产性金融服务模式。

（二）发展水平

国家工业信息安全发展研究中心报告显示，2020年中国纺织工业实现网络化协同企业比率为41.7%，数字化研发设计普及率为70.3%，关键工序数控化率为49.7%，工业电子商务普及率为66.1%；从研发设计、生产制造到供应链管理，纺织工业的数字化、协同化生产程度不断提升，全产业链服务新模式持续创新。2018～2020年，纺织工业实现服务型制造的企业比例由20.8%提升至27.1%（图3），增速较快，但整体水平仍略低于全国水平。

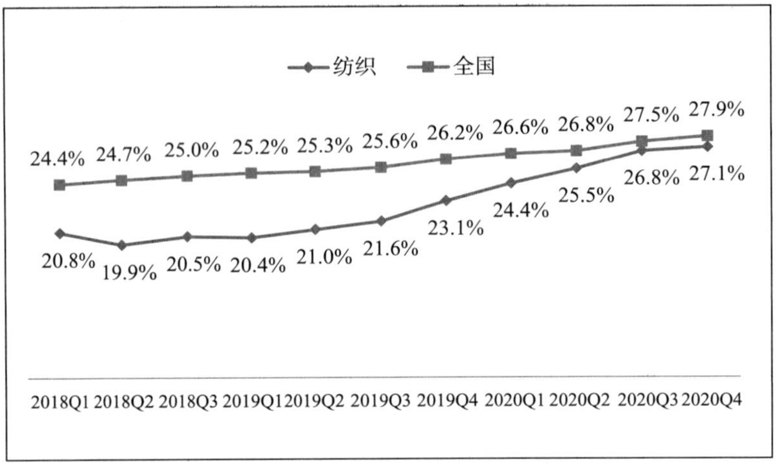

数据来源：《纺织行业两化融合发展数据地图》

图3　纺织行业实现服务型制造的企业比例

以个性化定制为例，纺织企业快速发展。2018～2020年，纺织行业实现个性化定制的企业比例由9.3%提升至12.7%（图4），较大幅度领先于全国平均水平。该模式通过数据化、部件化、智能化等方式，建立用户体验中心、搭设在线设计平台等，形成动态感知、实时响应消费需求，从而实现服装个性化定制生产。从2019年数据比较来看，纺织工业个性化定制企业比例在纺织、轻工、电子、机械、交通设备制造五个行业中位列第一。

（三）典型实践

1.个性化定制服务的典型企业

（1）青岛酷特智能股份有限公司（青岛红领）

自2000年以来，青岛酷特智能股份有限公司大量使用信息技术，进行生产技术的改造升级和管理变革。服装生产实现了全流程数字化，所有的定制与服务全流程均由客户数据驱动，数据完全打通而且实时共享，提升了生产经营效率和盈利水平。酷特智能通过个性化定制模式，客户信息传递缩短到五分钟以内，客户订单处理时间缩短到两天以内，已实现业务接单能力年提升100%以上，产品生产周期缩短到三天，订单处理错误率降低到3%以内，利润率提高100%以上。

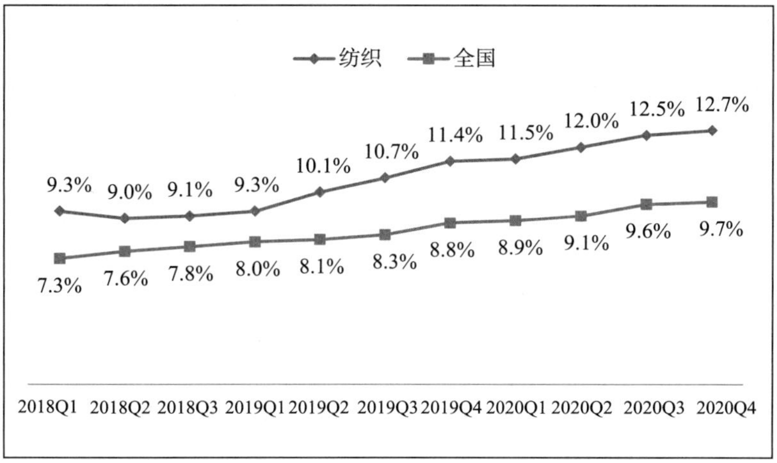

数据来源:《纺织行业两化融合发展数据地图》

图4　纺织行业实现个性化定制的企业比例

（2）报喜鸟集团

报喜鸟集团结合移动互联网及大数据技术，打通线上与线下，为消费者提供全方位、多品牌、互动与服务结合的全渠道购物体验。在销售端升级的基础上，同时借助智能制造技术的发展，积极推进内部转型升级，成立云翼智能平台，部署工业4.0智能化生产，通过打造“三朵云”的智能制造架构体系，即“云定制”“云工厂”“云数据”，为全球私人定制店及消费者提供全方位、一站式私人定制服务，充分满足消费者个性化、时尚化的需求，率先引领服装产业探索大规模个性化定制之路。

2.供应链管理服务的典型企业

（1）利丰集团

利丰集团是国际性大型跨国商贸集团，建立了具有代表性的全球化供应链管理体系。

利丰集团为全球数千家客户提供供应链管理过程服务，为每一个客户建立专属的服务团队或部门，专门负责面向具体客户的个性化的供应链管理。同时，利丰集团与供应商紧密合作，达成信息和资源共享，共同提高供应链效率，降低供应链运作成本。经过多年的发展，利丰集团为制造商提供从产品流行趋势预测、产品设计、原材料采购、生产、配送，乃至销售和售后服务等一系列专业化服务，真正成为一个供应链的资源集成者和组织者。

（2）山东如意科技集团有限公司

山东如意科技集团有限公司是纺织工业供应链管理表现突出的企业。其以集成化设计为主线，原料—纱线—面料—服装—品牌于一体的集成设计模式改变了纺织服装产业的设计格局。以互联网、大数据和各种集成技术为支撑，智能装备、智能工厂实现了产业链协同制造，同时也实现由生产加工到服务制造的转变。以敏捷供应为载体，实现上下游快速、零库存的供应创新。如意的服务型制造转型取得了较好的成效，整体开发周期提升了50%以上，高端纺织品市场占有率达到23%。经济效益明显，在服务型制造转型初期，如意年销售收入以10%的速度递增，其中为用户提供服务收入增加较明显。随着服务型制造模式的不断完善，预计未来五年销售收入将会以20%以上的速度递增，真正实现由制造向“制造+服务”的转变。

3.全生命周期管理服务的典型企业

（1）经纬纺织机械股份有限公司

经纬纺织机械股份有限公司应对行业需求变革、用户企业集中度提升的趋势以及产业链融合日益紧密的特征，积极推进商业模式创新、产品创新、管理创新，加快从制造型向制造服务型企业转型。“经纬e系统”以棉纺设备数据采集为中心，集成产品质量数据、环境数据、能耗数据、人员数据，搭建企业生产数据平台。实现ERP系统与生产过程控制系统的无缝连接和以订单流程为核心的“智能调度”，进一步挖掘设备产能；实现订单进度预警、设备状态预警、质量超标预警、环境超标预警、能耗超标预警。不断完善升级“智能化棉纺成套纺纱全流程设备”，在行业率先建设夜间无人值守纺纱车间，在纺机行业中继续保持技术领先。全面推行精细化营销、精益研发、精益供应链、高质量交付、精准服务以及旧机改造、升级换代等全流程质量管控模式。

(2) 愉悦家纺有限公司

愉悦家纺有限公司从纺织起步，专注于科技创新，通过全面转型升级涉足大健康产业，融合高品质家纺及服装、智慧睡眠系统、医养健康三大领域为全球客户提供产品、服务及解决方案，打造以人为本的“全生命周期健康管理”。愉悦家纺的大健康产业由医疗、康养、研创、制造、新零售、健康教育六大板块组成，依托板块间的数据共享，推动研创、制造、新零售等板块的协同创新，快速个性定制相关医疗健康用品。通过与大健康产业的相融，家纺主业发展空间不断拓展，企业在服务化领域方面的业绩持续提升。

纺织工业以服务化构建价值新空间，畅通生产、分配、流通和消费的新循环，推动产业在第一、第二、第三产业间的融合，也涌现出一批获得工信部认定的服务型制造示范企业与项目（表4）。

表4　纺织行业获得工信部认定的服务型制造示范企业与项目

批次	企业名称	示范模式	
第一批	山东如意科技集团	供应链管理	
批次	项目名称	申报主体	示范模式
第一批	“互联网＋”服装定制能力平台建设项目	宁夏汇川服装有限公司	信息增值服务
第二批	时尚智慧制造聚集平台项目	武汉爱帝集团有限公司	供应链管理示范项目
第二批	青岛红妮数据驱动无菌内衣个性化定制改造项目	青岛红妮制衣有限公司	供应链管理示范项目
第二批	基于云平台的智能控制粗纱系统远程运维服务	青岛环球集团股份有限公司	全生命周期管理
第二批	以消费者为中心的职业制服大规模量身定制服务	新兴际华集团有限公司	总集成总承包示范项目

续表

批次	项目名称	申报主体	示范模式
第二批	HuaYanqFN-ⅢG 型 6.8 米防水卷材胎基用高速涤纶纺粘针刺非织造布生产线设备及技术开发与技术服务	大连华阳新材料科技股份有限公司	总集成总承包服务
第二批	基于用户体验的智能营销服务管理平台——数据驱动的服装产销模式新变革	雅莹集团股份有限公司	信息增值服务示范项目
第二批	以渠道营销为载体的女裤定制化服务项目	郑州领秀梦舒雅服饰有限公司	信息增值服务示范项目
批次	申报主体	平台名称	
第一批	浙江华端信息资讯股份有限公司	面向化纤纺织工业公共服务平台	
第二批	浙江网联毛衫汇科技股份有限公司	毛衫行业 S2B 产业互联网协同平台	
第二批	东北袜业园互联网 + 工业服务平台	吉林省东北袜业纺织工业园发展有限公司	

六、中国纺织工业服务型制造的发展路径与政策建议

（一）加强科技创新与模式创新

推动行业在制造业服务化转型的科技创新。提升对新一代信息技术的研究与应用，加强大数据、物联网、人工智能、云计算等新兴技术在行业企业的应用。提升以客户需求为导向的产品开发能力，加强产业链上下游产能共享与资源协同能力。加强数字经济引领下的产业新模式发展。

（二）推动集约化集群化发展

充分利用服务型制造发展领先地区的创新与配套优势，集中资源，实施服务型制造的集约化集群化发展战略。推动以龙头企业为首，大中小企业协同发展的带动效应。强链、补链、固链、畅链，加快提升集群服务化产业链竞争力。积极发展服务化的园区经济，形

成良好的区域发展环境。

（三）优化人才支撑体系

纺织工业服务型制造需要越来越多的复合型人才。政府与行业应对纺织工业服务型制造教育发展发挥引领作用，融合多方资源，创新人才培养模式。积极搭建政校企合作平台，推进产学研一体化，吸收、引进高层次相关人才，建立更加系统化、体系化的纺织工业服务型制造人才支撑体系。

（四）加强标准化体系建设

加快形成统一的纺织工业服务型制造统计指标和标准体系，清晰界定行业服务型制造边界，强化公众和企业认知。通过标准化体系建设更好地推动服务型制造各项工作的开展，提高政策的精准性，引导纺织工业企业建立相应的服务型制造能力。

（五）调整税收优惠政策，加大专项资金支持

两化深度融合、工业互联网建设是发展服务型制造的重要基础。企业需要投入大量的人力和财力，将面临较大的资金压力。政府应调整税收优惠政策，扩大加计扣除的范围，将企业信息化以及两化融合方面的资金投入列入加计扣除的范围；加大制造业服务化转型专项资金的支持力度，鼓励企业加大投入，引导企业加快数字化与服务化转型建设步伐。

专题研究篇

夯实基层党建工作，为纺织强国努力奋斗

中国棉纺织行业协会支部委员会

2020年，中国棉纺织行业协会（以下简称中棉行协）党支部，以习近平新时代中国特色社会主义思想为指导，深入贯彻党的十九大和十九届二中、三中、四中、五中全会精神，深刻理解把握新发展阶段、贯彻新发展理念、构建新发展格局。坚持把政治建设摆在首位，贯彻落实新时代党的组织路线，不断巩固深化“不忘初心、牢记使命”主题教育成果，紧紧围绕新时代党的建设总要求，推动新时代基层党的建设不断提升，为纺织强国建设提供坚强政治保证。

一、增强“四个意识”，坚定“四个自信”，做到“两个维护”与党中央保持高度一致

2020年是极不寻常的一年，突如其来的疫情改变了很多人的计划。在这一年中，中棉行协党支部始终坚持党的领导，根据中国纺联党委的要求认真贯彻和部署支部的学习任务，带头坚持不懈用习近平新时代中国特色社会主义思想武装头脑、指导实践、推动工作。支部全体党员进一步统一思想与党中央保持高度一致，按照疫情防控要求，一方面做好内部防疫部署，另一方面积极引导和协调会员企业做好防疫工作，鼓舞行业士气，建立与疫情防控相适应的经济社会运行秩序，经此一疫，支部的战斗力有了进一步提升，增强“四个意识”，坚定“四个自信”，做到“两个维护”。

（一）与时俱进，加强理论指导

2020年按照中国纺联党委工作的要求，中棉行协党支部做好线上线下、集中与自学相结合的部署，并结合现场参观学习等方式，完成了中国纺联党委规定要求的学习任务。根

据本支部的统计，学习了《中国共产党第十九届中央委员会第五次全体会议公报》《治国理政第三卷》等文章16篇、系列视频和讲座8次。强化理论武装，提升了支部全体党员的理论素养，全体党员学有所思、学有所悟、学有收获。尤其在学习《中国共产党第十九届中央委员会第五次全体会议公报》时，充分认识到此次会议的背景和意义，为本协会起草中国棉纺织行业"十四五"发展规划指导意见奠定了基础，推进产业现代化发展方面提供了遵循和依据。

（二）学好党史国史，牢记初心使命

中棉行协党支部以纪念中国共产党建党99周年为契机，号召全体党员认真学习《党员应知应会200条》，为提高学习效果，支委会组织开展了笔试作答活动，试题包括"习近平新时代中国特色社会主义思想""党的理论""党务党建""党规党纪""党的历史"五个应知应会方面和自答等内容32个题目。集中学习《党史故事100讲》《十一书》、金一南教授《不忘初心，牢记使命》主旨演讲等视频资料，深刻领会习近平新时代中国特色社会主义思想，不忘初心，牢记使命。另外，本支部和中国纺联第六联合党支部组织了"参观香山革命纪念馆"主题党日活动，实地学习中国共产党党史，回顾中国共产党领导中国人民夺取全国胜利和党中央筹建中华人民共和国的光辉历史，缅怀老一辈革命家的丰功伟绩。鼓励我们始终在中国共产党的领导下，不忘初心，牢记使命，锐意进取、开拓创新，为实现纺织强国而不懈奋斗！

（三）弘扬新时代"抗美援朝"和"抗疫"精神，做到"两个维护"

中棉行协党支部组织全体党员和群众集中观看"抗击新冠肺炎疫情表彰大会"和"纪念中国人民志愿军抗美援朝出国作战70周年大会"直播，学习了党和国家领导人的重要讲话。这两个事件均展现了全党全国各族人民在中国共产党的领导下，上下一心，始终做到"两个维护"，战胜困难的决心。

二、压实党建责任，夯实工作基础

中棉行协党支部书记作为第一责任人，带头知其责、明其职、尽其力，发挥好把关定向、带头示范作用，团结带领班子成员共同把支部的主体责任扛在肩上、抓在手上、落实在行动上，通过以上率下，深刻领会“头雁效应”的作用，坚持主业主抓，主责主担，以身作则，指导和推动支部党建责任、落实整改责任。

（一）进一步严肃党内政治生活

为进一步加强和规范党内政治生活，提高支部政治生活质量，加强基层党组织贯彻全面从严治党要求，2020年支部认真落实“三会一课”制度，认真执行党内政治生活准则。按照《中国共产党党员教育管理工作条例》的要求，全年组织召开12次支部委员会议，7次全体党员大会，每个党小组召开学习等活动12次，共计36次；支部全年组织了4次党员领导干部讲党课，主题分别为《新中国70年伟大历程与辉煌成就——中国棉纺织产业的强国足迹》《凝心聚力化危为机做好协会各项工作》《做好一名合格的共产党员》《学习第十九届五中全会公报》，结合行业发展、行业成果和行业工作，通过讲身边人、身边事、身边理，以小见大，以近说远，做到上接“天线”，下接“地气”，有“干货”、有“温度”，达到深刻领会国家的进步和行业的发展的效果。

（二）全面领导落实上级的督查工作

根据中国纺联党委要求，推进中国纺联党委的督查工作，不断巩固和深化“不忘初心、牢记使命”主题教育成果。5月，中国纺联开展的《关于规范中纺联领导干部参加各种活动取酬的规定》、公车改革和公车管理以及八项规定第二条第三款进行执行情况进行自查，经检查，本支部符合中国纺联纪委要求。6月，要求本协会主任以上任职人员进一步学习知晓认真填报《涉企收费自查自纠情况表》的重要性，经大家互查和自查，无发现违规行为，并上报中国纺联党委办公室；6月，自查执行八项规定情况，经自查，无发现违规行为，并上报中国纺联党委办公室；11月，上报国资委行业协会涉企收费清查情况表，并在信用中国上公示。按照中国纺联要求，班子成员如实上报《领导干部个人有关事项报告》。

（三）加强支部标准化规范化建设

根据中国纺联党委要求，向中国产业用纺织品行业协会党支部“规范化、标准化”建设的做法看齐，建立本支部“规范化、标准化”的工作要求和明细。其中包括：完善支部党建工作规章制度、按要求完成“三会一课”讲党课、党小组会议的频次，制定党员大会以及党员活动主题等内容。通过在全体党员中开展支部“规范化、标准化”内容的学习，让每一位党员了解、掌握支部党建工作内容及要求，明确党员的职责，监督支部的日常工作，充分发挥支部“战斗堡垒”，确保党的各项措施落实到位。

（四）全面加强支部组织和队伍建设

响应中国纺联党委纪委的号召，重视年轻党员干部培养，锻炼年轻党员领导干部的工作能力。组织支部委员参加中国纺联纪委组织的纪委培训班2次，参加中国纺联党委党务工作者的培训，增强了党务工作者的业务素质和综合能力，同时提升了年轻党员领导干部责任感和使命感，坚定了革命信仰。

2020年积极协调并安排两名入党积极分子参加了国资委组织的入党积极分子培训班，两名同志均顺利结业，支部为吸收优秀青年骨干、壮大党员队伍做好考察培养的工作取得了较好成效。

（五）主动足额交纳党费

支部全体党员按要求通过智慧党务APP，按时足额交纳党费。在国资委组织的为抗疫捐款的活动中，带头为抗疫捐款，支部累计捐款1850元。

三、发挥党组织功能和战斗堡垒作用

（一）推进疫情防控，传播正能量

疫情期间，本支部坚决贯彻落实党和国家领导人关于打赢疫情防控阻击战的重要指示精神，落实好疫情期间各项工作。作为行业发展的信息窗口，支部党员带头，积极宣传会员企业为疫情做出的贡献和防控事迹，弘扬主旋律、传播正能量、激发行业活力、鼓舞企业干劲和士气，利用官方公众号就推送近500条会员单位抗击疫情的事迹，得到了社会的广泛关注。支部向中国纺联推荐“行业抗疫先进”集体4个和个人5人。

（二）掌握行业情况，为政府部门建言献策

在2020年初，全国处于疫情防控的最关键时期，协会全体员工在支部书记的带领下克服了因疫情不能出差的困难，连续两个多月跟踪棉纺织企业复工复产情况，通过电话、邮件、微信等方式掌握行业运行情况，有序积极助推行业发展。本协会及时与重点会员单位取得联系，通过电话和微信了解情况，掌握疫情对行业的影响的一手资料，开通“中国棉纺织行业协会抗击疫情、恢复生产在线服务”，累计收到130余家企业和单位上报的近180余条开工复产的建议信息；开通关于纺织企业复产复工情况调查，形成复工复产日报18篇、周报5篇，涉及企业数量近2000户；开通棉纺织企业主要运行指标情况调查，连续每周对200余家企业进行调查，形成10篇周报调查。形成了书面材料上报给有关部门。

（三）筑牢协会疫情防控体系

在中棉行协内部，按照中国纺联党委的要求，制定和传达了多项防控手段和工作措施。做到一手抓防控，筑牢防控体系，有序开展中棉行协各项工作，发挥了党支部作为坚不可摧的战斗堡垒作用。在疫情最为严重的初期，安排员工轮岗居家办公，降低办公场所人员密度，并坚持每日跟进全体员工及家属的健康状况，对新发地等几次疫情反弹可能存在的密接情况也第一时间进行仔细排查。

（四）有序推进“十四五”行业发展指导意见编写工作

根据中国纺联“十四五”行业发展指导意见编写要求，推进中国棉纺织行业“十四五”发展指导意见编写的方案、大纲以及进度安排。完成了“十三五”发展规划问卷调查报告。以843份有效答卷为分析基础，对棉纺织行业“十三五”期间的发展现状、成绩、问题以及未来发展趋势进行了归纳分析与总结，报告共计2.3万余字。下半年，对

行业“十四五”规划编写进行部署和分工。按计划完成行业发展、原料保障、科技发展及可持续发展等“一主三副”四个指导意见初稿的撰写，并为中国纺联规划相关负责组撰写提供行业材料。

（五）持续支持脱贫攻坚

2020年是脱贫攻坚决战决胜之年，本支部连续六年开展扶贫工作：一是帮助贫困地区销售农副产品，销售约合9700元农产品；二是继续对接山西吕梁教育扶贫工作捐助6500元助学金，为贫困学生和家庭送去了爱心；三是积极参与国资委“扶贫日”活动，捐款共计2889元，为脱贫攻坚贡献一份力量。

四、巩固“不忘初心牢记使命”主题教育成果

针对2019年中国纺联巡视整改清单，2020年认真查摆抓落实。

根据2019年中纺联党委有关要求以及国家相关部委的文件要求，本支部对本协会2020年开展的各项经营活动进行把关，规范并落实有关收费标准和要求。

针对“干部管理办法及选人用人政治标准需完善”的问题，本协会在人事制度上，更加强调了党的领导，并把拥护党的路线、方针、政策作为选人用人的首要必备条件，并在2020年的选人用人上坚决贯彻实施。

针对“干部人才队伍梯次结构不合理，断层明显”问题，2020年本支部持续整改并初步取得成效，加大力度对优秀年轻干部的培养和锻炼，做好干部队伍的建设和职业规划，给年轻人提供发展空间，让70后、80后尽快适应领导干部岗位。

对于“基层党组织党务人员的培训不够”的问题，2020年坚持安排支部委员参加中国纺联党委组织的纪委委员培训、党群干部培训以及人事等培训，提高基层党组织建设党建工作综合能力与水平。

关于“行业内开展你的会议、活动过多、过于集中，不利于监督管理”的问题，2020年本协会将部分会议进行合并，保障会议质量，减少企业负担。

2020年，在中国纺联党委的领导下，本支部认真完成了中国纺联党委的各项工作，2021年是开启全面建设社会主义现代化国家新征程、向第二个百年奋斗目标进军的第一年。中棉行协党支部将在中国纺联党委的领导下，充分发挥党员的模范带头作用，更好地发挥党支部在行业发展中的战斗堡垒作用，增强“四个意识”，坚定“四个自信”，做到“两个维护”，同心同德，顽强奋斗，努力为全面建设社会主义现代化纺织强国开好局、起好步。

2020年中国棉纺织行业运行及展望

中国棉纺织行业协会　徐潇源　李杰

摘要：2020年是极为特殊的年份，新冠疫情肆虐全球，全球经济面临着需求和供给的双重冲击，行业发展面临着巨大的挑战和压力。面对困境，棉纺织行业积极履行社会责任，有序推进复工复产，采取主动调整、积极谋变的应对之道，在稳就业、保民生、促发展中发挥了重要作用。

一、2020年棉纺织行业运行情况

（一）供需及市场情况

1.供需情况

据中国棉纺织行业协会（以下简称中棉行协）调研会商，2020年受新冠疫情影响，棉纺织行业生产经营放缓，供需双降。纱线产量1641万吨，同比下降10.3%；布产量460亿米，同比下降17.9%。棉纤维和非棉纤维用量分别为600万吨和1127万吨，同比分别下降13.0和8.4个百分点，非棉纤维占比65.3%，同比提高了1.2个百分点，见表1。

表1　棉纺原料用量及纱、布产量

项目	数量	同比（%）
棉纤维用量	600万吨	−13.0
非棉纤维用量	1127万吨	−8.4
使用原料总量	1727万吨	−10.1
纱线产量	1641万吨	−10.3
布产量	460亿米	−17.9

数据来源：中国棉纺织行业协会

2020年初新冠疫情暴发，为有效防控疫情蔓延，纺织企业延长春节假期，推迟开工复产，同时，在居家隔离、减少社交活动等防疫措施下，一季度纺织服装消费大幅下滑，中棉行协跟踪重点企业纱、布产量同比均下降20%左右。二季度以来，随着国内疫情防控工作的持续有效开展，经济生活有序恢复，疫情对我国纺织企业生产运营的负面影响逐渐下降，在国家各项促进消费的政策支持下，棉纺织行业运行态势平稳回升，纱、布产量累计同比降幅持续收窄，尤其是9月以来，棉纺织行业的生产及内需市场均呈现加速恢复态势，如图1所示。

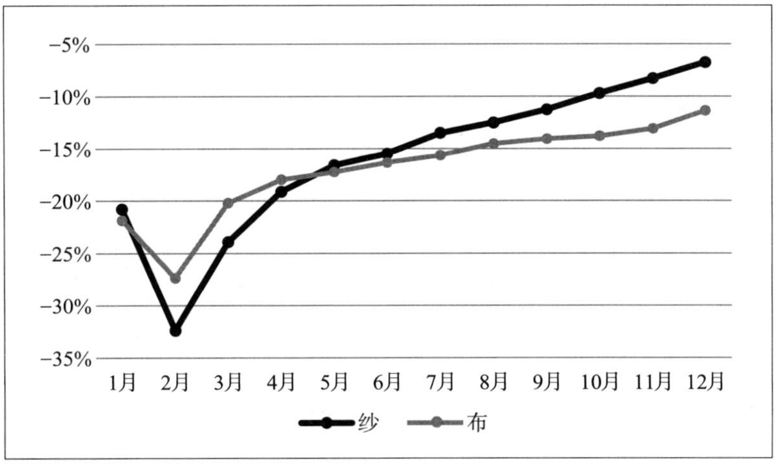

数据来源：中国棉纺织行业协会

图1　2020年跟踪重点企业纱、布产量同比变化情况

2.市场情况

（1）原料价格

棉花价格大幅波动。2020年初，国内外棉价大幅下跌。1～3月，国内外棉价跌幅分别达到19.8%、21.4%，国内3128B级棉花价格最低跌至11000元/吨以下。随着世界各国经济援助政策纷纷出台，国内外疫情形势趋稳，市场恐慌情绪减弱，中国服装类商品零售及出口同比降幅先后于4月、5月后收窄，边际向好态势不断呈现，4月开始国内外棉价企稳反弹逐步回升。10月，国内棉花价格在籽棉开秤价格不断抬高、国际棉价走强及下游需求升温等因素的带动下大幅上涨至15000元/吨左右，至年底价格基本稳定，如图2所示。

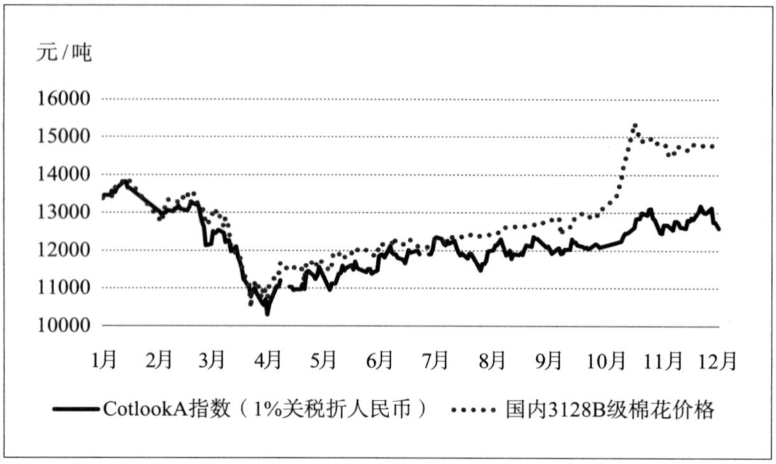

数据来源：中国棉纺织行业协会

图2　2020年国内外棉花价格走势

非棉纤维价格受挫后反弹。受疫情影响，原油重挫，涤纶短纤作为石油基纤维难逃跌势，由于市场需求严重下滑，2020年涤纶短纤价格多次触底，跌破十来年新低，并在3月底、9月底均触及5250元/吨的低位，但涤纶短纤依靠其价格优势，对其他相关产品的替代性提升，在防疫类物资需求增长的形势下，涤纶短纤年内持续呈现低库存现象，年底价格升至5900元/吨左右，整体呈现波动上涨态势。内外销受阻，2020年1～7月粘胶短纤价格持续下跌，7月底触及年内低位8300元/吨，随着内外销需求逐渐恢复，市场信心提升，叠加上半年粘胶新增产能放缓，粘胶短纤生产企业开机不足，库存持续处于低位状态，自8月初开始价格进入上升通道，10月中旬突破万元关口，于12月底突破11000元/吨，如图3所示。

（2）纱、布产品价格

2020年一季度，受疫情影响，大部分纺织企业处于减产、停产状态，纱、布产量大幅下降，下游终端市场普遍削减采购计划或推迟订单。纺织企业严格控制产销，按单生产，快产快销，通过低库存规避生产风险。

纱线价格方面，1～3月下旬，大部分企业以赶制年前订单为主，纱线价格依旧按照年前订单执行，18.2tex（32英支）纯棉纱价格在20000～21000元/吨区间，基本平稳。随着年前订单完结，海外疫情暴发，出口受阻，大批量订单被取消，3月下旬开始纱线价格一路下跌，加之5～7月是行业传统淡季，8月纱线价格跌至年内低位18400元/吨左右。9月，国内需求逐渐回暖，行业迎来“金九银十”的传统旺季，在原料价格上涨的带动下，纱线价格开始上涨，至12月底32英支纯棉纱价格回升至23000元/吨左右，如图4所示。

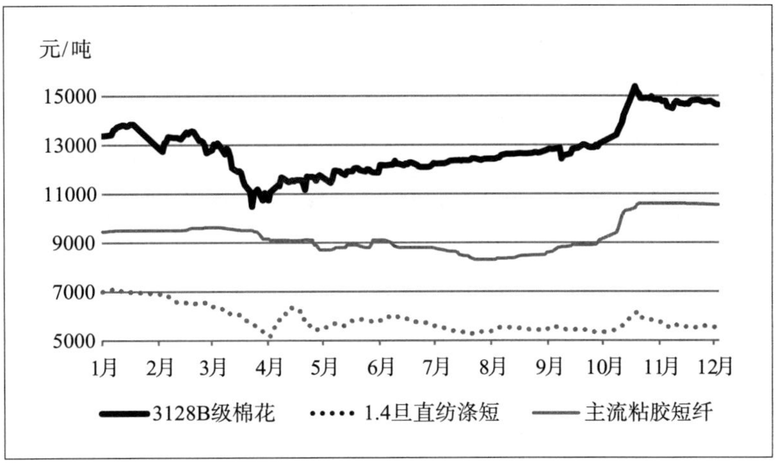

数据来源：中国棉纺织行业协会

图3 2020年主要棉纺织原料价格走势

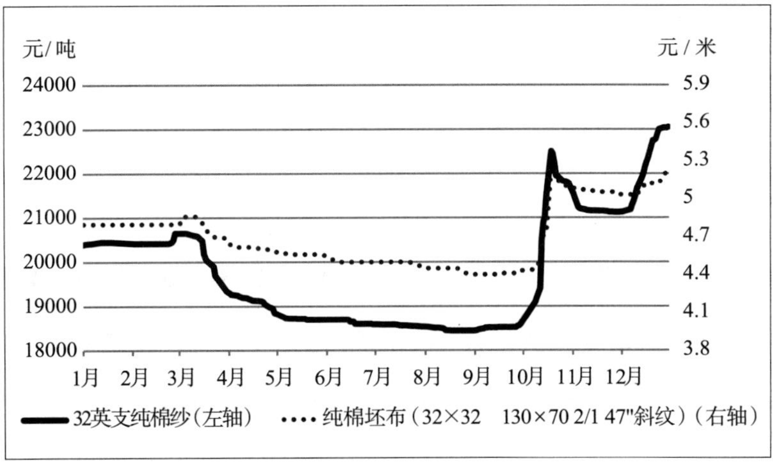

数据来源：中国棉纺织行业协会

图4 2020年棉纺织代表产品价格走势

坯布价格方面，与纱线价格走势基本保持一致，进入3月下旬价格持续下跌，9月以来织造市场购销逐渐活跃，前期积压的补货需求集中爆发，迎来了销售旺季。10月上旬，坯布价格跟随原料价格大幅上涨，各产品涨幅在0.50~1.50元/米不等，市场销售火爆，进入中下旬，纯棉坯布购销减弱，且后续订单增加情况不及预期，实际成交价格协商空间加大。11月上旬以来，坯布价格逐渐稳定，纯棉坯布（32×32　130×70　2/1　47"斜纹）价格在5.08～5.20元/米的区间，较8月低点上涨18.2%。

（二）运行质效

1.主要经济指标情况

中棉行协跟踪的重点企业数据显示，2020年棉纺织企业主营业务收入累计同比下降8.62%，利润总额累计同比下降13.83%，亏损面累计同比扩大0.83个百分点，如图5所示。

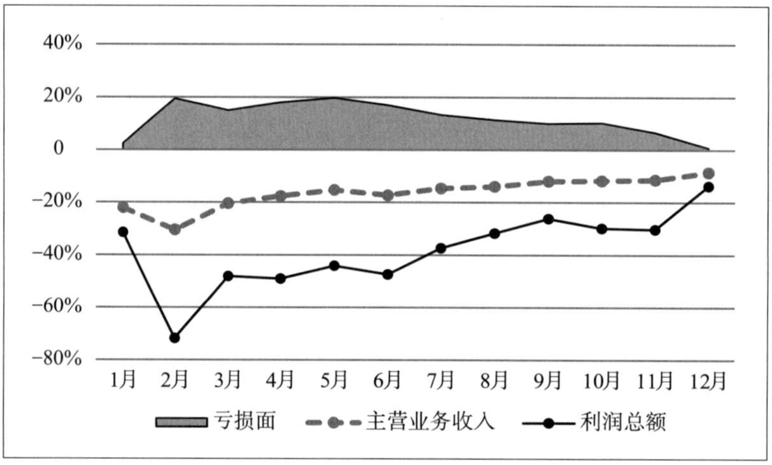

数据来源：中国棉纺织行业协会

图5　2020年跟踪企业主营业务收入、利润总额累计同比及亏损面变化

分月看，2月以来，主要经济指标中除出口交货值无明显改善外，其他指标同比降幅均不断缩小，展现出我国内需市场的强大韧性与活力。其中，与2月相比，12月主营业务收入累计降幅收窄21.87个百分点，利润总额收窄57.91个百分点，亏损面缩小18.60个百分点。国家出台减税降费措施，持续减轻企业负担，主营业务成本同比降幅明显，但企业利润总额同比降幅大于主营业务成本，2020年跟踪企业利润率同比下降0.27个百分点。

从跟踪的棉纺织产业集群情况看，2020年以中小企业为主的棉纺织产业集群运行压力较大，产量、产值等指标同比均大幅下降，自7月开始，集群生产总体有所好转，各项指标降幅逐渐缩小。产量方面，12月集群企业各类纱线产量累计同比下降12.7%，布产量累计同比下降16.2%，与2月相比，降幅分别收窄28.3和18.8个百分点；经济指标方面，12月集群企业营业收入累计同比下降13.2%，利润总额累计同比下降30.4%，与2月相比，降幅分别收窄32.8和46.6个百分点，如图6所示。

对比跟踪的棉纺织产业集群情况和重点企业的情况，可以看出，集群企业主营业务收入、利润总额降幅均大于重点企业，尤其利润总额相差较大，集群企业产品附加值相对较低，在严峻的市场形势下，企业抗风险能力较弱。

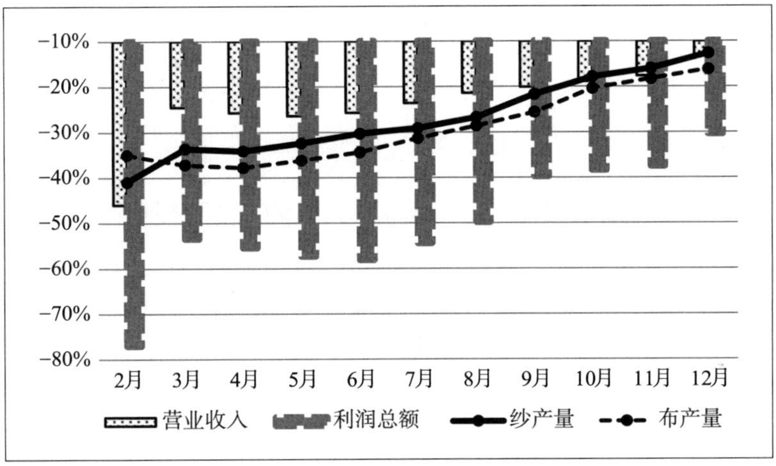

数据来源：中国棉纺织行业协会

图6　2020年跟踪集群纱、布产量及主要经济指标累计同比变化情况

2.景气指数

从中棉行协发布的景气指数走势可以看出（图7），2020年1~4月，受疫情影响，我国棉纺织行业生产运行面临严峻挑战，总体处于欠景气状态。自5月开始，随着消费市场稳步复苏，行业景气度逐步回升，9月以后，产销明显好转，景气指数连续高于枯荣线。12月，中国棉纺织行业景气指数53.43，较2月最低点回升7.69点，各分项指数均高于枯荣线。随着疫苗逐步接种及国内消费需求有序恢复，下游补库增量逐渐释放，市场呈向好态势，根据中棉行协调查企业数据，多数企业对后市信心明显增加。

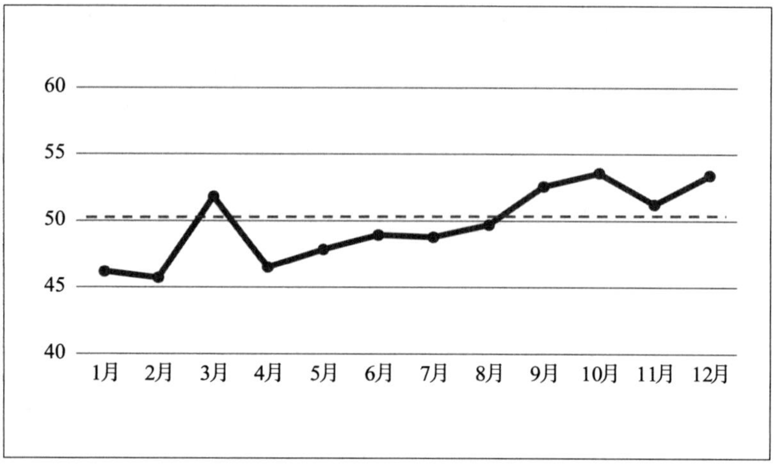

数据来源：中国棉纺织行业协会

图7　2020年中国棉纺织景气指数

（三）进出口

1.棉花进口情况

2020年，为保障纺织企业用棉需要，除1月发放89.4万吨棉花进口关税配额外，国家增发40万吨棉花进口滑准税配额。整体看，2020年棉花进口主要呈现三个特点：一是进口量创2015年以来新高，达到215.8万吨，同比增长16.7%；二是进口来源国发生变化，美国超越巴西，再次成为我国棉花进口的最大来源国，进口量占比45%，其次是巴西和印度，分别占比29%和12%，澳棉因产量和品质双降、价格较高等原因进口量大幅下滑；三是进口贸易方式中一般贸易排在首位，占比56%，高于2019年，其次是保税区仓储转口货物和保税仓库进出境货物，分别占比25%和11%，见表2。

表2　2020年我国棉花进口情况

国家及地区	数量（万吨）	同比（%）	占比（%）
全球	215.8	16.7	100.0
美国	97.7	170.9	45.3
巴西	61.8	22.3	28.6
印度	25.3	22.7	11.7

续表

国家及地区	数量（万吨）	同比（%）	占比（%）
澳大利亚	11.7	−70.5	5.4

数据来源：中国海关总署

自2014年以来，国内棉花产量在目标价格政策的实施下基本稳定，棉花进口量保持在200万吨左右。2020年，从分月进口数据看，上半年受疫情影响，棉花进口量同比大幅下降，6月之后进口量环比开始增长，8月之后的进口量一直位于同期高位水平，主要与新棉上市后国内棉价高于国际棉价及中美贸易摩擦等因素相关。

2.棉纱进口情况

2020年，我国累计进口棉纱190.0万吨，同比下降2.7%，见表3。

分国家和地区，对越南进口量同比下降2.0%，占全部进口比重的46.6%，同比提高0.4个百分点，依托便利的地理条件和零关税优势，越南依然是我国第一大棉纱进口国；巴基斯坦因2020年棉纱出口中国开始实施"零关税"，进口量大幅增加，后期有望向越南纱的霸主地位发起挑战；乌兹别克斯坦政府大力推动纺织业发展及出口，为当地企业提供了多项出口优惠政策，促使我国对其棉纱的进口量同比增长4.9%。

表3　2020年我国棉纱进口情况

国家及地区	数量（万吨）	同比（%）	占比（%）
总量	190.0	−2.7	100.0
越南	88.5	−2.0	46.6
巴基斯坦	25.5	125.7	13.4
印度	24.5	−23.0	12.9
乌兹别克斯坦	18.8	4.9	9.9
印度尼西亚	11.2	−21.2	5.9

数据来源：中国海关总署

3.棉纱、棉布出口情况

2020年，我国棉纱、棉布出口下滑明显，出口额同比分别下降31.7%和20.5%，见表4。棉纱出口方面，除对巴基斯坦出口额同比大幅增长20.1%外，我国对主要市场出口额同比均大幅下降，可见2020年中巴自贸协定第二阶段议定书降税安排的实施，进一步扩大了两国间的贸易往来。棉布出口方面，在出口总额同比大幅下滑的形势下，对菲律宾和尼日利亚出口额同比分别增长2.3%和82.4%，主要得益于2020年中菲和中尼经贸合作取得了丰硕的成果。

表4　2020年我国棉纱、棉布出口情况

国家及地区	棉纱出口额（亿美元）	同比（%）	国家及地区	棉布出口额（亿美元）	同比（%）
总额	10.9	−31.7	总额	99.1	−20.5
中国香港	1.9	−36.6	孟加拉国	15.2	−27.4
巴基斯坦	1.8	20.1	越南	13.6	−17.1
孟加拉国	1.8	−22.3	菲律宾	8.3	2.3
越南	1.4	−38.0	尼日利亚	8.1	82.4
			柬埔寨	4.1	−18.6

数据来源：中国纺织品进出口商会

二、2020年棉纺织行业发展特点

（一）原料保障企业生产经营

1.棉花

2020年，储备棉轮换、棉花配额改革及棉花目标价格改革等政策措施在保障我国棉纺织用棉需求、稳定棉花市场价格、降低纺织企业用棉成本等方面发挥了重要作用。

储备棉轮换方面，2020年我国对储备棉继续实行轮换政策。2020年7~9月，储备棉累计挂牌销售50.40万吨，累计成交总量50.34万吨，成交率99.87%。在疫情暴发及中美经贸摩擦等因素的影响下，国内市场成为纺织企业开拓的重心，高性价比的储备棉有效填补了企业的用棉缺口、降低了用棉成本。同时，为了加强中央储备棉管理，国家计划于2020年

12月1日至2021年3月31日轮入部分新疆棉，截至12月31日，因国内棉花价格始终高于国际棉花价格（按1%关税）800元/吨，轮入挂牌交易暂停。

棉花进口配额方面，为保障纺织企业用棉需要，2020年国家在发放89.4万吨1%关税配额的基础上增发40万吨滑准税进口配额，这是连续第三年发放滑准税棉花进口配额，为纺织企业签约进口棉提供了充足的条件。然而，从企业使用情况看，因滑准税配额限定用于加工贸易方式进口，2020年受疫情影响企业出口订单缩减，加贸配额仅使用了16.73万吨。

棉花目标价格改革方面，2020年国家继续深入推进新疆棉花目标价格改革政策，目标价格水平为18600元/吨，提高特种棉交售量补贴标准，由陆地棉交售量补贴标准的1.3倍调整到1.4倍。据国家统计局数据，2020年新疆棉花产量占全国棉花总产量的87.3%。棉花目标价格改革不仅是补贴政策，其核心是建立以市场供需为基础的农产品价格形成机制，对缩小内外棉价差、提高棉花品质、提升棉纺织品国际竞争力等有着重要作用。

2.非棉纤维

随着消费需求的升级，消费者对消费体验的多样性增加，多种纤维的混纺交织已经成为纺织产业时尚化的主流。化纤工业的发展壮大，促使新型纤维的研发及应用迅速发展，在丰富原料种类、缓解价格压力、优化产品结构及功能等方面发挥了巨大作用，也为棉纺织产品的创新、纺纱工业技术的进步奠定了基础，给棉纺织行业带来新的发展空间。

近年来，棉纺织企业逐步摆脱对棉花的依赖，对非棉纤维的应用持续增长，2020年棉纺织行业非棉纤维用量占比达65.3%，较2019年增加了1.2个百分点。非棉纤维已成为棉花很好的替代品，有效填补了我国棉纺织原料缺口，减轻了对进口棉的依赖，而且与棉纤维相比，非棉纤维市场化程度高、稳定性好，生产不受环境约束、供应较充足，能够规避或减小棉花非市场因素风险，降低企业在原料采购方面的资金占用压力。

此外，随着科技水平的不断提高，传统非棉纤维（涤纶、粘胶短纤）的性能逐步得到完善，产品效益优势更加突出。差别化纤维的概念进一步融入棉纺织产业的创新中，在完善品质、提高功能性的基础上，纤维品种得到进一步扩充。非棉纤维与棉纤维的多元竞争，推动纤维品质整体向好发展，对我国棉纺织行业原料保障发挥了较大的促进作用。

（二）内需潜力释放发展潜能

随着经济社会发展水平的提高，我国内需潜力不断释放，经济已经在向以国内大循环为主体转变。2020年，中共中央政治局常委会会议提出“深化供给侧结构性改革，充分发挥我国超大规模市场优势和内需潜力，构建国内国际双循环相互促进的新发展格局”，有力提升我国经济发展水平，推动实现高质量发展。

2020年，我国统筹推进疫情防控和消费促进工作，全力促进消费回稳和潜力释放，在提振大宗消费重点消费、促进释放农村消费潜力等方面，出台一系列政策措施。随着经济生活有序恢复，居民消费活动日渐活跃，纺织行业内需市场销售持续改善。国家统计局数据显示，2020年全国限额以上单位服装鞋帽、针纺织品零售额同比减少6.6%，降幅较前三季度收窄5.8个百分点；网络零售规模恢复更为迅速，到7月底全国网上穿类商品零售规模已超过上年同期水平，全年同比增长5.8%，增速较前三季度加快2.5个百分点。国内循环促进国际循环，产业资源实现优进优出，2020年我国纺织品服装出口总额达到2912.2亿美元，同比增长9.6%，出口规模接近行业在2014年创下的历史最好水平。

（三）产业转型加快推进

突如其来的新冠疫情，改变了人们的消费结构和消费习惯，人工智能、5G、大数据技术加速更新迭代，以自动化、智能化为特征的无人餐厅、无人超市、无人配送、无人工厂等“无人经济”与人们生活的联系越来越紧密，行业发展面临转型。疫情为行业发展按下了自动化、智能化的快进键，它在给行业发展造成严重影响的同时，也为行业带来了重大发展机遇，产业数字化、绿色化、精益化转型加快推进。

数字经济深入发展，个性化定制、智能化生产、服务型制造等新模式不断涌现，倒逼企业改变要素结构和生产方式。据中棉行协统计，进入“十三五”以来，棉纺织行业积极顺应市场变化，逐渐淘汰落后产能，年均减少约2%，2020年我国纺纱产能11000万锭、织造产能104万台，同比分别下降1.8%和5.5%。企业加大自动化和信息化技术装备的投入，从产品的自动化、数字化生产线为突破，推进智能车间和智能工厂的建设，减少对人工的依赖。同时扩展线上销售渠道，使企业与市场实现了深度连接、广泛连接。

三、2021 年棉纺织行业发展展望

（一）全球供应链面临巨大调整

新冠疫情的暴发让全行业经历了一个历史性的关口，世界正经历百年未有之大变局，而疫情的全球流行使得变局加速、加剧。从国际看，全球力量对比发生深刻调整，产业链、供应链面临冲击、加速重构，发达国家掀起逆全球化浪潮，单边主义、保护主义抬头，中美贸易冲突尤为激烈。从国内看，加快形成以国内大循环为主体、国内国际双循环相互促进的新发展格局，变得尤为迫切，人民日益增长的美好生活需要对供给体系提出了更高要求。从产业看，新一轮科技革命和产业变革持续推进，各类生产要素相对地位发生明显变化，对产业的生产方式、组织方式、交易方式产生深刻影响，行业的新模式、新业态持续涌现。

（二）强大的国内消费市场正在形成

国内新冠疫情在短期内得到了较好的控制，中国经济长期向好的基本面未变，展望2021年，经济继续修复的动能较强，消费有望显著改善。“十四五”规划和2035年远景目标纲要提出，深入实施扩大内需战略，建设消费和投资需求旺盛的强大国内市场，全面促进消费，顺应居民消费升级趋势，促进消费向绿色、健康、安全发展，稳步提高居民消费水平。国内市场规模不断扩大和居民消费结构升级，对行业的发展提出了新的要求。

在新冠疫情的影响之下，简约适度、实用性强、性价比高的产品和服务将更加受消费者青睐，同时，新冠疫情全球大流行对商品进出口产生不利影响，在双循环的新发展格局下，企业将继续加快出口转内销步伐，国货消费将更加受到消费者重视，国产品牌地位将进一步提升，成为消费时尚。此外，在数字经济迅速发展、年轻人独立意识增强的趋势下，消费者的个性需求将进一步被挖掘，多元化、个性定制化消费将持续成为消费热点。

（三）在新发展格局中实现高质量发展

随着新冠肺炎疫苗的推出，经济缓慢复苏，预计全球纺织市场消费将出现反弹，但纺织行业面临的发展形势依然错综复杂，外需低迷、贸易风险上升等因素仍然存在。但是，2020年我国经济总量首次跃上百万亿元台阶，强大多元的内需市场成为纺织行业持续复苏的核心引擎，2021年棉纺织行业将开启“十四五”高质量发展的新征程。同时，棉花体制改革政策的逐步完善，保障了棉纺织市场的稳定发展。2021年滑准税率的调整，使棉纺织企业进口外棉成本明显降低，且更加有利于促进高支纱的生产，促进棉纺织行业高质量发展。

纺织行业将立足新发展阶段，构建新发展格局，继续深化供给侧结构性改革，加快推动行业转型升级，多措并举提升供给体系对国内市场的适配性，增强产业链供应链的自主可控能力，积极应对、化解各种风险挑战。展望2021年，棉纺织行业运行质效有望稳步提升，为国民经济和社会发展贡献力量。

我国棉花与纱线的供应与发展分析

盖丽轩[1] 刘培培[2]

摘要：棉花是我国棉纺织行业纱线生产的主要原料之一。近年来，棉花受品种、种植面积、配额管理政策等因素影响，在质量、数量等方面无法完全满足棉纺织企业的现代化生产需求，本文通过棉花及纱线的生产与发展现状，分析棉花与纱线在供应与发展方面存在的关系及面临的挑战。

一、我国棉花产业发展现状

（一）棉花生产现状

1.棉花生产现状

随着棉花主要生产地由内地转移至新疆，自2016年以后全国棉花播种面积逐渐趋于稳定。但2020年由于内地种植面积的不断消减，以及新疆退耕还林政策的实施，棉花种植面积出现了5%的下降。国家统计局统计，2020年我国棉花种植面积为317万公顷[3]，较2019年的333.9万公顷减少16.9万公顷。如图1所示。

同时，新疆棉花种植继续的不断提高，基础设施水平的不断完善，种子的不断发展，促使中国棉花单产水平呈现逐渐上升的态势。据国家统计局数据，2020年全国棉花单位面积产量1864.5公斤/公顷（124.3公斤/亩），比2019年增加100.9公斤/公顷（6.7公斤/亩），增长5.7%。这是近十年最高的单产水平。据国家统计局数据，全国棉花总产量591.0万吨，比2019年增加2.1万吨，增长0.4%。近三年棉花产量总体保持稳定状态。如图2所示。

---

❶ 中国棉纺织行业协会。
❷ 河南同舟棉业有限公司。
❸ 1 公顷 =10000 平方米。

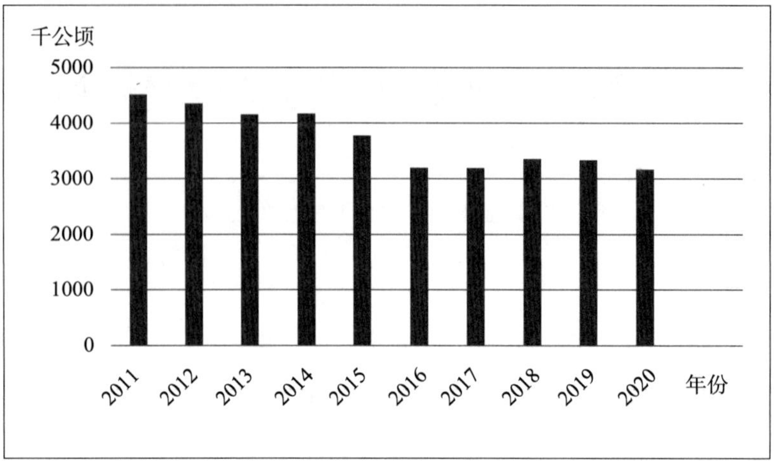

数据来源：国家统计局

图1　2011～2020年我国棉花种植面积情况

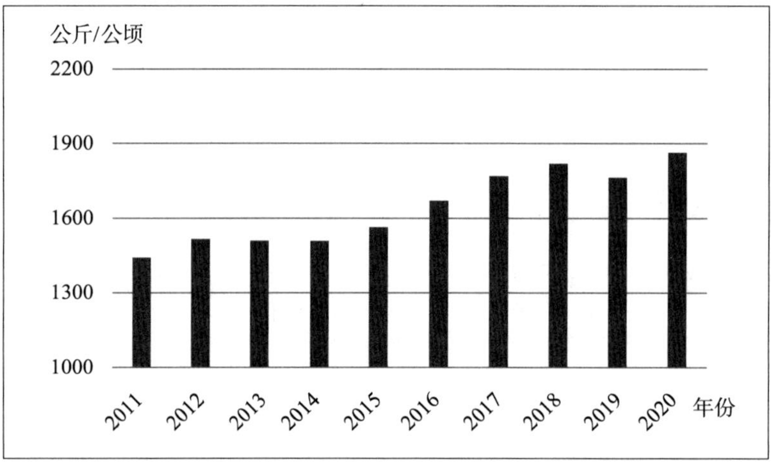

数据来源：国家统计局

图2　2011~2020年我国棉花单产情况

2014~2016年，棉花种植面积从内地逐步向新疆转移，整体种植面积逐渐下降，也导致当期的产量整体呈逐渐下降的趋势。但2016年以后随着种植面积的逐渐稳定，中国棉花产量主要受单产影响较大，棉花产量从最低的2016年534万吨逐渐增加至近三年的600万吨左右。如图3所示。

2.棉花质量现状

2014年，国家在新疆实行棉花目标价格改革政策，但由于天气等原因的综合影响，

2020/2021年度的棉花质量略差于往年。从棉花质量检验数据上来看，棉花颜色级比例下降。同时在市场交易中发现，2020年棉花颜色级较杂，有主体的颜色级更有溢价优势。2021年的长度在28mm以上的，占比79%（表1），较往年下降。2020年度新疆加工皮棉断裂比强度除中等占比同比增加之外，其余等级占比较上个年度均有所减少。其中，中等（26.0～28.9）占比76.29%，较往年略有增加，但是强（29.0～30.9）占比为18.36%，较往年下降明显。

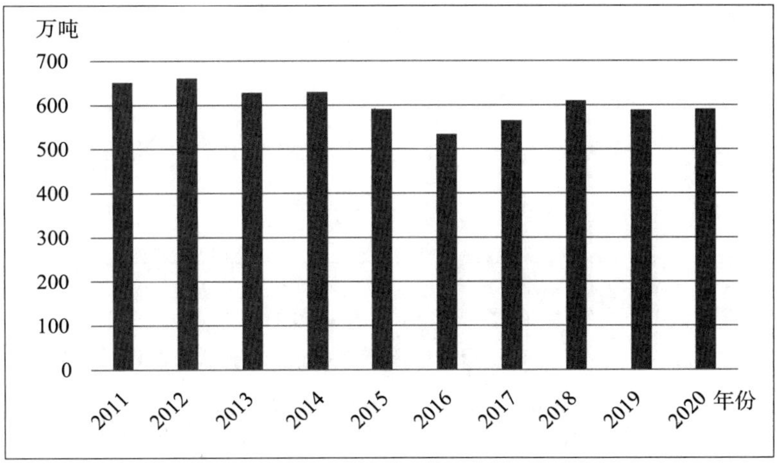

数据来源：国家统计局

图3　2011~2020年我国棉花产量情况

表 1　新疆细绒棉指标

项目	2011年	2012年	2013年	2014年	2015年	2016年	2017年	2018年	2019年	2020年
白棉（%）	—	—	98	95	98	96	97	97	97	94
长度28mm以上（%）	87	78	75	87	77	93	93	96	93	79
长度平均值（mm）	28.78	28.53	28.41	28.71	28.5	29.1	29	29.14	29.04	28.5
断裂比强度平均值（cN/tex）	28.35	27.61	27.22	27.84	28.1	27.8	28	28.37	28.33	27.99
长度整齐度（%）	82.78	82.56	82.41	82.73	82.7	83	82.5	82.51	82.36	82.07

数据来源：中国棉花协会、中国纤维质量检测中心

（二）棉花贸易现状

从图4可以看出，2012年棉花进口量达近十年顶峰。随着国内收储政策的实施，国储库储备棉数量不断增加。2014年开始，为了消化国储棉库存，国家不再发放滑准税配额，只发放89.4万吨关税内配额，棉花进口量下降。2018～2020年，中美贸易摩擦不断升级，加上新冠疫情爆发，国内棉纺织行业生产经营受到一定程度影响。为保证行业稳定、有序发展，国家有关部门及时增发棉花滑准税配额，棉花进口量增加。

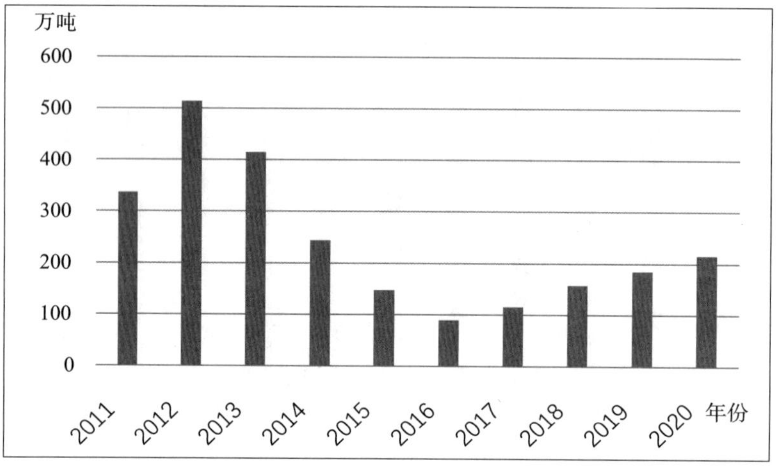

数据来源：中国海关总署

图4　2011~2020年我国棉花进口情况

根据海关数据，2020年，我国共进口棉花215.8万吨，是全球第一大棉花进口国。但是由于我国的棉花进口受到进口配额政策的影响，每年的进口量因配额发放的多少以及市场缺口的多少而有不同。分国家看，2020年从美国进口97.67万吨、从巴西进口61.82万吨、从印度进口25.3万吨、从澳大利亚进口11.7万吨。从这四个国家进口的棉花占2020年总进口量的91%。由于中美贸易协定的原因，2020年对美国棉花的进口大幅增长，占总进口量的比重由前一年的19%一跃升至45%，该比重是近十年以来的最高水平。图5为近十年我国棉花进口来源国占比情况。

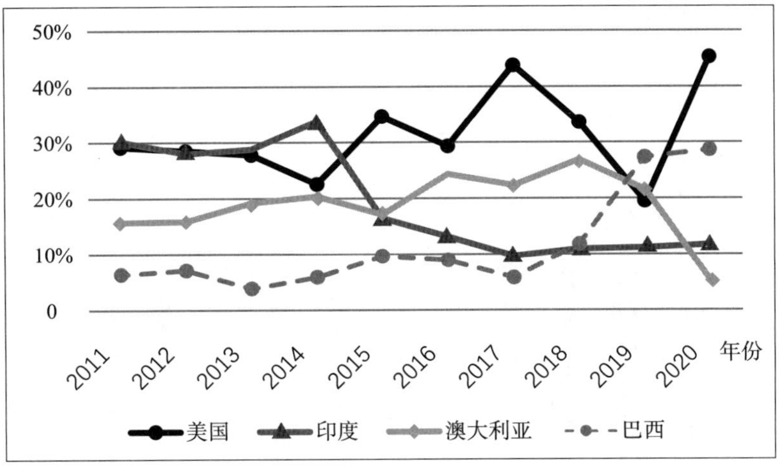

数据来源：中国海关总署

图5　2011～2020年我国棉花进口来源国占比情况

二、我国纺织纱线发展现状

（一）纱线生产现状

1.纱线产量现状

“十三五”以来，我国纱线产量基本保持平稳，年均纱产量1885万吨。如图6所示。2018年以来，受中美贸易摩擦影响，纺织品服装出口订单缩减，纱产量小幅下降。2020年，新冠肺炎疫情席卷全球，对世界经济贸易造成巨大冲击，产业链供应链循环受阻，生产运行面临严峻挑战，纱产量进一步下调。根据中国棉纺织行业协会（以下简称中棉行协）会商统计，2020年，我国纱产量1641万吨，同比下降10.3%。

2.纱线生产中原料使用现状

自2011年开始，我国纱线生产使用的原料中，非棉纤维的使用量超过棉纤维，且非棉纤维在原料用量中的占比逐渐上升，而棉纤维的占比持续下降。如图7所示。主要原因：一是2011~2013年国家不限量收储拉动国内棉价高涨，造成棉纺织企业生产成本高企，企业生产压力加大；二是化纤短纤品种及性能不断创新，且质量和数量不断提升，给企业创造了提高附加值的空间，能满足更多的市场需求。根据中棉行协会商统计，2020年，我国棉纺织行业棉纤维使用量600万吨，同比下降13%，占比35%，非棉纤维使用量1127万吨，同比下降8.4%，占比65%。

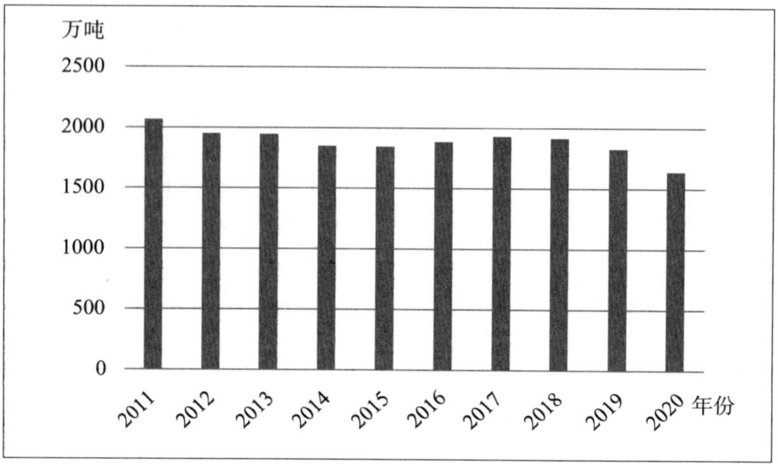

数据来源：中国棉纺织行业协会

图6　2011~2020年我国纱线产量情况

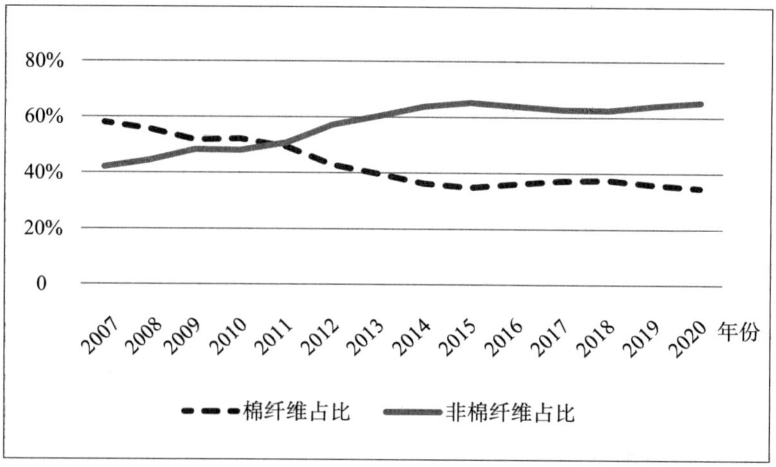

数据来源：中国棉纺织行业协会

图7　2007~2020年我国纱线生产原料使用情况

3.纱线产品生产现状

随着原料结构的不断调整，我国纱线品种结构也发生了相应的变化。纯棉纱的占比不断下降，化纤及混纺纱的占比持续提升。根据中棉行协会商统计，2019年，我国纯棉纱产量占总纱产量的20%，化纤及混纺纱产量占总产量的80%。图8为2010~2019年我国纱线产品变化情况。

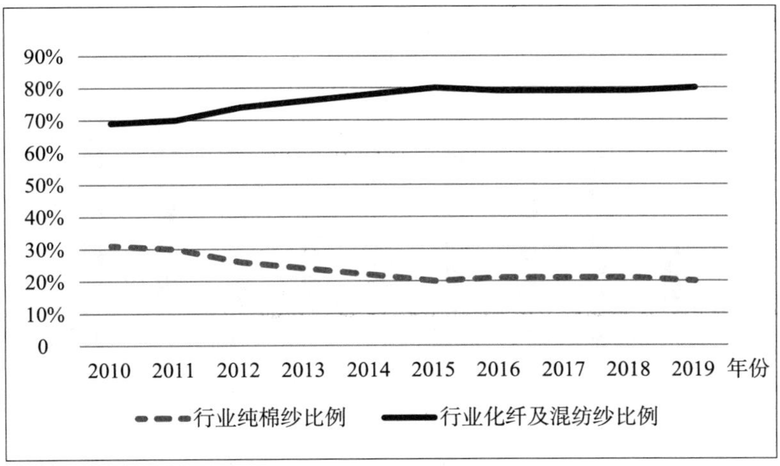

数据来源：中国棉纺织行业协会

图8 2010~2019年我国纱线产品变化情况

（二）纱线贸易现状

我国是世界第一大纱线生产国，尽管如此，我国仍需进口一定量的纱线。自2013年以来，我国纱线年均进口量基本保持在200万吨左右。我国纱线出口量较少，不到50万吨，占纱线产量的2%左右，远低于纱线进口量。图9为我国纱线进出口情况。主要原因：一是东南亚国家具有棉花采购的国际化、用工及用电成本低等优势，纺纱产业国际竞争力不断提升；二是国内部分纺纱企业在东南亚地区投资建厂，大部分纱线销往中国市场。

我国纱线进口主要来自越南、印度、巴基斯坦和中国台湾等国家和地区，自这四个国家和地区进口的纱线占总进口量的70%以上。如图10所示。从各市场看，近十年来，我国自越南进口的纱线数量逐年增长，2019年，从越南进口的纱线占总进口量的46%；自印度和巴基斯坦进口的纱线呈下降趋势，主要原因是近几年储备棉的轮出满足国内对中低支纱线的要求，且内外棉价差减少，印度和巴基斯坦的棉纱竞争优势下降；自中国台湾地区进口的纱线数量基本保持平稳。

我国棉纱线主要出口中国香港、越南、孟加拉国等国家和地区，出口这三个国家和地区的纱线量占总出口量的40%以上。可见，我国纱线出口对亚洲市场的依存度较高。

数据来源：中国海关总署

图9　2011～2019年我国纱线进出口情况

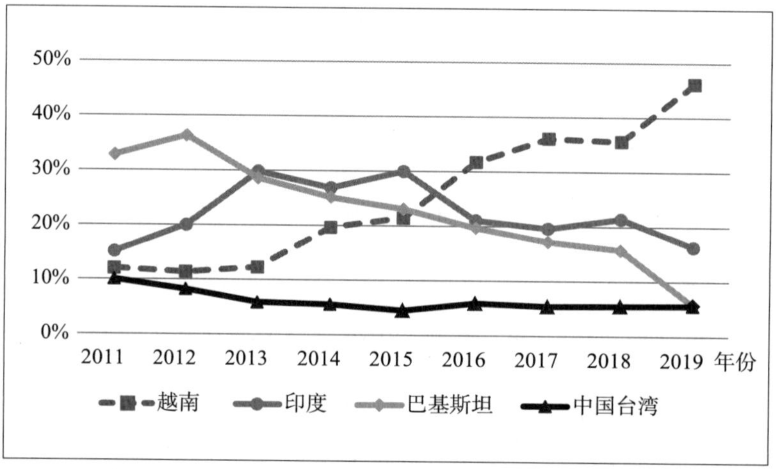

数据来源：中国海关总署

图10　2011~2019年我国纱线进口主要来源地占比走势

三、棉花供应与纱线生产的关系

（一）数量分析

棉花是纱线生产的主要原料之一，我国的棉花消费基本用于国内棉纱、棉混纺纱的生产。根据中棉行协数据，我国棉纺织行业纺纱用棉缺口150万~200万吨，虽然近几年储备棉的投放弥补了纺织企业部分用棉缺口，但仍需进口一定量的棉花来填补缺口，以保障棉纺织企业的用棉需求。

另外，我国纱线也是长期的以进口为主。一方面国内部分产能逐渐转移至东南亚，另一方面东南亚较低的投资成本及原料成本也吸引了一部分中国投资者进入。东南亚生产的棉纱部分再次进入了中国市场，这不仅有利于优化中国纺织行业的产业结构，同时有利于节约成本，提高产业效率，完善中国纺织产业链条。

（二）质量分析

棉花作为纺织厂的主要原料之一，在纺织总成本中占有很大的比例。棉纤维品质直接关系纺织产品的质量，棉纤维长度、断裂比强度、马克隆值、异性纤维等是决定纱线质量的重要指标。

由于我国新疆地区气候及土壤的特殊性，新疆棉种植广泛采用地膜覆盖，此技术虽有助于增产增收，但由于目前覆盖使用的地膜厚度小，延展性和韧性差，并且在棉花生长过程中长期遭受雨水、土壤微生物、光照综合作用，导致其在棉花成熟后破损严重，在机械化的采收过程中，采棉机高速旋转的摘锭极易将地膜残片等异性纤维一起缠绕收集；其次，机采棉籽棉装运、存储、加工过程中，未完全实现机械化，工作人员掉落的头发及遗落的口罩、手套及遮盖籽棉篷布碎块极易被混入籽棉产生杂质纤维。棉花中的异性纤维既增加了纺织企业的生产成本，又影响了纺织品的质量。由于异性纤维细、长、轻，在纺纱加工过程难以清除，而且在清棉等除杂工序中可能被拉断或分梳成更短、更细的纤维，成为无数的纤维状细小疵点。在纺纱过程中，这些疵点形成纱疵并极易造成细纱断头，降低生产效率；在织造过程中，这些疵点多浮于纱条外表，断经、经缩等布面疵点大量增加；此外，在漂白过程中，由于不同纤维染色性不同，因此会出现各种色点暴露于布面，形成色疵，严重影响成品的外观质量。

（三）产业安全分析

由于新疆的气候适合棉花种植，同时随着棉花目标价格政策在新疆的实施极大地保障了新疆棉农收益，同期内地的棉花扶持政策相对薄弱，中国棉花产业在新疆的集中度逐步提升。根据国家统计局数据，2020年新疆棉花种植面积、新疆棉花产量分别占全国的78.9%、87.3%，见表2。

表 2　2015~2020 年新疆棉花种植及产量一览表

年份		2015	2016	2017	2018	2019	2020
种植面积（千公顷）	全国	3799.0	3376.1	3229.6	3339.2	3352.3	3169.9
	新疆	1904.3	1805.2	1963.1	2540.5	2491.3	2501.9
	新疆占比	50.1%	53.5%	60.8%	76.1%	74.3%	78.9%
产量（万吨）	全国	560.5	534.3	548.6	588.9	609.6	591.0
	新疆	350.3	359.4	408.2	500.2	511.1	516.1
	新疆占比	62.5%	67.3%	74.4%	84.9%	83.8%	87.3%

数据来源：国家统计局

棉花产业在新疆的高度集中，导致发生产业安全问题隐患的可能性增加。若出现极端天气并集中在新疆棉花种植或采收期，会对中国棉花的整体产量和质量控制造成严重影响；新疆棉花在第四季度集中运输到内地，往往造成物流压力过大，且路途遥远，运输时效性相对滞后；国家各项补贴政策，不仅消耗了大量国家财政支出，也刺激了新疆棉产量的占比增大。因此，从长远来看，如何平衡新疆与内地的棉花产业比重，是处理中国棉花产业安全问题需要重点考虑的问题。

四、棉花与纱线发展面临的挑战

（一）化纤对棉花的影响

近年来，在棉纺织行业发展过程中，化纤与棉花表现出竞争、替代和相互依存的关系。

在不同的时间段，化纤与棉花之间的关系表现出不同的特点。在早期，化纤对棉花表现出更多的是替代关系。化纤本就是为弥补天然纤维不足而生的，并且以其价格优势保持对棉花的强替代性，尤其是与棉花性能接近的粘胶短纤，其替代趋势将会持续。根据中棉行协数据，2020年，粘胶短纤均价为9376元/吨，棉花均价为12995元/吨，粘胶短纤价格平均低于棉花3619元/吨。随着经济发展和消费升级，市场对功能性、差异化、时尚性产品的追求越来越强烈，化纤可以通过物理和化学改性来满足上述需求，可主动替代部分棉花应用市场。

随着发展，化纤与棉花逐步进入到良性竞争和相互依存的关系。化纤更具成本优势和发展优势，棉花产量增长有限，在生物技术未取得革命性突破前，未来增量主要依靠化纤，且主要用于技术纺织品领域。棉花改性空间很小，但随着后道纺纱、织布水平的提高，棉花的某些劣势得到了弥补。竞争推动了棉花与化纤各自领域的技术进步。未来，上述三方面的关系将会是并存，并且以后两者即竞争和相互依存的关系为主。混纺使得棉花与化纤性能互补，市场需求和消费习惯的变化使棉花与化纤作为主要纺织原料互相补充，替代则更多体现在个别的细分市场领域。

（二）进出口的影响

1.棉花进口的影响

为保护国内棉花产业，我国在2001年加入WTO时承诺对棉花的市场准入采用关税配额政策，2002年开始实施。截至2020年，棉花关税配额政策已实施十九年。期间，为满足国内纺织企业用棉需求国家适时增发了棉花滑准税配额，但滑准税率及国际棉价的不断变化，导致使用滑准税率进口棉花关税费用较使用关税内配额更高，增加了纺织企业的生产成本。

自2014年新疆棉花目标价格政策实施以来，国内棉花生产逐步向新疆集中，内地生产不断缩减，国内棉花产需缺口增大。“十三五”末储备棉去库存任务已完成，储备库棉花库存量较低，国内棉花供需矛盾将更加凸显。且国内优质棉资源相对不足，无法满足高品质产品生产企业的需求，棉花进口配额管理极大地限制了纺织企业的国际竞争力。

2.棉纱线进口的影响

从棉纱线进口来看，相对于棉花进口受到配额限制，棉纱线进口更加市场化、自由化，且税率相对偏低。印度、乌兹别克斯坦、巴基斯坦等国既是棉花主产国，又是棉纱线的主要出口国，其14.6tex以上（40英支以下）常规棉纱线等产品可以部分替代我国生产的纯棉纱。因此，进口纱对国内生产中低支纱的企业形成一定冲击，未来国内纱线产品的结构调整将进一步优化。

五、结语

综合来看，棉花对我国纱线的生产具有举足轻重的地位，但在数量、质量、产业安全、化纤产品替代等方面仍面临一定的挑战。

从数量方面来看，我国棉花种植面积逐渐趋稳，棉花产量基本稳定在600万吨左右，国内棉花产需缺口将长期存在，仍需进口一定数量的棉花。

从质量方面来看，异性纤维问题短时间内难以根除。因此，只有加大宣传力度、改变包装籽棉的方式、人工挑拣和机械去除，尽可能地减少异性纤维，降低其对纱线品质的影响。

从产业安全方面来看，当前国内棉花种植过于集中于新疆地区，容易形成农产品和基础工业品对单一地区的过度依赖，不利于我国棉花产业的长远稳定发展。长远来看，应适度恢复内地棉花产业，保障棉花安全供应。

从化纤替代方面来看，近十年，化纤短纤在我国纱线生产使用的原料中占比大幅提升。未来，随着化纤产能及科技水平的不断提升，化纤短纤在棉纺织行业原料使用中的比例将进一步扩大，更能满足企业生产及下游消费者的需求。

中国棉纺织行业发展数据盘点系列报告

本系列报告以中国棉纺织行业协会主营收入百强企业（以下简称百强企业）2011年至2019年统计数据为基础，以专题报告的形式，分别从经济运行、进出口贸易、原料与产品、技术进步、资源与环境及人力资源等方面对行业发展特点进行了梳理、归纳和分析。

本次数据分析，对了解棉纺织行业（以下简称全行业）发展现状、特点、存在问题以及发展趋势，提供比较清晰的依据和判断，有助于形成对全行业发展过程的客观认识。“以往鉴今”，为全行业未来发展与企业经营提供有益参考与借鉴。

数据盘点课题组

主任：朱北娜

副主任：董奎勇　李杰

经济运行分析报告：徐潇源　杨秋蕾

进出口贸易分析报告：贺文婷　杨娟

原料及产品发展分析报告：郭占军　盖丽轩

技术能力分析报告：杨晓慧　景慎全　侯锋

资源与环境分析报告：王耀　罗蒙　侯锋

人力资源分析报告：冷景钢　侯锋　和圆圆　范轩云鹏

数据盘点之：

经济运行能力分析报告

摘要：本文对2011~2019年全国棉纺织百强企业经济指标进行梳理盘点，主要从盈利能力、营运能力、抗风险水平和发展能力等方面进行了分析。整体看，百强企业运行基本平稳，为棉纺织行业（以下简称全行业）的健康发展发挥了重要作用。

一、企业盈利能力

盈利能力反映企业在一定时期内赚取利润的能力，企业经营业绩的好坏最终可通过盈利能力来体现。营业收入、营业利润、工业销售产值、工业增加值等指标，一定程度上反映了企业的盈利能力。

（一）营业收入稳定增长，是行业发展的压舱石

营业收入主要由主营业务和其他业务所取得的收入构成，通过分析2011~2019年百强企业主营收入的变化情况，不仅可以看到企业的经营成果，也可以发现主营业务的平稳发展是企业获得稳定利润的重要保障。

2011~2019年，百强企业营业收入主要体现以下三个特征。一是营业收入同比变化处于正增长趋势，说明大企业呈现出稳定可持续的发展态势，对行业整体稳固发展起到“压舱石”作用；二是营业年收入合计在3000亿~5000亿元，其中2019年营业收入合计总额占全行业规模以上企业总额的43.0%，与2011年相比增长了23.9个百分点；三是从单个企业看，营业收入基本在7亿元以上，部分企业由于多元化的发展和集团并购、并销等因素，年度营业收入出现波动，如图1所示。

数据显示，2016年和2017年百强企业营业收入总额同比增长幅度较大，分别为12.6%和10.7%，而2016年其非纺织业营业收入同比仅增长5.0%，2017年则同比下降5.6%，可见

当纺织产业内外市场行情处于稳定的情况下，纺织产业活力就会增加，企业能更好地紧握时机，将更多的精力放在做好主业上。

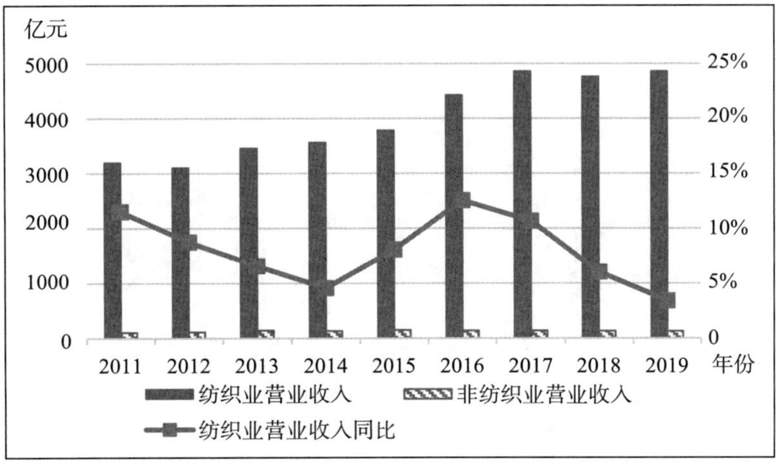

数据来源：中国棉纺织行业协会

图1　2011~2019年百强企业营业收入同比变化情况

（二）营业利润稳中有增，主业抗风险能力强

营业利润是衡量企业经营业绩的一项重要经济指标，从利润同比变化情况看，2011~2019年百强企业营业利润同比增速逐渐放缓，2019年同比增速较2011年下降13.7个百分点；营业利润额整体仍稳中有增，2019年是2011年的1.4倍。数据显示，2012年营业利润同比降幅最大，为13.4%，其主要原因是2012年国际市场的需求下降，国内生产成本持续上涨，内外棉价差一度达到5000元/吨左右，削减了国内棉纺织企业的利润空间。受2012年基数较低影响，2013年营业利润同比大幅增长，达到21.8%，如图2所示。

从百强企业的非纺织业营业利润情况看，波动幅度较大，与企业所处的市场环境及企业战略布局调整相关，投资自己不熟悉的产业和跟风投资的产业，不易把握市场，且抗风险能力较弱。相较来看，百强企业经营纺织业获得的营业利润较为平稳，具有较为稳健的市场驾驭能力。

从利润率来看，百强企业纺织业营业利润率较为平稳，在4.0%~5.6%之间，其中2012年国内纺织业因竞争力减弱，利润率有所下降。在国家宏观调控政策下，全行业积极调整产品结构，努力克服困难，2013年利润率回升，实现平稳发展。非纺织业营业利润率从绝对值上看呈现较明显优势，整体高于纺织业，在4.8%~14.2%之间，但波动幅度较大，有一定的风险性。

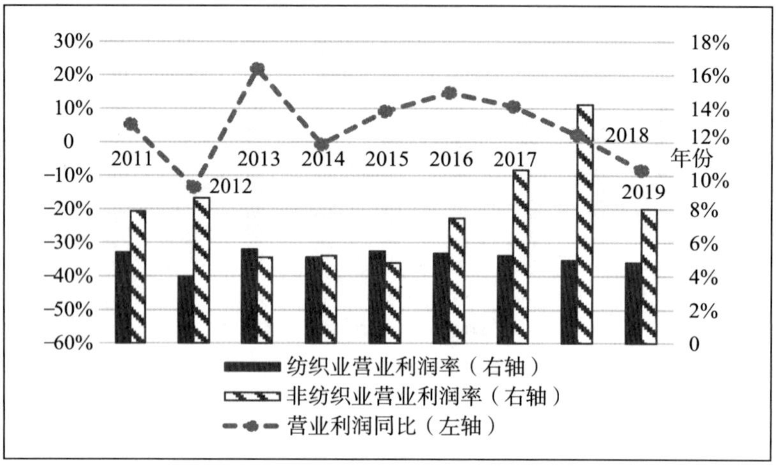

数据来源：中国棉纺织行业协会

图2 2011~2019年百强企业营业利润同比变化情况

（三）工业销售产值波动上涨，国内市场消费能力逐渐增强

2011~2019年百强企业工业销售产值以及出口交货值同比变化情况如图3所示，主要呈现三个特点。

一是工业销售产值同比整体呈波动上涨趋势。与2011年相比，2019年百强企业工业销售产值增速下降9.6个百分点，2016年和2017年增幅出现波峰，均超过10%，其中一部分原因是新疆投资的增长拉动了部分销售产值的增加。在国家有关政策的推动下，新疆棉纺纱锭规模从2014年的700万锭增长到2018年的1500万锭左右，为促进新疆就业及经济发展等方面做出了突出贡献。

二是受国内外市场形势影响，百强企业出口交货值同比增速波动较大。其中2015年和2019年出口交货值处于负增长状态，同比分别下降5.2%和3.4%。2015年我国外贸遭遇“寒流”，纺织品服装出口额同比下降4.9%，缘于我国传统出口地区和产品受到冲击，叠加内外部不利环境，导致市场需求结构性下跌，总体看，百强企业出口交货值同比下降幅度与我国纺织品服装出口降幅基本一致；2019年百强企业出口交货值同比下降主要受中美贸易摩擦影响。

三是出口交货值占工业销售产值的比重呈下降趋势。2019年百强企业出口交货值占工业销售产值的比重为14.6%，比2011年下降了2.7个百分点。整体看，2015~2019年，出口交货值占比基本在14.1%~15.3%的区间，其中2018年占比最高，与企业在中美贸易摩擦形势下加快完成订单，出口增量相关。出口占比下降，表明随着我国经济社会的发展和物质生活水平的提高，国内市场消费能力逐渐增强，此外，人民币升值也是导致企业出口交货值占比下降的因素之一。

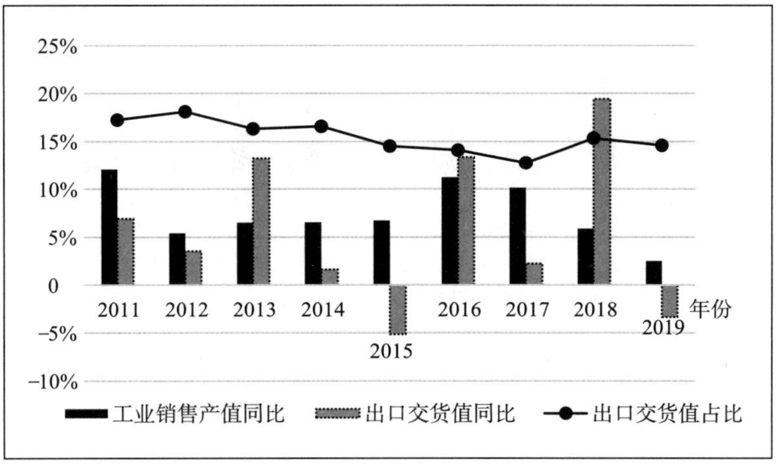

数据来源：中国棉纺织行业协会

图3　2011~2019年百强企业工业销售产值及出口交货值同比变化情况

（四）工业增加值增速放缓，企业向高质量发展

工业增加值是企业生产过程中新增加的价值，是企业盈利能力和发展水平的综合体现，2011~2019年百强企业工业增加值呈正增长状态，增幅整体呈下降趋势，与我国规模以上纺织业工业增加值同比变化趋势基本一致，如图4所示。与2011年相比，2019年同比增幅下降15.9个百分点，降至1.0%，与我国规模以上纺织业工业增加值同比增长1.3%的幅度基本相当。2016年和2017年同比大幅增长与同年工业销售产值大幅增长相关，且两者的增长幅度接近，均在10%以上。

工业增加值增速放缓，一方面是受国内外经济环境复杂严峻的影响；另一方面是企业主动“转方式、调结构”的结果；此外，随着百强企业体量逐渐增大，在更大规模的基数上实现增长的难度不断加大，增速回落是客观必然，同时也是企业向高质量发展的表现。

从工业增加值率看，2011~2018年百强企业工业增加值率基本稳定在23.4%~25.6%的区间，2019年降至最低值18.6%，说明2019年百强企业投入产出效果较弱，中美贸易摩擦对全行业的影响是重要原因。

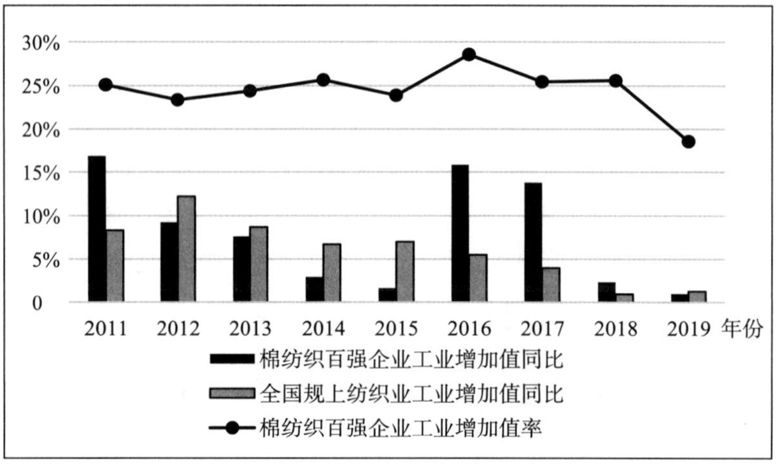

数据来源：国家统计局、中国棉纺织行业协会

图4　2011~2019年百强企业工业增加值同比变化情况

二、企业营运能力

营运能力是企业使用资产创造价值的效率体现，对企业在市场竞争中的影响不容小觑。

（一）营业成本持续增长，增速呈放缓趋势

营业成本是企业所销售商品或者提供劳务的成本，棉纺织企业的营业成本主要包括原料、人工、电费、折旧费等。从2011~2019年百强企业主营业务成本变化情况看，主要呈现以下几个特征。

一是主营业务成本合计值呈持续增加态势，如图5所示。与2011年相比，2019年百强企业主营业务成本增长51.8%。营业成本的增加是各要素成本上升的结果。

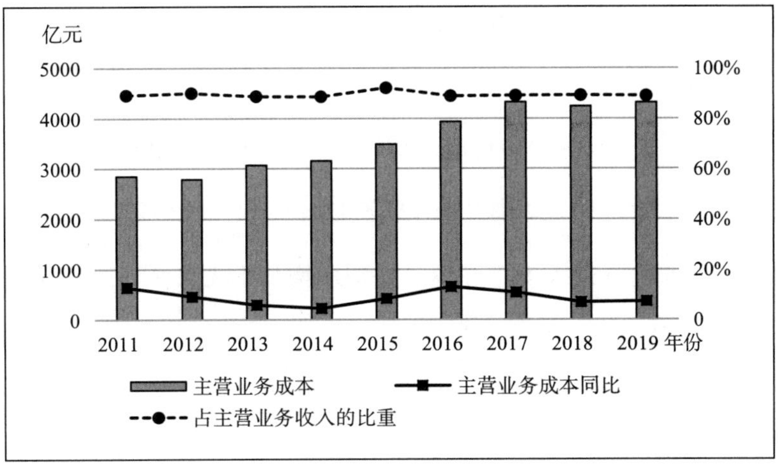

数据来源：中国棉纺织行业协会

图5　2011～2019年百强企业主营业务成本变化情况

二是从主营业务成本同比变化趋势看，2011~2019年增幅在4.5%~13.0%之间，增速在2016年达到峰值后逐渐放缓。随着各要素成本的提高，尤其是人工成本的大幅增加，在供给侧结构性改革的推动下，纺织企业通过技术改造及管理创新，逐步实现降本增效。原料在棉纺织企业营业成本中占比最高，2014年国家收储改为直补政策，棉花价格逐步市场化，企业用棉成本大幅下降，因此纺织业营业成本同比下降3.7个百分点。

三是从主营业务成本占主营业务收入的比重看，2011~2019年占比基本平稳，保持在88.6%~92.1%之间，说明百强企业控制成本的能力较强，体现了企业的管理水平。

（二）“三费”增长速度放缓，成本控制见成效

“三费”主要包括销售费用、管理费用和财务费用。从2011~2019年百强企业“三费”变化情况看，主要有以下几个特点。

一是从“三费”合计变化趋势看，百强企业“三费”与主营业务成本的走势基本一致，呈持续增加态势，如图6所示。数据显示，2019年“三费”比2011年增长57.6%，增长速度小于营业成本的增长速度。“三费”比例保持在5.0%~5.7%的区间。可以看出，“开源

节流”是企业共同追求的目标，当外部经济环境发生变化时，企业更倾向于通过控制费用达到降低成本、增加利润的目的。

二是从同比变化看，2011~2019年增速整体呈放缓趋势，如图6所示，表明百强企业采取各种措施控制费用的效果较好。其中2013年和2014年增幅较高，均超过10%，与企业进行产业布局调整与技术设备升级使管理及财务费用增加不无关系。2019年增长2.9%，低于2011~2019年5.7%的平均值。

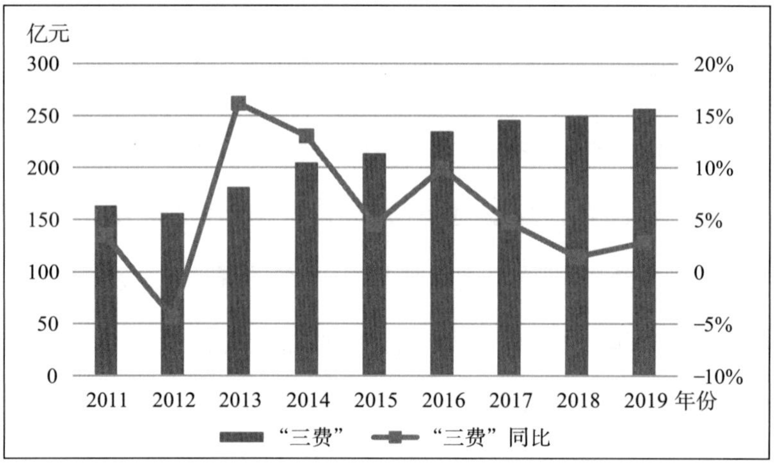

数据来源：中国棉纺织行业协会

图6　2011~2019年百强企业“三费”同比变化趋势

三是从“三费”构成看，百强企业“三费”均处于持续上升状态，如图7所示，其中管理费用在“三费”中占比最高，其次是财务费用、销售费用。2019年百强企业的管理费用、财务费用和销售费用分别占“三费”的47.1%、29.6%和23.3%。与2011年相比，管理费用和销售费用占比均增加3.9个百分点，财务费用增长呈逐步下降趋势，占比减少了7.8个百分点。

管理费用上升的主要原因，一是百强企业加大了研发和技术投入，二是人力成本持续上升，虽然管理费用提升会增加企业的经营成本，但研发和技术投入是企业可持续发展的保障。财务费用下降，其中一个原因是与国家一系列减税降费政策的实施密切相关，降低了企业的经营成本，缓解了企业的资金压力。

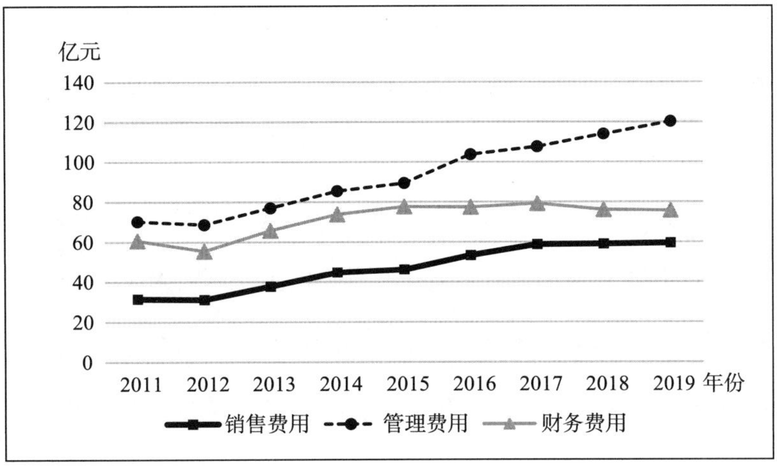

数据来源：中国棉纺织行业协会

图7　2011～2019年百强企业销售、管理及财务费用变化趋势

三、企业抗风险水平

（一）资产周转率下降，经营压力加大

资产周转率是衡量企业资产运营效率的一项重要指标，体现企业经营期间资产从投入产出的流转速度，反映企业资产的管理质量和利用效率。从2011～2019年百强企业资产周转率看，总体呈下降趋势，尤其2018年以来，受中美贸易摩擦影响，降幅较为明显，如图8所示。

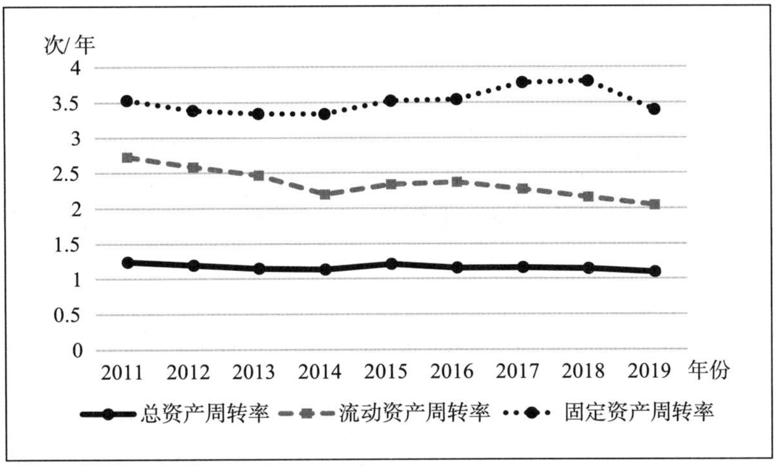

数据来源：中国棉纺织行业协会

图8　2011～2019年百强企业资产周转率变化情况

从总资产周转情况看，2011～2019年百强企业总资产周转率在1.1～1.2次/年，整体稳中有降，2019年为1.1次/年，较2011年下降0.1次/年，说明企业销售能力及资产投资的效益下降，资产利用效率降低。

流动资产周转方面，2011～2019年百强企业流动资产周转率下降趋势较为明显，从2011年的2.7次/年逐年下降至2019年的2.0次/年，达到2011年以来最低值，说明企业流动资金运用效率降低。其中，应收账款周转率下降10.3次/年，为15.7次/年；存货周转率下降0.3次/年，为5.9次/年。由此可以看出，百强企业应收账款周转率下降最为明显，表明企业账款回收难度增加，资产流动性下降，企业面临的资金风险和经营压力加大。

固定资产周转方面，2011～2019年，百强企业固定资产周转率整体呈上升趋势，2018年达到最高值3.8次/年，2019年受中美贸易摩擦影响降至3.4次/年，数据显示，企业对厂房、设备等固定资产的利用率有所下降。整体看，2011～2019年百强企业固定资产周转率在3.3～3.8次/年的区间，较为平稳，体现了百强企业对资产利用和管理的优秀水平。

（二）资产规模扩张向质量效益提升转变，负债率持续下降

资产与负债是衡量企业财务状况的重要指标。从2011～2019年百强企业总资产同比变化看，一是增幅呈逐渐放缓态势，2019年同比增长5.5%，与2012年最高值相比下降7.2个百分点；二是资产规模扩张增速放缓，表明企业资产经营从规模扩张向质量效益提升转变，如图9所示。

从总负债同比变化看，整体呈下降趋势，2018年同比增长2.3%，处于历史较低水平，说明百强企业资产状况趋好,财务实力逐渐增强。2019年受中美贸易摩擦影响同比增长7.1%。

从资产负债率看，2011年以来百强企业资产负债率持续下降，2019年为47.2%，较2011年下降9.3个百分点，说明企业的负债水平和风险程度下降，财务状况较好。

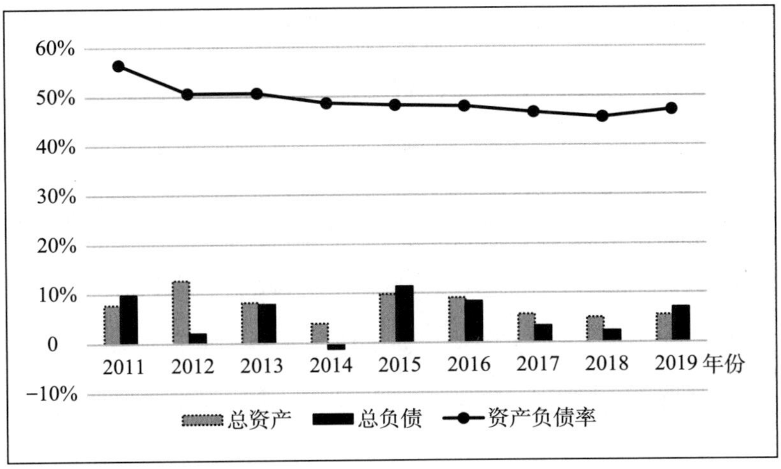

数据来源：中国棉纺织行业协会

图9　2011～2019年百强企业资产与负债同比变化情况

四、企业发展能力

发展能力是企业通过自身的生产经营活动，不断扩大积累而形成的发展潜能。企业能否健康发展取决于多种因素，包括外部经营环境、企业内在素质及资源条件等。若以影响价值变动的因素衡量企业的发展能力，从2011～2019年百强企业营业收入、营业利润和总资产增长率来看，整体呈波动上涨的态势，如图10所示。

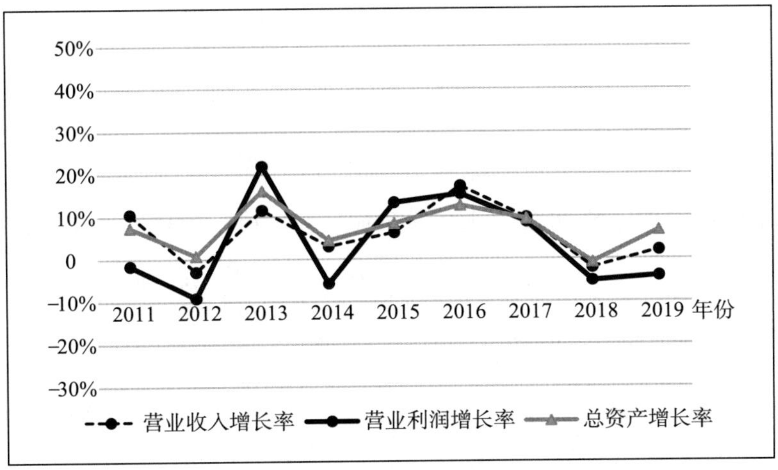

数据来源：中国棉纺织行业协会

图10　2011～2019年百强企业发展能力指标变化情况

整体看，2011～2019年百强企业营业收入、营业利润和总资产增长率的走势基本一致，其中2012～2014年全球经济低迷下行，纺织行业整体市场需求不振，加之各项生产成本刚性上涨，尤其政策调控下的内外棉价差给企业生产经营带来巨大压力。2018年，在中美贸易摩擦的冲击下，企业各项经济发展指标均大幅下降。2019年，百强企业积极面对困难和挑战，通过调整产品结构，加快转型升级，抓住“一带一路”发展契机，推进了可持续发展。

从营业收入增长率看，2011～2019年百强企业营业收入增长率基本上处于正增长状态，增长率均值为6.1%，其中2016年达到最高值17.1%，之后逐渐回落，2019年为2.0%，较2016年下降15.1个百分点，增长速度明显放缓。

从营业利润增长率看，2013年百强企业营业利润增长率最高，达到21.8%，主要因为2012年基数较低，2018年和2019年营业利润处于负增长状态，2019年同比下降4.0%，较2018年收窄1.2个百分点。2011～2019年营业利润增长率均值为3.7%，小于营业收入增长率均值，说明随着生产成本不断增加，企业利润被压缩。

从总资产增长率看，总体处于正增长状态，其中2013年和2016年增幅均超过10%，因2018年基数较低，2019年增长率为6.7%，仍低于2011～2019年7.2%的均值，与总资产的同比变化趋势基本一致，均说明了企业资产经营规模增长的速度减缓。

五、结语

百强企业是我国棉纺织行业优秀的榜样，其发展与成长情况，也反映出了全行业的整体现状与变化趋势，证明了棉纺织企业在新时代、新思维、新模式下奋进前行的实力与勇气。当前，世界百年变局的特征不断强化，中美贸易摩擦、新冠肺炎疫情暴发等给行业发展带来了不确定性。“十四五”时期，中国经济社会进入高质量发展阶段，“双循环”的新发展格局在加快形成，在此背景下，中国棉纺织行业正迎来新的机遇和挑战，我们相信，百强企业必将继续发挥引领作用，不断推进高质量发展，提升自主创新能力，为行业可持续发展做出更积极的努力和贡献。

数据盘点之：

进出口贸易与市场分析报告

摘要：2010～2019年，全球经济增速放缓，我国对外经贸环境发生巨大变化。伴随着全球贸易壁垒增多、逆全球化抬头，中国棉纺织行业（以下简称全行业）的进出口贸易也面临新的形势和挑战，本文以2010～2019年我国棉纺织产品进出口数据为基础，分析我国原料及纱线、织物的国际贸易特点，把握行业的国际竞争力和发展潜能。

棉纺织行业是中国纺织服装产业的一个重要组成部分，在中国纺织品服装进出口贸易中的地位不容小觑，以2019年为例，我国棉制纺织品及服装出口占全国纺织品服装出口的比重大约26%。2010～2019年，中国棉花进口呈下降趋势；化纤短纤出口量翻倍增长；纱线累计净进口数量约1378万吨，棉织物累计净出口约775亿米。在国家宏观调控政策指导下，通过供给侧结构性改革，中国棉纺织产业结构不断调整优化，逐渐向高质量发展迈进。

一、原料进口数据分析

纤维原料是棉纺织生产的基础，其中棉花和非棉纤维是全行业重要的生产原料。总体上看，在国家宏观调控政策影响下，中国棉花产量稳中有降，非棉纤维的产量和进口呈现稳步增长趋势。

（一）进口棉花是国内用棉缺口的有效补充

2010～2019年，中国棉花产量呈现下降趋势，从2010年的700万吨下降至2019年的591万吨，降幅16%，如图1所示。

中国棉纺纱行业消耗棉花年均710万吨，由于中国纺织企业对棉花数量和质量需求，仍需大量进口棉花。中国棉花进口受配额限制，棉花进口量与配额发放量有较大关联。

2011~2013年，鉴于棉花收储政策，除关税配额外，国家增发了大量的滑准税配额，三年间棉花进口可用配额平均为310万吨，进口量处于高位；2014年后，随着国家供给侧改革在棉花领域的实施，在此期间为了消化国储棉库存，国家发放的棉花配额减少，棉纺织企业为国家储备棉去库存做了巨大贡献；2015~2017年，每年只发放了89.4万吨关税内进口配额，棉花进口量迅速降低。2018~2019年，进口配额制度再度调整，除关税内配额外，每年增发80万吨滑准税配额，进口量又有所回升。

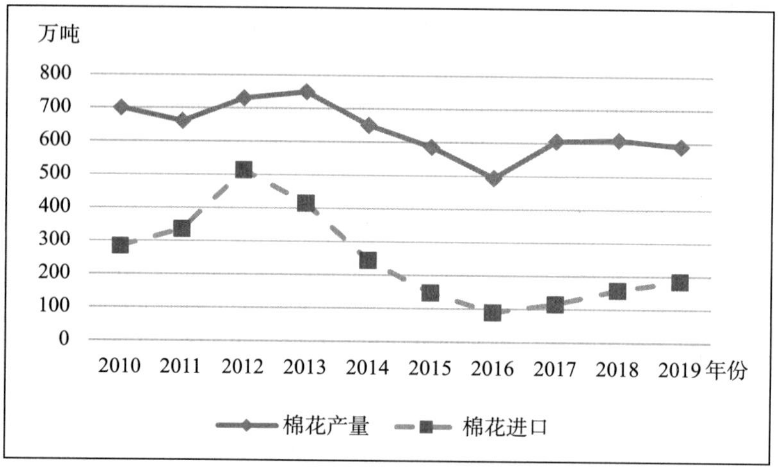

数据来源：中国棉纺织行业协会、中国海关总署

图1　2010~2019年中国棉花产量及进口量变化情况

2010~2019年，棉花主要进口国的前5位，一直为美国、印度、乌兹别克斯坦、澳大利亚和巴西。该五国进口量合计占中国进口总量的80%～90%，见表1。

表1　2010～2019年中国棉花进口国前5位在中国棉花进口总量的占比

国别	美国（%）	印度（%）	乌兹别克斯坦(%)	澳大利亚(%)	巴西（%）
2010年	37	32	13	8	3
2011年	31	32	5	17	7
2012年	31	30	6	17	8
2013年	30	31	7	21	4

续表

国别	美国（%）	印度（%）	乌兹别克斯坦（%）	澳大利亚（%）	巴西（%）
2014年	23	35	7	21	6
2015年	37	17	12	18	10
2016年	31	14	11	25	9
2017年	46	10	8	23	6
2018年	36	12	4	29	13
2019年	21	12	4	23	29

数据来源：中国海关总署

进口棉的主要特点有：一是美棉性价比较高，2017年美棉进口量达十年来最高，占比43.82%，2018年起，受逆全球化势力抬头影响，美棉进口大幅下降；二是印度棉产量已跃居第一，质量指标相对较低，随着中国纺织行业高质量发展，以及印度国内限制棉花出口，印度棉进口比重逐渐降低；三是澳棉品质较好，价格较高，但产量有限，中国进口量也相对有限；四是巴西棉花产量不断增长，品质也在提升，产量已为全球第四，中美贸易摩擦后，2019年巴西取代美国成为最大棉花进口国；五是乌棉产量低位徘徊，质量不稳定，自受美国制裁后，本国需求大，在五个国家中进口量最低。

2019年进口棉价格较2011年有了大幅下降，均价在2000美元/吨上下波动。其中表2所列五国2019年的棉价均较2011年棉价降低约30%。

表2　2010 ~ 2019 年不同国别棉花进口价格　单位：美元 / 吨

国别	美国	印度	乌兹别克斯坦	澳大利亚	巴西
2010年	1980	2000	2010	2030	2010
2011年	3000	2620	3020	2930	2800
2012年	2520	2110	2240	2340	2220
2013年	2110	1880	1990	2210	2040
2014年	2290	1860	1940	2180	1920
2015年	1890	1500	1660	1870	1590

续表

国别	美国	印度	乌兹别克斯坦	澳大利亚	巴西
2016年	1930	1600	1650	1750	1580
2017年	1940	1720	1840	1920	1830
2018年	2010	1870	2040	2130	1960
2019年	2030	1820	2010	2060	1840

数据来源：中国海关总署

（二）中国化纤短纤进口量少，出口量翻倍增长

中国化纤短纤产量呈稳步增长趋势，从2010年的1027万吨，增长至2019年的1414万吨，十年增长38%，如图2所示。截至2019年，化纤短纤使用量在棉纺织原料中的占比超过60%，其中，以涤纶短纤和粘胶短纤为主的化纤短纤对棉花的替代作用明显。

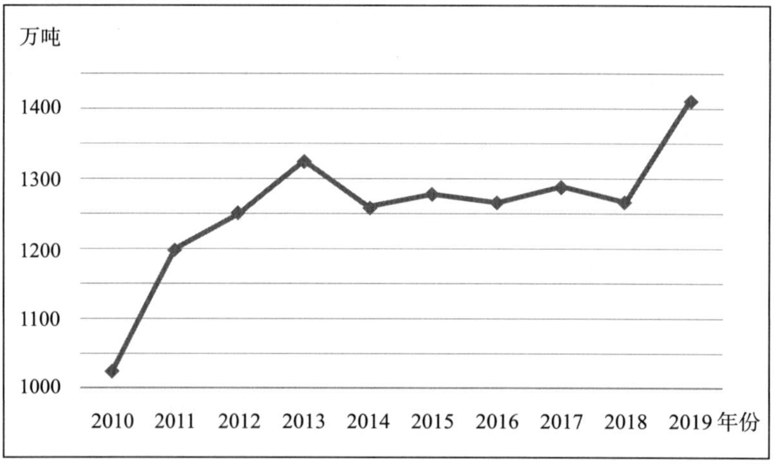

数据来源：中国化学纤维工业协会

图2　2010～2019年中国化纤短纤产量

1.化纤短纤进口占比较低

2010～2019年，国内化纤短纤的进口量呈小幅增加趋势。粘胶短纤进口量从2010年的6.8万吨，增长至2019年的13.2万吨，其中2019年进口量占中国粘胶短纤使用量的3%。涤纶短纤进口量从2010年的14.3万吨，增长至2019年的22万吨，其中2019年进口量占中国涤

纶短纤使用量的2%。中国化纤短纤基本实现了自给自足。

从图3可以看出，2010～2016年化纤短纤的进口量平稳，进口短纤多为差异化、功能性品种，且种类随着市场需求不断变化。2017～2019年由于禁塑令执行及价格原因，再生涤纶短纤进口增加，主要来自东南亚和非洲。粘胶短纤在中国的产能产量大幅增长的前提下，进口数量不降反升，说明国内差别化、高端产品的需求依旧旺盛。

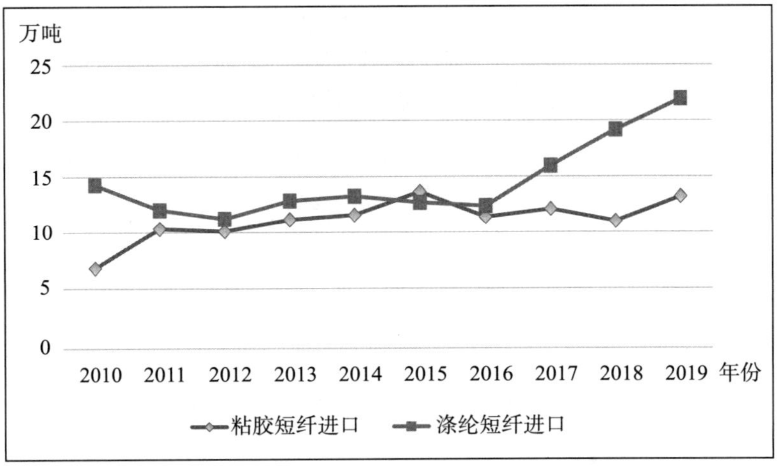

数据来源：中国海关总署

图3　2010～2019年化纤短纤进口数量情况

2019年涤纶短纤进口总量22万吨，主要进口国前3位分别是韩国、泰国、越南。从泰国进口量明显增加，主要是国内禁塑令后，部分企业直接从东南亚进口再生涤纶短纤，如图4所示。

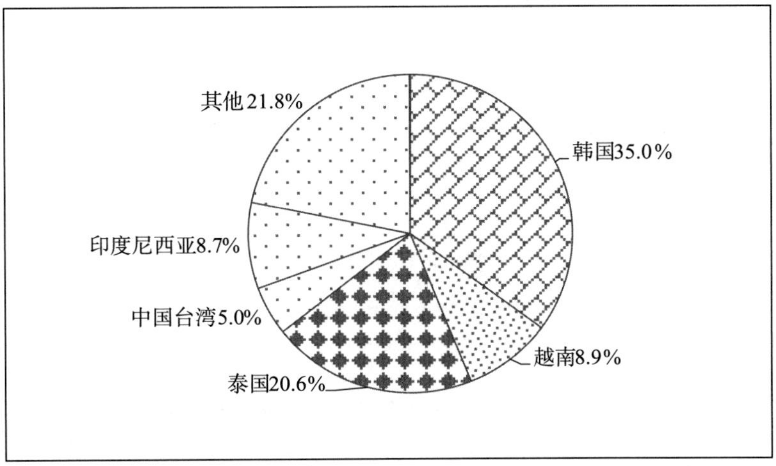

数据来源：中国海关总署

图4　2019年涤纶短纤主要进口国家和地区进口量占比情况

2019年粘胶短纤进口总量13.2万吨，前3位分别是奥地利（47.2%），印度尼西亚（24.7%），印度（11.5%）。奥地利依旧为中国粘胶短纤的最大进口国；受贸易摩擦影响，来自美国的粘胶短纤进口大幅下降，已经被挤出前六大进口国，如图5所示。

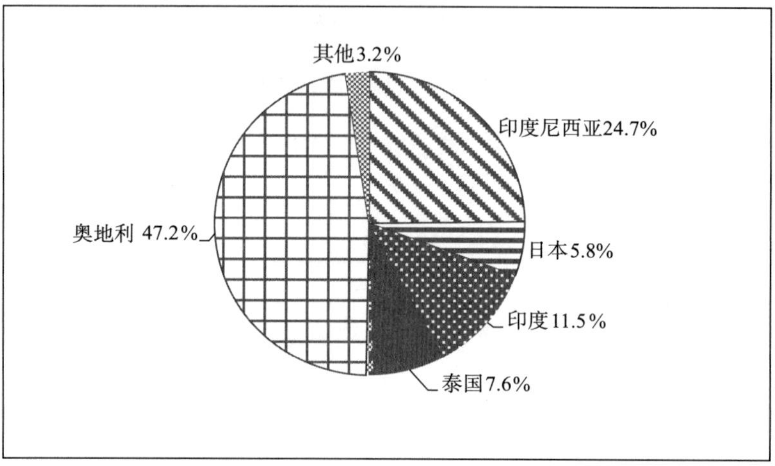

数据来源：中国海关总署

图5　2019年粘胶短纤主要进口国家和地区进口数量占比情况

2.化纤短纤出口量不断增长

随着化纤行业技术及装备的全面发展及快速提高，单线产能逐步提高，除了满足中国国内纺织企业生产使用，还有大量出口，化纤短纤出口量从2010年的74万吨，到2019年的146万吨，十年间出口量增长近一倍，中国化纤短纤产能和在国际市场的占有率大幅提高，如图6所示。

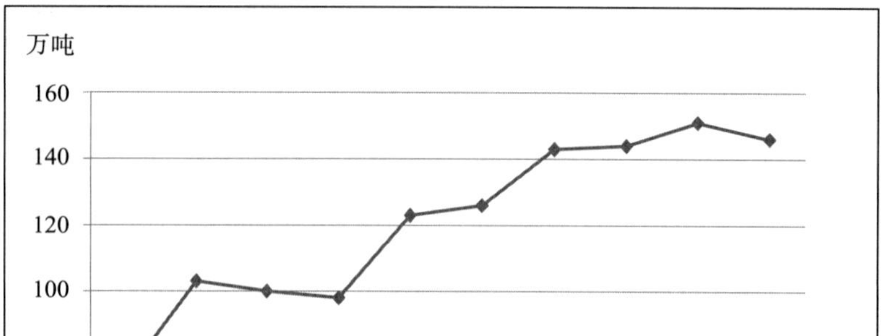

数据来源：中国海关总署

图6　2010～2019年化纤短纤出口量变化

随着我国下游纺织制造业向东南亚等国家的投资增加，涤纶短纤的需求明显增长。2019年涤纶短纤出口总量98.5万吨，前3位分别是越南（12.2%），美国（10.7%），印度尼西亚（10.6%）。越南成为中国涤纶短纤最大出口市场，如图7所示。

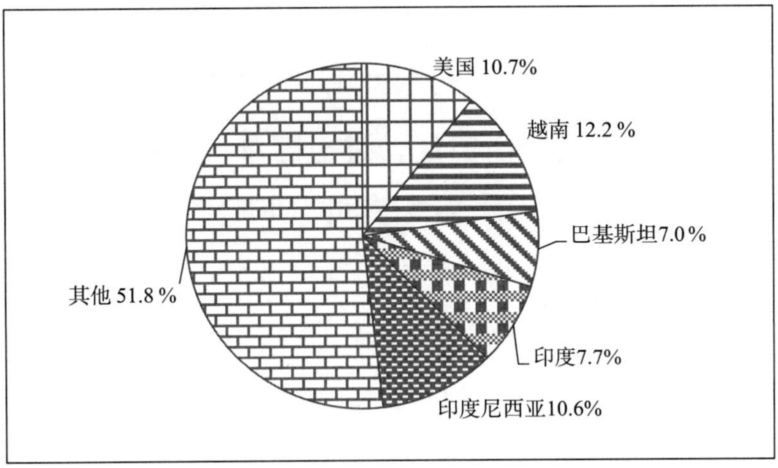

数据来源：中国海关总署

图7　2019年涤纶短纤主要出口国家和地区出口数量占比情况

2019年粘胶短纤出口总量29.3万吨，前3位市场分别是土耳其（25.9%），印度尼西亚（10.3%），美国（7.0%）。土耳其和越南市场表现突出，同比增幅分别为53%和45%，如图8所示。

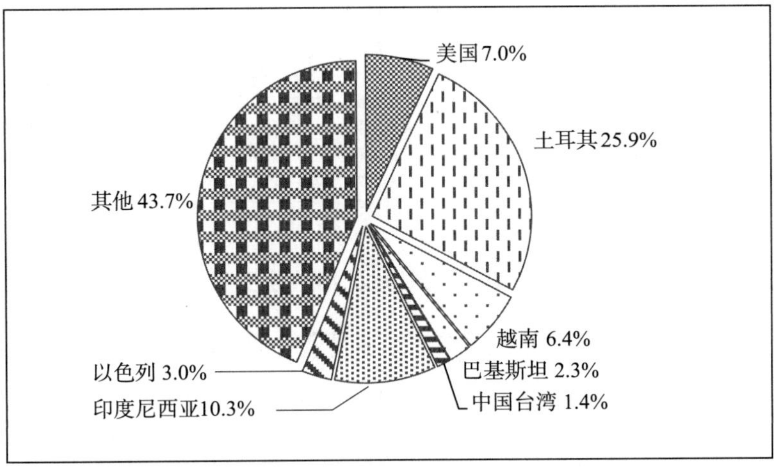

数据来源：中国海关总署

图8　2019年粘胶短纤主要出口国家和地区数量占比情况

二、纱线进出口数据分析

中国是纱线生产大国，也是消费大国，2010～2019年，中国棉纱线进口量一直大于出口，一方面进口纱线能够补充部分纤维原料需求，另一方面，织造环节对纱线的选择性更加多样化。受产品档次、原料成本等影响，中国棉纱线产品出口单价高于进口。

（一）棉纱线进口量高于出口量，进出口单价总体下行

中国棉纱线进口量始终高于出口，纱线年均出口不足50万吨，这是因为中国纺织服装业产业链齐全，国内具有较大棉纱线消费市场。中国棉纱线进口量与国内外棉价差、发放配额数量等因素息息相关。当国际棉花价格大大低于国内时，国际棉纱线的价格优势也十分明显，将会替代一部分棉纤维进口，如图9所示。棉纱线进出口平均价格总体下行，与国际棉花价格下行基本一致，且出口价格高于进口。

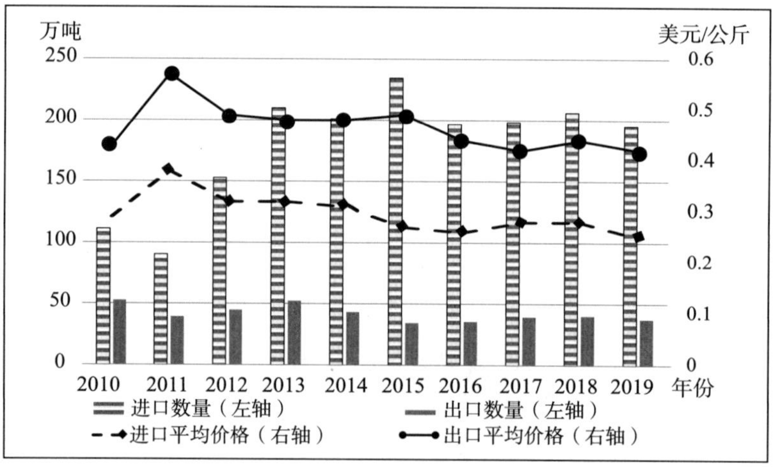

数据来源：中国海关总署

图9　2010～2019年棉纱线进出口数量及平均价格情况

（二）化纤短纤纱线以出口为主，进口价格高于出口价格

与棉纱线出口不同，中国化纤短纤纱线以出口为主，出口数量远超进口，这与国内化纤短纤纱产量和国际市场需求有关。化纤短纤纱的生产及应用，给中国棉纺织企业产品开发带来了新的发展前景。

2013～2019年，涤纶短纤纱线平均出口33万吨/年，如图10所示；粘胶短纤纱线平均出口10万吨/年，如图11所示。

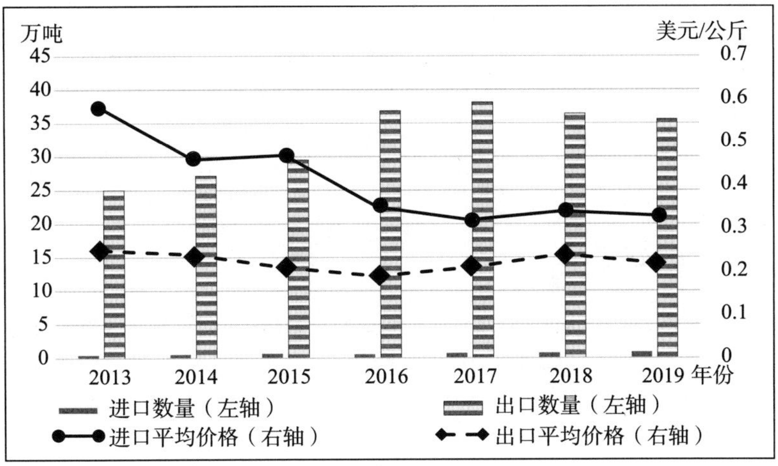

数据来源：中国海关总署

图10　2013～2019年涤纶短纤纱线进出口数量及平均价格情况

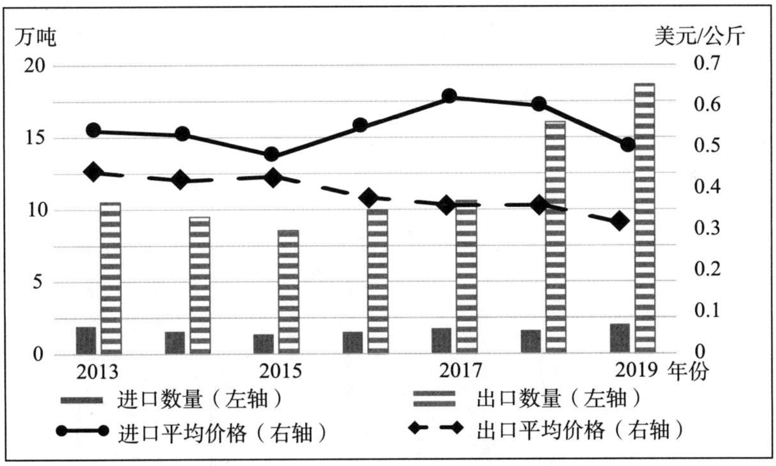

数据来源：中国海关总署

图11　2013～2019年粘胶短纤纱线进出口数量及平均价格情况

化纤短纤纱进口价格高于出口价格，这是因为进口的化纤短纤纱以新型功能纱线为主，来源地生产成本较高，因此进口价格较高。出口价格与国内化纤短纤原料价格有关联。

（三）进口棉纱线以中支纱为主，高支纱发展潜力大

中国进口棉纱线以中支纱为主，主要得益于其价格优势，如图12所示。值得一提的

是，高支纱（47英支及以上）进口数量呈逐年上涨趋势，2017年后进口量增速加快。

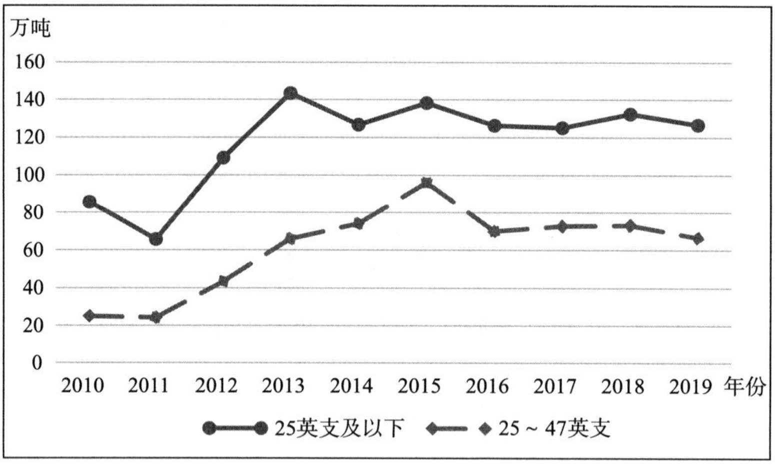

数据来源：中国海关总署

图12　2010～2019年分纱支棉纱线进口情况

（四）越南纱受宠，占比逐年递增

中国棉纱线进口分市场来看，越南、印度、巴基斯坦是中国棉纱线进口三大主要来源地，合计占比达70%以上，如图13所示。

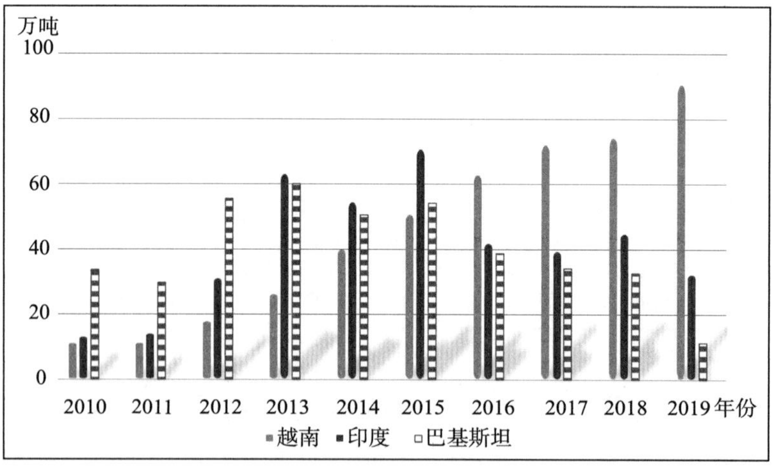

数据来源：中国海关总署

图13　2010～2019年主要棉纱线进口国进口数量情况

越南纱进口增幅较大，越南棉纱线进口占比逐年递增，到2019年占比已达到46.2%，如图14所示。自2016年开始，越南成为中国棉纱线最大进口来源国，主要原因，一是2013

年提出“一带一路”倡议以来，中国棉纺企业在越南投资建厂，企业增加，这部分纺企所生产纱线的市场在中国；二是越南纱厂从设备、工人熟练程度到纱线品质逐渐得到中国买家认可；三是进口越南棉纱享受东盟国零关税待遇。

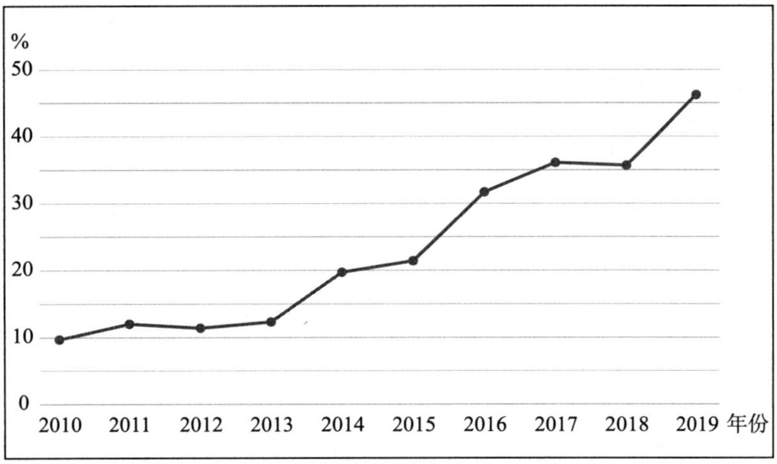

数据来源：中国海关总署

图14　2010～2019年中国自越南进口棉纱线占比情况

越南是第一大进口来源国，印度、巴基斯坦紧随其后。图15为三国2011～2019年进口纱线平均价格情况。其中，进口巴基斯坦纱以低支纱为主，均价较低。2019年，我国自巴基斯坦进口纱均价为2.39美元/公斤。2019年，我国自巴基斯坦进口纱线价格为2.39美元/公斤。

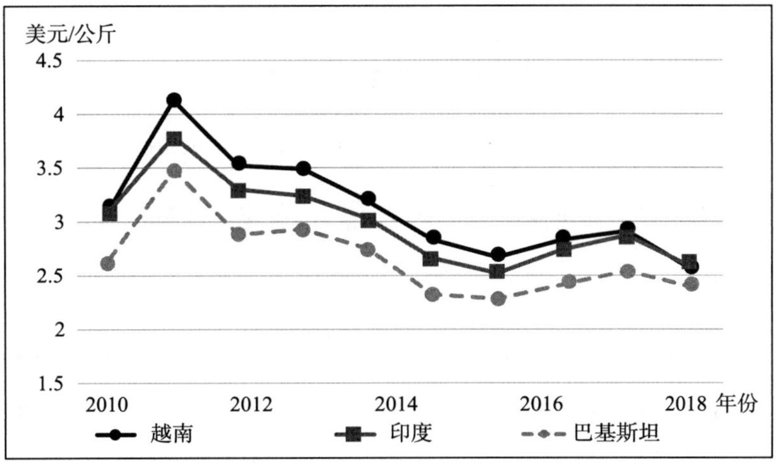

数据来源：中国海关总署

图15　2010～2019年棉纱线主要进口国进口纱线平均价格情况

三、棉织物进出口数据分析

2010～2019年，中国棉织物出口始终大于进口，随着中国棉织产业的技术进步，棉织物产品质量、种类有了长足发展，但与其他国家的高附加值棉织物产品相比，仍有较大发展空间。

（一）中国棉织物出口数量高于进口，进口均价高于出口均价

中国棉织物出口数量高于进口。随着中国棉织在海外市场的逐渐成熟，棉织产品丰富多样，供应量充足，棉织物出口数量保持在较为稳定的水平，进口棉织物数量呈现逐年减少的态势，2010～2019年，共计净出口的棉织物数量约775亿米，如图16所示。

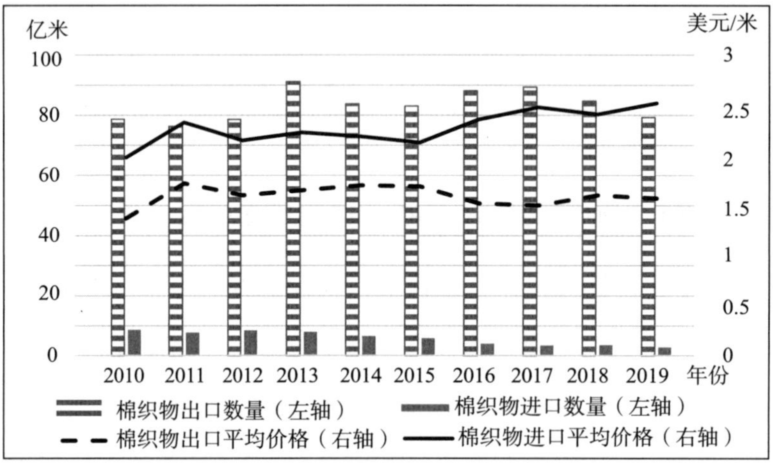

数据来源：中国海关总署

图16　2010～2019年棉织物进出口数量及平均价格情况

棉织物进口平均价格高于出口平均价格，这与产品档次有较大关系。与此同时，中国棉织物进出口平均价格相差幅度呈扩大趋势，表明中国高品质棉织物的生产与发达国家相比仍有较大差距。

（二）白坯布出口数量占棉织物出口比重减少，色织布占比增加

随着国家供给侧结构改革不断推进，中国棉织物进出口结构在逐步发生改变，坯布占比减少，印染布（含染色布、色织布、印花布等）占比增加；其中，染色布先织后染，成本较低、生产周期短；常规印花布产品工艺技术相对成熟，常用做床品和被子等，生产效

率相对较高，应用领域最为广泛；高端混纺印染布常被用于时装面料，尤其新型功能纤维的使用，有效拓展了其产品市场；色织布具有色彩丰富、立体感强、色牢度高等特点产品，进出口比重增加。2018年，色织布出口数量超过坯布出口数量，2019年色织布出口所占比重达64.6%，如图17所示。伴随消费者对于服装色彩等需求愈加时尚与多变，色织布的发展前景仍然很大。

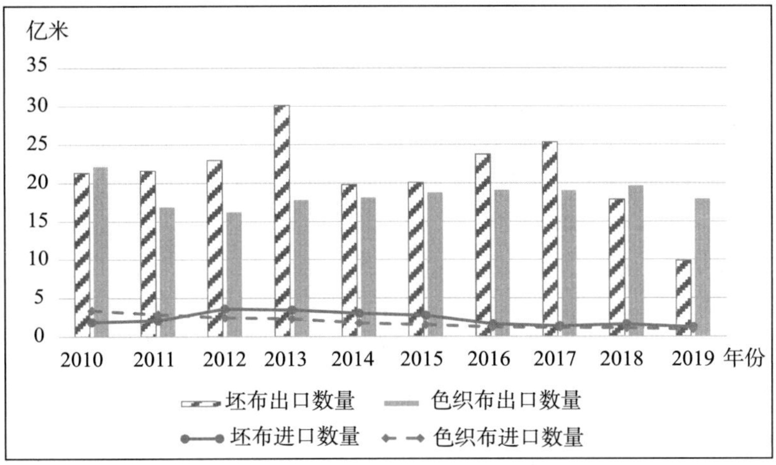

数据来源：中国海关总署

图17　2010～2019年坯布、色织布进出口数量情况

总体来看，色织布产品售价高于常规棉织物，其中纯棉色织布出口平均价格高于棉混纺色织布出口平均价格，这是因为棉混纺色织布性价比高，内涵更丰富，如图18所示。

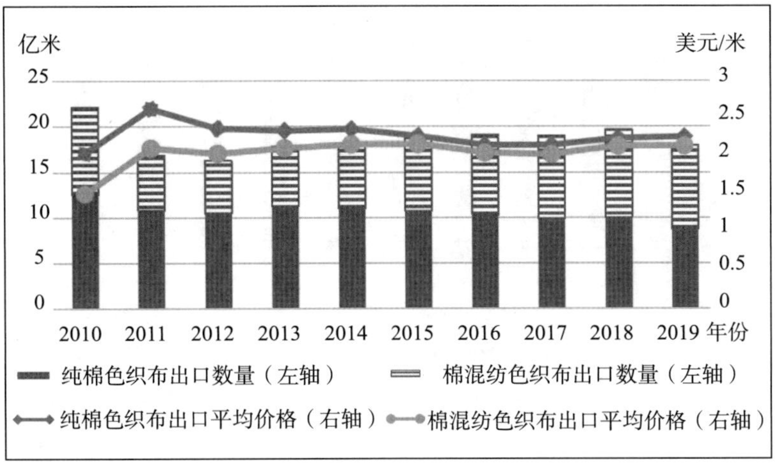

数据来源：中国海关总署

图18　2010～2019年分品种色织布出口数量及平均价格情况

色织布进口平均价格高于出口平均价格，如图19所示。依托产业链优势，中国色织布产品在全球拥有较高市场占有率，进出口结构中，以常规产品为主，以极少量特殊进口产品进行互补。随着色织布设备和技术的持续升级，中国色织布已占据国际高端市场的35% ~40%。

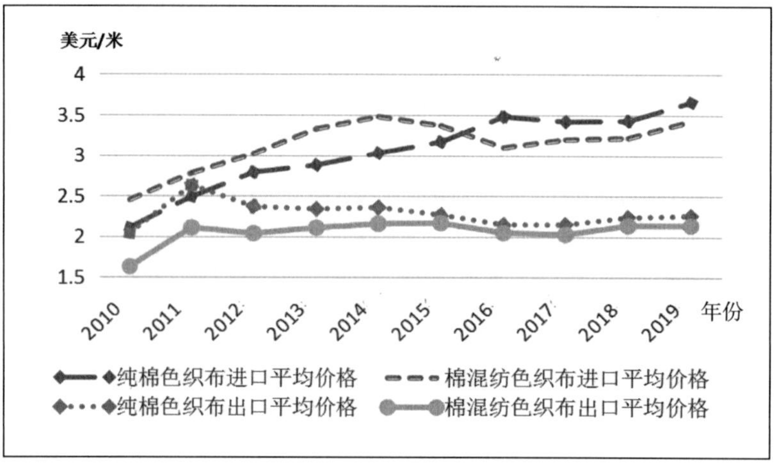

数据来源：中国海关总署

图19　2010 ~ 2019年分品种色织布进出口平均价格对比

（三）以轻型棉织物出口为主

我国棉织物出口以每平方米200克以下为主，2010 ~ 2019年，平均占比约80%，如图20所示。

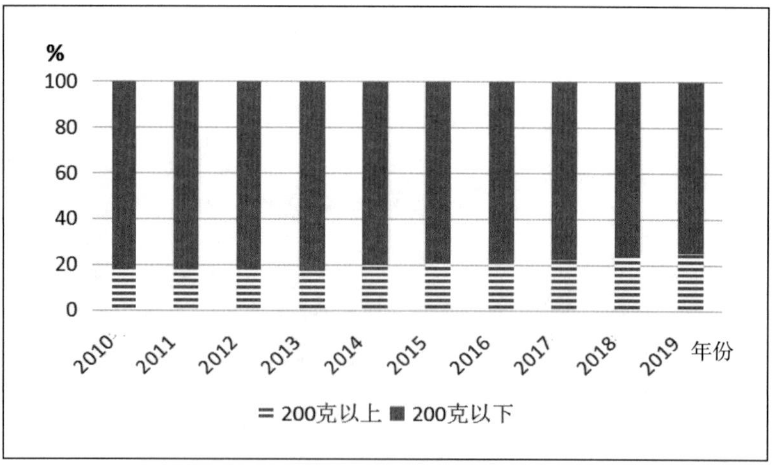

数据来源：中国海关总署

图20　2010 ~ 2019年棉织物分克重出口数量占比情况

（四）出口市场以东南亚、南亚和非洲地区为主

中国棉织物出口市场主要分布在东南亚、南亚和非洲地区，其中，孟加拉国、越南和菲律宾位列中国棉织物出口市场的前三位。出口棉织物以中低档产品为主，如图21所示。

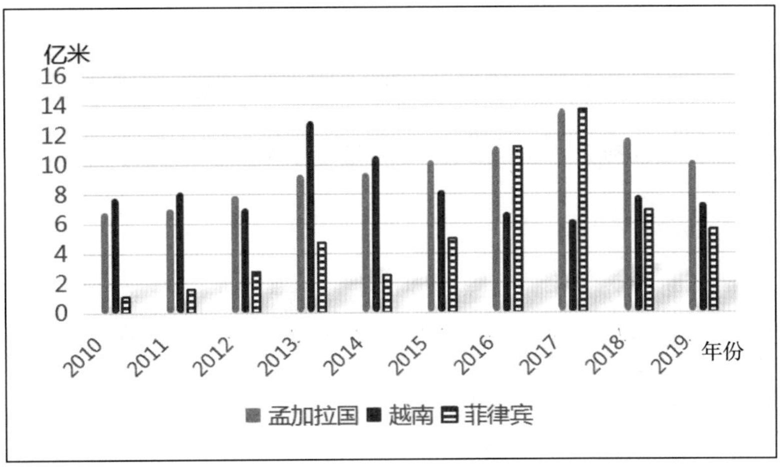

数据来源：中国海关总署

图21　2010～2019年棉织物主要出口国出口数量情况

四、结语

自2010年以来，国际贸易环境复杂多变，世界范围的纺织生产区域结构不断变化，中国棉制纺织品进出口贸易表现出了新形势，棉纱线净进口、棉织物净出口数量扩大，随着非洲国家的纺织业正在崛起，棉制纺织品出口将迎来新机遇。总体看，2010～2019年，中国棉制纺织品进出口市场基本稳定。随着内需市场的扩大、新型纤维的应用和棉纺织产业的快速升级，中国棉纺织产品将更加丰富及多样化，在国际上仍具有着重要的影响力。

数据盘点之：

原料及产品发展分析报告

摘要：本文对2011～2019年棉纺织百强企业的原料使用情况及纱布产品情况进行了梳理及分析，对原料的应用及纱布产品的发展等情况进行了分析，对于了解棉纺织原料及产品发展趋势有一定借鉴意义。

近十年来，随着国内外市场形势的不断变化，国家原料政策的宏观调控，产业链装备与技术水平的不断提升，百强企业不断向高质量发展，对原料的需求也更加多样化，纱布的新产品日益涌现。

一、原料使用情况

（一）棉花用量减少，非棉纤维替代明显

随着市场需求的不断变化，化纤产业的迅速发展，棉纺行业原料的消费结构发生了变化。以百强企业为代表的棉纺织企业积极拓展市场，为规避国内外高棉价差等风险，提高产品附加值，加大非棉纤维（除棉花外的化纤及其他短纤）的使用，整体看棉花用量不断下降，非棉纤维用量一直处于上升趋势，如图1所示。百强企业使用的原料中，棉花占比由2015年的76%下降至2019年65%，五年下降了11个百分点，而非棉纤维占比由2015年的24%上升至2019年的35%。2019年全行业棉纺织原料结构中棉花消费量占比36%，非棉纤维用量占比64%，对比发现，百强企业之外的企业应用非棉纤维的比例较高，原因包括：一是中小企业经营生产及调整产品结构更为灵活；二是三年临时收储期间的不限量收储政策将大量的棉花收入国库，市场上可以选择利用的棉花受到了限制，助推了非棉纤维使用占比的提升；三是中小企业进口棉花配额分配量少，受5万锭产能限制，达不到产能要求的企业没有获得进口棉花配额的资质。

未来几年，国家如果仍实行棉花配额管理政策，随着中美贸易争端、疫情影响以及消费方式的快速变化，棉花的使用将受到更大的挑战。而随着非棉纤维产能及科技水平的提升，在时尚性、功能性和舒适性方面会更顺应消费者的追求，在棉纺织原料中的比重必将进一步加大。如图2所示。

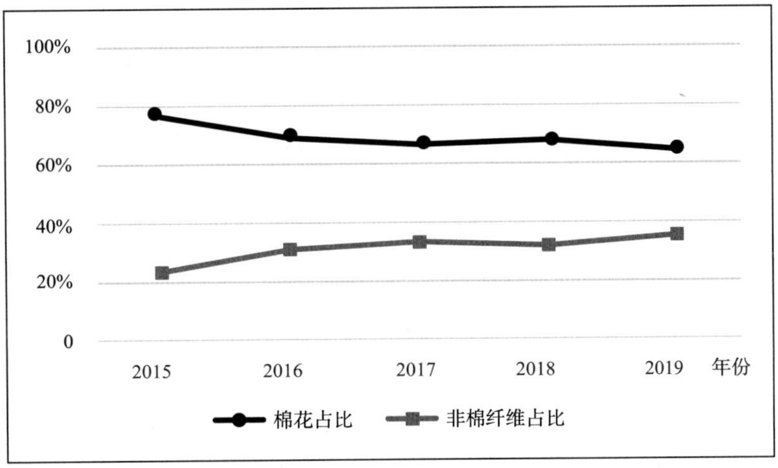

数据来源：中国棉纺织行业协会

图1　2015～2019年百强企业原料使用情况

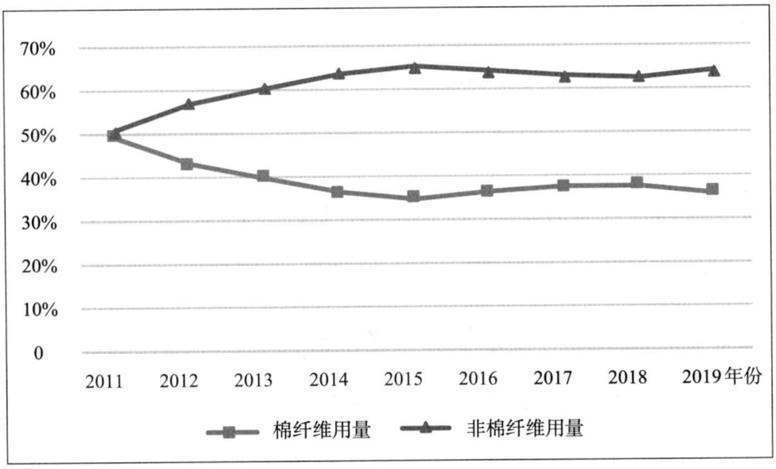

数据来源：中国棉纺织行业协会

图2　2011～2019年全行业原料使用情况

（二）吨纱用原料基本维持稳定

数据显示，2010～2019年百强企业吨纱用原料基本保持平稳，维持在1.14～1.17 吨之间，如图3所示。虽然化纤短纤纱占比持续增加，但吨纱用原料仍保持在一个稳定的区间内，在纱线的品质保持较高的稳定性方面起到了积极作用。企业数据显示，棉纤维成纱耗用量在1.1～1.4吨，非棉纤维成纱耗用量在1.0～1.1吨，纱支越高吨纱用原料越多。

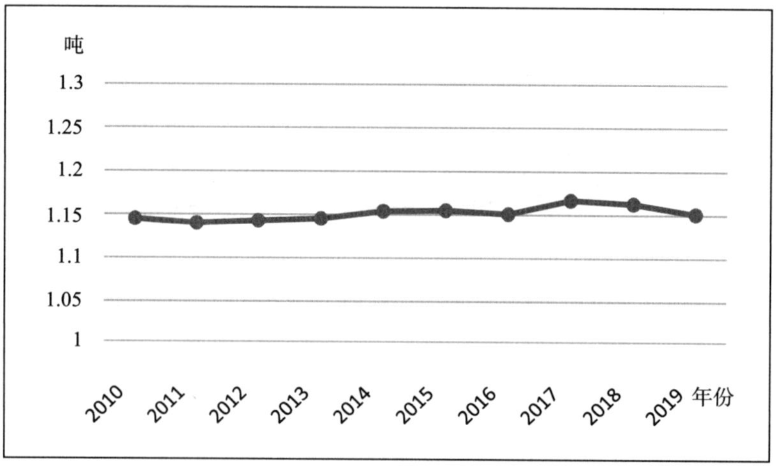

数据来源：中国棉纺织行业协会

图3　2010～2019年百强企业平均吨纱用原料情况

二、纱线生产情况

（一）纱产量稳步提升

从纱线产量看，百强企业年均纱产量稳步上升。原因有三：一是百强企业资金实力雄厚，技术改造投入较高，设备先进，生产效率不断提升；二是百强企业中的近20%内地企业2014年起响应国家发展新疆纺织服装产业政策，赴疆投资，拉动了此后年均纱产量的上涨；三是百强企业产品质量、信誉较好，客户群稳定，市场占有率高。需要说明的是，2019年，受中美贸易摩擦升级影响，百强企业全年开工率较往年下滑，个别企业出现限产情况，产量增长放缓，年均产量较2018年下降，如图4所示。

（二）产品结构不断调整

随着非棉纤维在棉纺织行业的普遍应用，我国纱线品种结构调整得到较大改变。其中原因有三：一是非棉纤维的研发创新步伐快于棉花；二是非棉纤维品质在纺织生产中的稳定性越来越被纺织企业认可，相比棉花，非棉纤维标准化程度更高，更有利于产品稳定性和一致性；三是国家对棉花实行配额管理的政策，企业需求不能得到满足。数据显示，2010～2019年纯棉纱占比由70%下降至50%，降幅20个百分点，化纤短纤纱占比则由10%上升至17%，涨幅7个百分点，可见企业根据市场需求调整产品结构，2010～2019年混纺纱的占比波动频繁，更突显出企业适应需求的快速反应能力。总体来看，混纺纱占比仍呈上升趋势，截至2019年，百强企业混纺纱占比为17%。如图5所示。

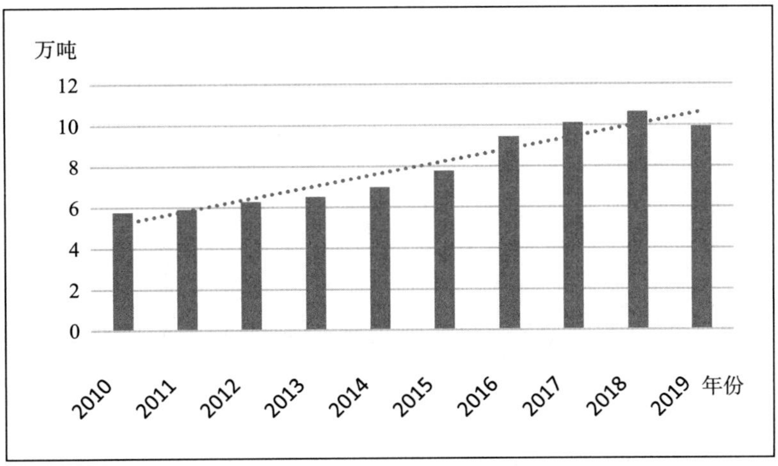

数据来源：中国棉纺织行业协会

图4　2010～2019年百强企业平均纱产量

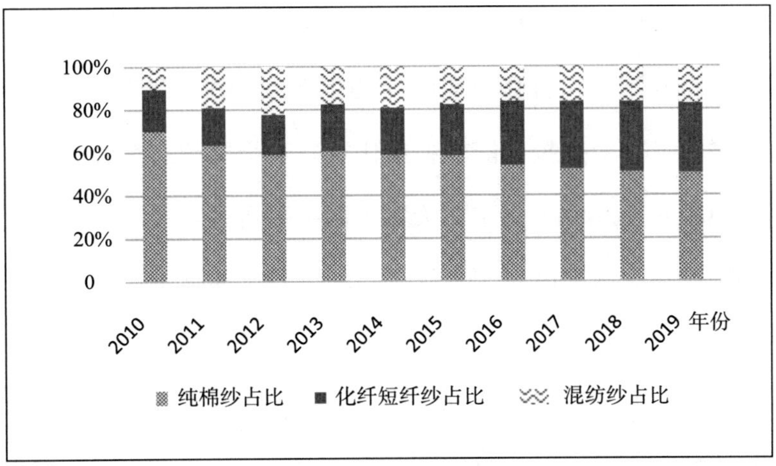

数据来源：中国棉纺织行业协会

图5　2010～2019年百强企业纱线类型分布

数据显示，百强企业纱线平均号数呈逐渐下降趋势，也就是说平均纱线支数逐渐提高。而2018～2019年纱线平均号数回升，究其原因，是因为欧美市场是我国高支纱线的重要出口市场，以美国为首的贸易保护主义行为对高档产品出口造成一定影响，尤其2019年，我国棉制纺织品及服装出口欧美市场大幅下降，也是导致出口纱线平均支数下降的原因之一。如图6所示。

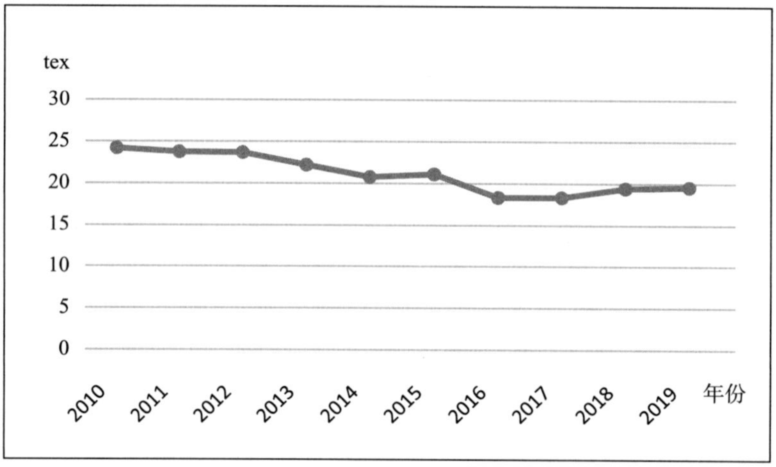

数据来源：中国棉纺织行业协会

图6　2010～2019年百强企业平均纱线号数

从纱线种类看，精梳纱和转杯纺纱产量均呈上升趋势，但从占比看，精梳纱占比与转杯纺纱占比呈相反走势，即精梳纱占比下降，转杯纺纱占比上升，如图7所示。2014年在国家宏观政策的推动下，占百强企业中近20%的内地纺织企业去新疆考察并投产，新疆纺织产能迅速增长，其中新投产能转杯纺比重高于全国约20个百分点，这是转杯纺纱占比增加的重要原因；自2009年以来，天猫等网络平台开启“双十一”等促销活动，纺织服装内销市场不断扩大，国内对于常规产品的消费增加，也促进了转杯纺纺纱占比的上升。

随着时代的进步、社会的发展，人们消费方式也在发生转变，从传统的必需型消费向享受型、发展型消费转变。这种转变使得消费者更加注重纺织服装产品的时尚性、舒适性和功能性，而这些性能的实现利用了差别化、功能性纤维，不仅提升了产品的附加值，更赋予了纺织品超常规的特性。随着差别化纤维及高新技术纤维研发生产能力的不断提升，未来化纤类产品需求将有新的增长。

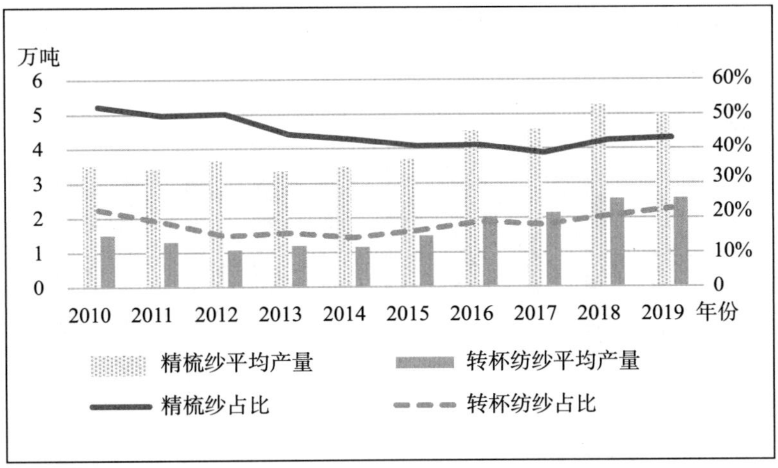

数据来源：中国棉纺织行业协会

图7　2010～2019年百强企业纱线类型分布

三、织布生产情况

（一）织布产量整体上升

数据显示，百强企业产能呈下降趋势，但梭织布产量呈上升趋势，如图8所示，主要得益于十年来我国织造设备效率的提升，大量的老旧有梭织机被逐步淘汰，高速剑杆和喷气织机升级改造。百强企业中拥有有梭织布产能的企业占比较少，其有梭布以织造特殊要求的产品为主。纱线产品在下游可供针织或梭织应用（针织企业不在百强企业范围内），调研中得到，未配套梭织的单纺纱企业规模较大，而单梭织企业的规模较小。

（二）混纺布比重上升

数据显示百强企业梭织布品种与纱线原料结构基本相近，纯棉布的比重呈稳中下降的趋势，而混纺布的比重则稳步提升，如图9所示。随着消费者生活水平的提高，对服装、家纺等面料的舒适性、亲肤性等性能要求越来越高，棉与化纤混纺布在满足织物挺括性、保形性等要求的同时，又能满足对贴身舒适等性能的要求，这是在十年间混纺布比重稳步提升的重要因素。随着织造技术水平的进步，利用不同原料的纱线进行经纬向交织的面料逐渐得到推广，也促进了混纺布比重的提升。未来混纺布的产量和比重有可能继续加大。

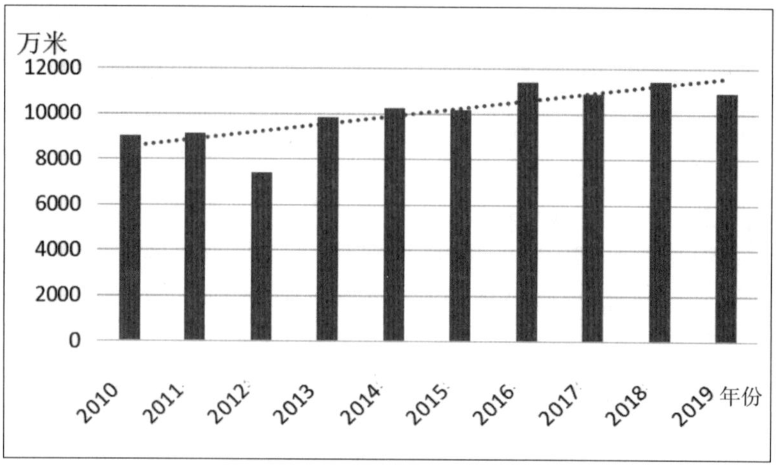

数据来源：中国棉纺织行业协会

图8　2010～2019年百强企业平均梭织布产量

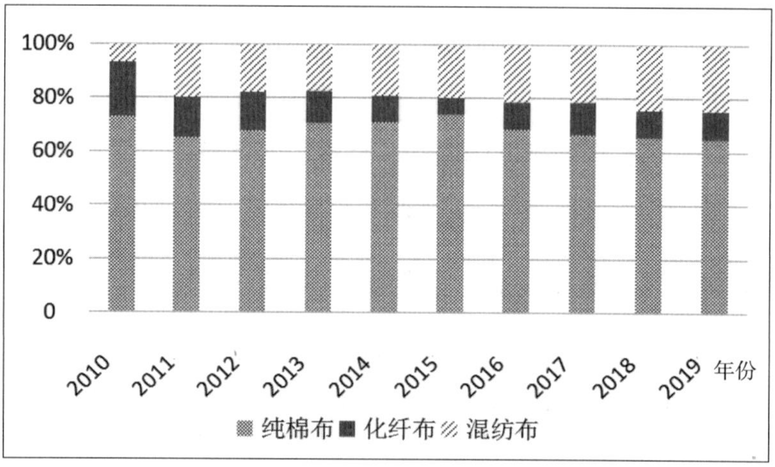

数据来源：中国棉纺织行业协会

图9　2010～2019年百强企业机织布类型分布

（三）牛仔布比重上升

数据显示，百强企业色织布和牛仔布的年平均产量整体呈上升趋势，与梭织布趋势相同。色织布企业数量在20家左右，产量占梭织布比重在15%～20%，企业数量和产量比重均较为稳定。

牛仔布企业数量呈上升趋势，2010年为10家，2019年增长到了15家。牛仔布产量占梭织布比重呈逐年上升趋势，牛仔布作为经典品种，其风格类型深受消费者青睐，随着织造技术进步和市场需求增加，色织布和牛仔布作为极具特色的梭织布品种，种类和产量有望继续提升。如图10所示。

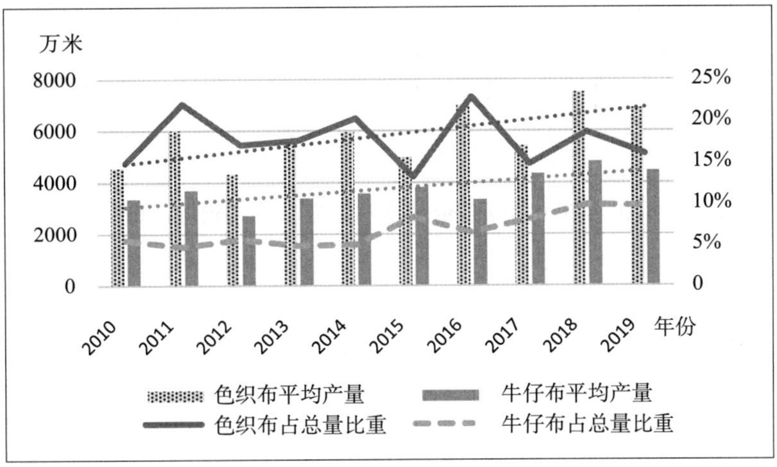

数据来源：中国棉纺织行业协会

图10　2010～2019年百强企业色织和牛仔布平均产量及比重

（四）面料细分品种指标差异明显

数据显示，百强企业织布百米用纱量、织布幅宽和面料平方米克重的变化不大显，见图11。梭织布产品克重、幅宽规格没有明显变化。从趋势来看，以高端色织为代表的高支高密的轻薄织物和面料、偏厚重类型的牛仔布都有继续扩大市场份额的趋势，梭织布的轻薄程度在一定时间内将保持稳定。

从细分品种来看，牛仔布纱支多以中低支纱为主，平均百米用纱量基本在45～50千克之间；色织布多为高支高密的轻薄面料，平均百米用纱量在20千克左右；白坯布用途较广，广泛用于服装、家纺等领域，百米用纱量约30千克，位于牛仔和色织之间。如图12所示。

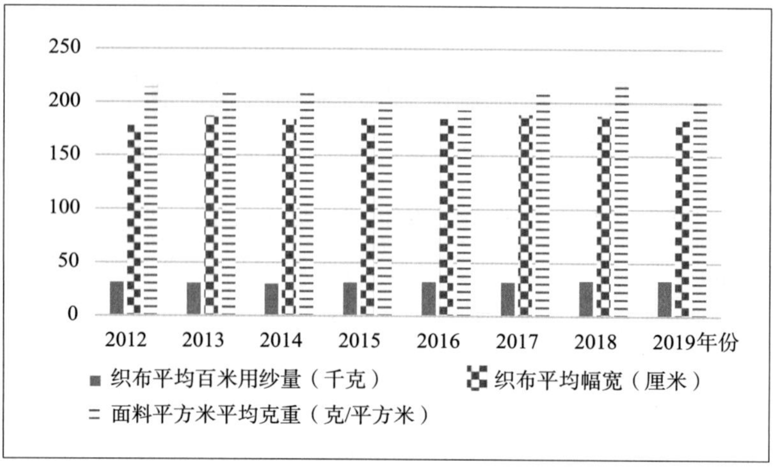

数据来源：中国棉纺织行业协会

图11 2010～2019年百强企业织布幅宽、百米用纱、面料克重

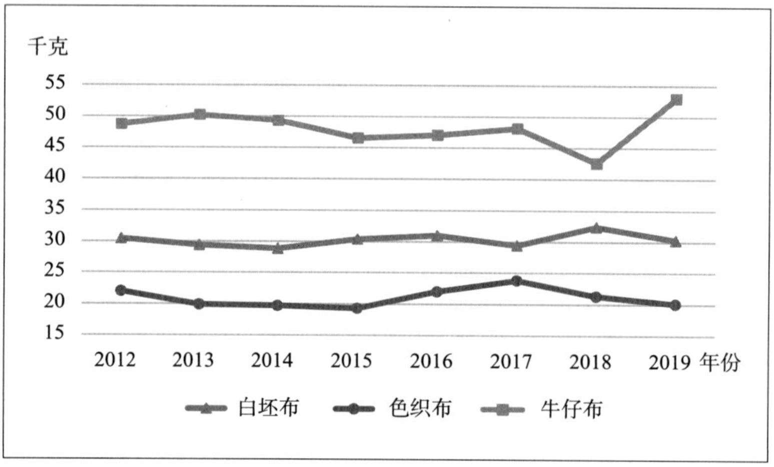

数据来源：中国棉纺织行业协会

图12 2010～2019年百强企业分品种平均百米用纱量

从幅宽来看，白坯布主要利用喷气织机进行生产，平均幅宽位于190～200厘米之间，色织布和牛仔布由于品种特点的原因，剑杆织机的比重更高，幅宽相对较窄，多在150厘米左右，如图13所示。

从平方米克重看，牛仔布多为厚重织物，单位面积克重大，平均克重在300～350克/平方米；色织布由于织物高支高密的属性，克重远低于牛仔布，多处在100～150克/平方米；白坯布的克重在200克/平方米左右，处于牛仔布和色织布之间，如图14所示。

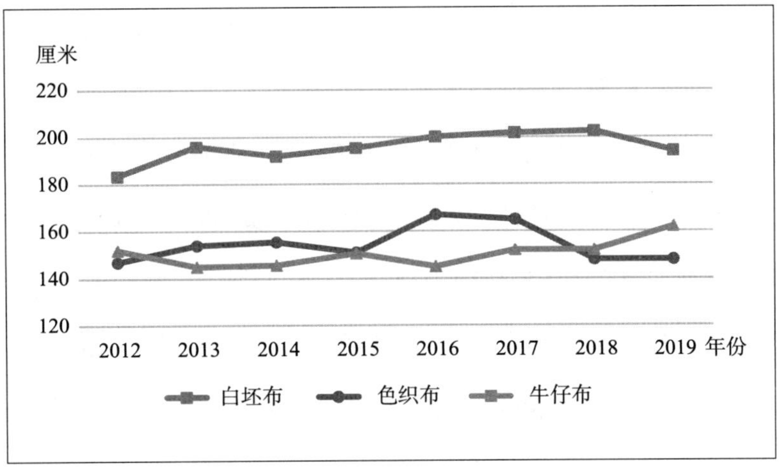

数据来源：中国棉纺织行业协会

图13　2010～2019年百强企业分品种平均幅宽

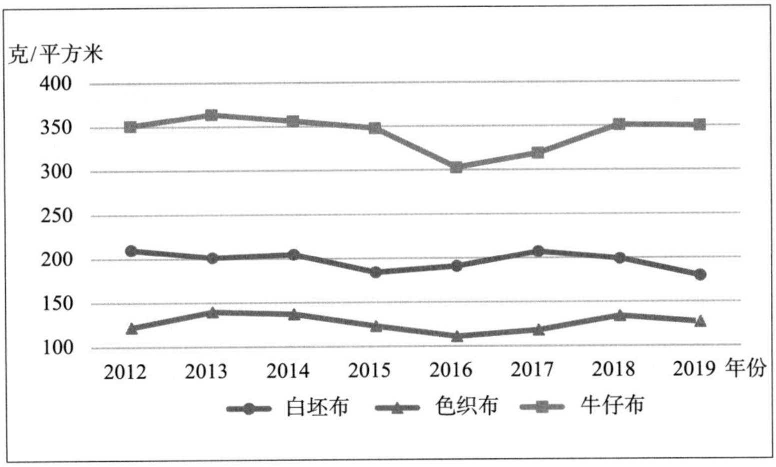

数据来源：中国棉纺织行业协会

图14　2010～2019年百强企业分品种平方米平均克重

四、结语

通过上述分析，可以看出，近十年来我国棉纺织企业在原料应用和产品结构调整方面取得了较大进步，顺应了高质量发展要求，总结如下。

在原料方面，受国内棉花产需存在缺口、棉花配额未完全放开、化纤产业不断发展、市场需求多样化等影响，我国棉纺织行业非棉纤维的应用比重持续增加。非棉纤维为棉纺织企业保障原料供应、缓解成本压力、优化产品结构等方面发挥了重要作用，预计未来非棉纤维应用将更加广泛，占棉纺织原料比重进一步提升。

在纱布产量方面，百强企业稳步提升。在国家政策支持下，部分企业向中西部投资，新疆纺织产能应顺应需求发展，预计未来棉纺织行业投资将以技术改造和新装备替代落后产能为主，纱布产量维持在一个较为稳定的水平。

在纱布产品方面，随着棉纺织企业原料应用的不断调整，纱布产品种类不断丰富，混纺、化纤类产品占比增加。在互联网时代下，年轻人和Z时代的消费者成为消费群体的新势力。独特的时代特征和群体特征对品牌的价值观、个性化、服务化、时尚化都有新的要求，纱布产品种类多样化才能满足更多市场需求。

总体来说，低成本、大规模已不是我国棉纺织行业发展的主要方向，通过科技创新的引导，提升研发和管理水平，提升产品附加值和竞争力，提升产品质量和品牌影响力，才是引领未来、赢取未来的重要手段。

数据盘点之：

技术能力发展分析报告

摘要：本文以2010～2019年百强企业的数据为基础，对全行业设备水平、技改研发、信息化建设等方面进行分析，归纳百强企业技术能力发展现状及方向。

一、产业集中度提升，大型企业经营活力增加

2010～2019年，棉纺织关键设备技术水平和生产效率都有较大程度的提升。技术创新、技术进步加快了产业升级，百强企业在减少低水平重复投资、化解过剩产能等方面做出了贡献，如图1所示。企业的技术进步既能改善企业的投入产出比和收益比、提升竞争力，也能有效推动全行业结构调整和升级，实现整体集中度的提高。

根据“吸引力法则”，谁家技术改造做得好，谁的创新能力强，谁的产品结构调整的时效性强，谁家就有更多机会赢得市场。结合棉纺织行业发展现状，由于中美贸易摩擦等外界因素的不确定性增加，贸易大环境持续动荡，出现了订单向大企业集中的现象，百强企业凭借资金、规模、技术水平、优质客户等较强的竞争能力，取得了较全行业平均水平更平稳的增长速度。

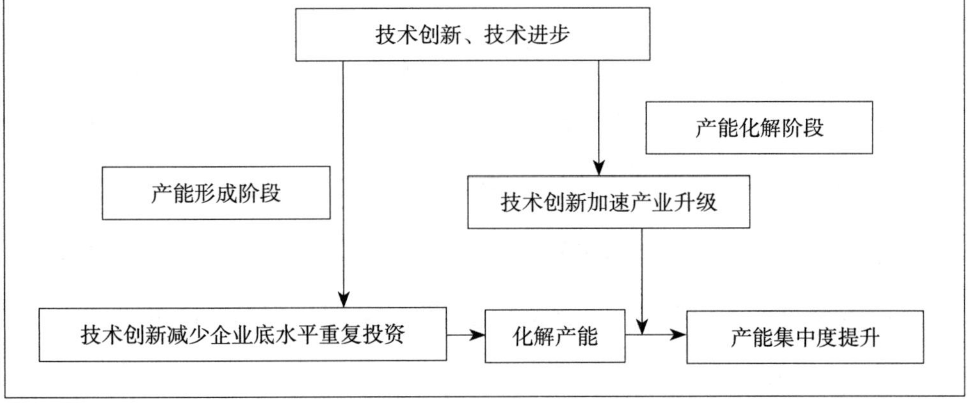

图1　技术进步对产能集中度的作用机理

（一）纺纱产业集中度

据中国棉纺织行业协会会商统计，我国棉纺织行业纺纱产能总体呈下降趋势，由2010年的1.3亿锭下降到了2019年的1.12亿锭，降幅17%，但与此同时，百强企业纺纱产能占比呈现上升趋势，2019年比2010年上升25个百分点，达到55%，如图2所示，这意味着产能向优势企业集中，百强企业中的87家纺纱企业拥有全行业55%以上的产能。特别需要关注的是，2019年位列百强企业前十的纺纱企业，其合计产能约3000万锭，占百强企业总产能的一半，占全行业的27%，产能的高度集中使得大企业行业话语权进一步增加，对市场的影响程度也逐步加强。

根据纺纱方式不同，2019年百强企业中，环锭纺、转杯纺、喷气涡流纺三种纺纱方式的产能分别占全行业该类纺纱方式总产能的63.6%、27.2%、52.9%。

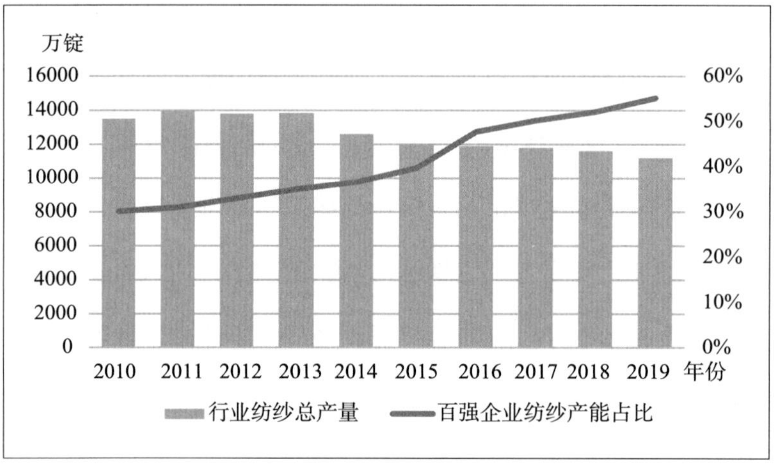

数据来源：中国棉纺织行业协会

图2　2010～2019年全行业纺纱产能及百强企业纺纱产能占比情况

产能情况如图3所示。2019年环锭纺产能较2010年增长47%，呈现稳步增长的趋势，这与全行业环锭纺数量走低的趋势相反，究其原因是，全行业处于新旧动能转换关键时期，百强企业凭借规模和资金优势先一步进行了大规模的技术改造并新增大量先进产能，相反，一些中小企业因为设备老旧、产品市场竞争力不足等问题，逐步从对老旧设备淘汰中退出，因此全行业整体产能下降。

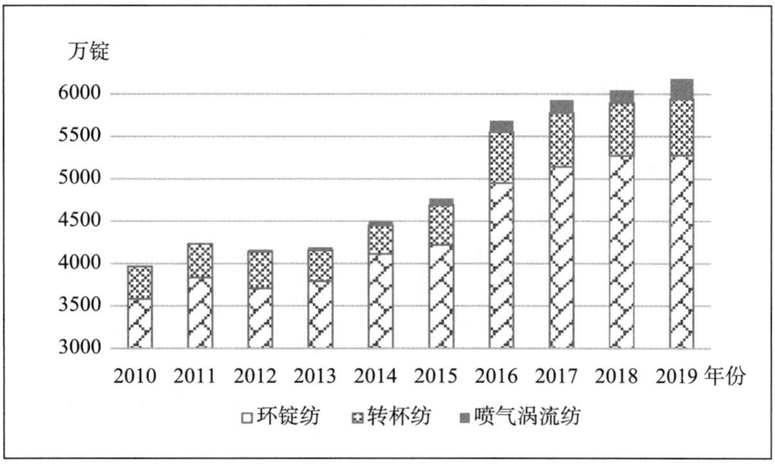

数据来源：中国棉纺织行业协会

图3 2010～2019年百强企业三种纺纱方式折环锭纺产能情况

注 2010～2015年，转杯纺折合环锭为1：8；2016～2019年折合为1：10；喷气涡流纺折合环锭均按照1：20。

近十年，转杯纺产能经历了一个从减少到增长的过程。自2010年起，效率低、能耗高的老旧转杯纺纱机被快速淘汰，数量逐步减小。直至2016年，全行业采购新型转杯纺设备的步伐加快，数量逐渐增长，到2019年百强企业转杯纺数量比2010年增长了39%。转杯纺产品的适应性有一定局限，并不是纺纱企业的标配，与环锭纺相比，全行业转杯纺产能分布较为分散，集中度较低。

十年来，喷气涡流纺是发展最快的纺纱方式，2019年百强企业中的喷气涡流纺产能比2012年增长了8倍，占全行业全部喷气涡流纺产能的52.9%，粘胶、涤纶短纤和腈纶等多种纤维已经适用于该类设备，其制成的纱线也已在针织服装、家用纺织品等多个领域得到广泛应用，从发展势头看，喷气涡流纺产能增长依然强劲，预计未来还会不断增加。

（二）织造产业集中度

全行业织机总量和百强企业织机总量均呈下降趋势。2019年百强企业织机台数较2010年下降31%，占行业比重也缩小1.9个百分点，如图4所示。这是因为2010年以来全行业开始大规模淘汰落后老旧织机，投资高速织机，虽然织机总数量下降，但生产产量并未下降，这一点在百强企业的数据上体现得最为明显。2019年百强企业织机的先进水平大幅提高，尽管织机数量比2010年减少3.7万台，但无梭织机占比由45%上升到62%，面料产量比2010年增加了近8亿米，如图5所示。

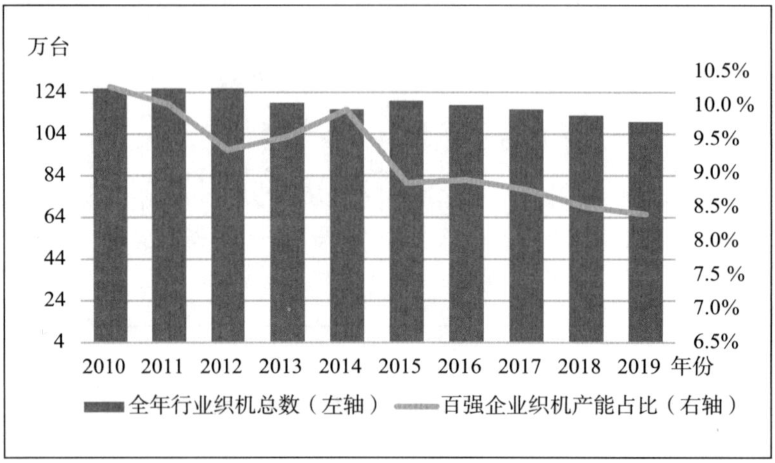

数据来源：中国棉纺织行业协会

图4　2010～2019年全行业织机总数及百强企业织机产能占比情况

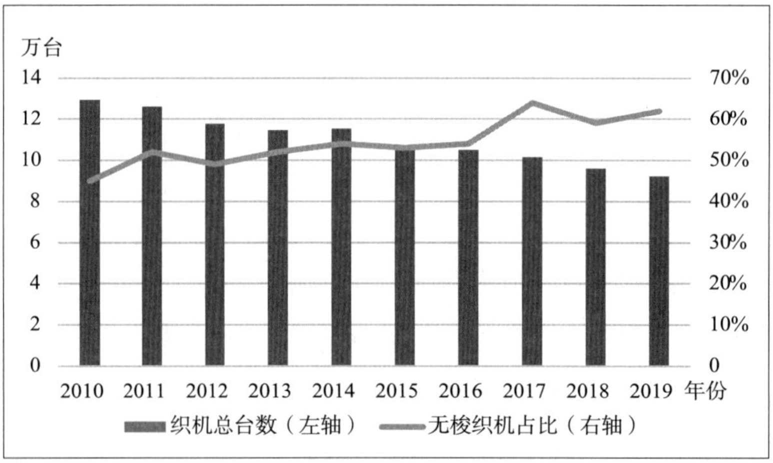

数据来源：中国棉纺织行业协会

图5　2010～2019年百强企业织机总台数及无梭织机占比情况

二、设备技改稳步推进，整体水平不断提升

先进的生产设备是企业高效生产的基本保障，棉纺织企业一直在致力于设备技术水平的提升，每年投入大量资金进行设备技术改造，企业设备水平得到全方位提升，百强企业

作为全行业中优秀企业的代表，2010～2019年累计投入了640亿元进行技术改造，平均每家企业投入技改资金7000万元。如图6所示。

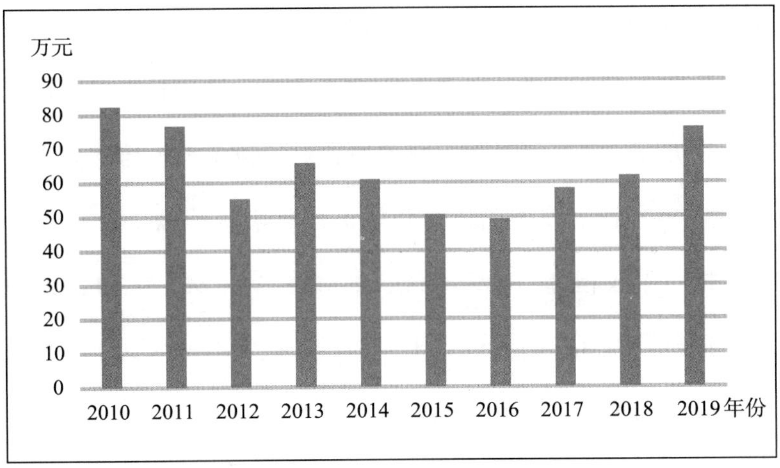

数据来源：中国棉纺织行业协会

图6　2010～2019年百强企业设备技改投资金额

纺纱领域中最具有代表性的先进装备是粗细联和细络联技术，2010年98%的粗细联和细络联纺纱能力集中在资力较为雄厚的百强企业之中，见表1。从2015年起，全行业加快了粗细联和细络联的改造速度，部分中小企业也开始逐步引入此类设备，百强企业中的粗细联和细络联设备的占比逐步降低。

表1　百强企业中粗细联和细络联数量占行业比重

项目	2010年	2015年	2019年
粗细联（%）	98	80	61
细络联（%）	98	90	80

数据来源：中国棉纺织行业协会

织造领域先进设备的代表之一为自动穿经机。2019年百强企业中有23家拥有自动穿经机，占全行业自动穿经机总数的16.5%。随着织造技术进步及市场需求刺激，有梭织机及国产小剑杆逐渐被淘汰，截至2019年，百强企业中小剑杆织机的数量减少了近一半，主要是由于旧设备淘汰和单机设备效率提升；百强企业高速织机数量占比达58%，比全行业的占比高出10个百分点。

三、信息化建设逐步推进，系统应用率亟需提高

随着互联网技术与纺织产业逐步融合，信息化成为推动行业技术发展的主要方向之一，企业在管理和生产中引入信息化手段，改变了传统的管理和生产方式。棉纺织行业信息化建设主要是两个方面，一是设备信息化改造，对原设备增加传感器或采用新型的信息化、自动化设备，主要是针对设备的运行数据进行收集和传输。二是信息化管理系统建设，以ERP系统为核心引入相应的管理系统，如MES、CRM、SCM。2010年以来，百强企业在信息化方面进行较大规模的投资，十年间累计投资约69亿元，90%以上企业都进行了不同程度的设备信息化改造。如图7所示。

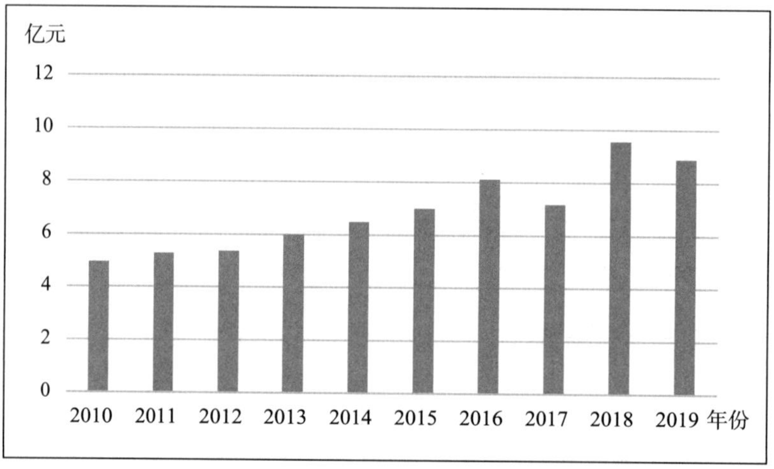

数据来源：中国棉纺织行业协会

图7　2010～2019年百强企业信息化投入金额

经过一系列的信息化投入，大部分的百强企业搭建了企业的局域网络，引入了部分初级的管理软件，正在向信息化、智能化管理过渡，从目前采用ERP、MES、CRM、SCM等系统的使用情况看，目前ERP系统应用率约60%，MES系统应用率29%，CRM系统应用率18%，SCM系统应用率21%，如图8所示。

全行业信息化建设推进中存在问题主要有两个，一是专业人才的匮乏。软件系统的设计、应用、操作与维护，都需要“一专多能型”的机电一体化人才得以实现，改变传统的

人才培养方式和理念，显得尤为迫切。二是管理系统和操作方式需同步。包括企业资金投入与收益比，管理层是否可参与到整个系统的设计和实施中等，都是企业凭借信息化建设实现高质量发展的关键。

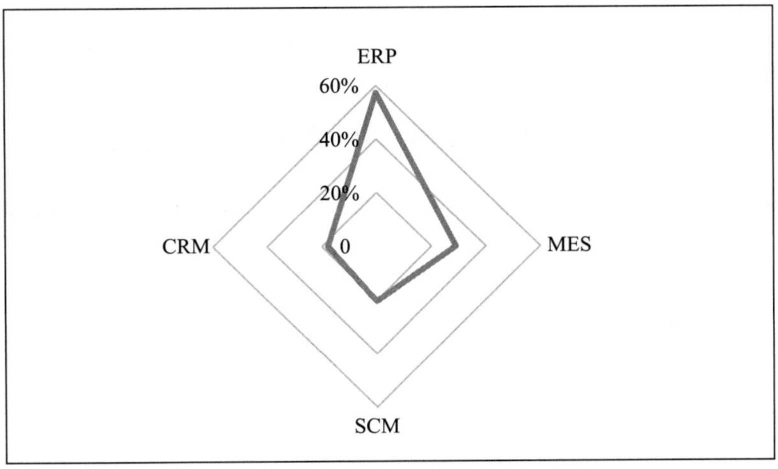

数据来源：中国棉纺织行业协会

图8 百强企业主要管理系统应用占比

四、研发创新能力建设取得较好成果

创新是行业与企业发展的原动力，数据显示，全行业研发创新的投入不断增加，取得了较好的成果。2019年百强企业的研发经费投入强度为2.12%，较2010年提高0.8个百分点，是全行业平均水平的2.7倍，接近全国工业2.19%的水平。而在人均研发投入与产值方面，2019年分别是2.1万元和96.5万元，分别是2010年的3倍和2倍。

（一）创新中心与能力认证成果丰硕

为促进企业的技术创新，国家实施了企业技术中心和高新技术企业等能力建设认定，并给予一定的政策优惠，推动企业创新机制建设。百强企业中有58家企业通过省级以上技术中心认定，其中国家级10家。有47家是省级以上高新技术企业，其中国家级的有32家。见表2。

表2　百强企业中企业技术中心与高新技术企业数量

项目	单位	国家级	省级
企业技术中心	家	10	58
高新技术企业	家	32	47

数据来源：国家发展改革委员会官方网站、中国棉纺织行业协会

截至2019年百强企业通过三体系（ISO9001、ISO14001、OHSAS18001）认证的企业超过64%，其中通过ISO9001认证的企业占比高达97%，如图9所示。与此同时，根据世界不同地区和企业的贸易规则和要求，在全面提高自身管理水平适应国内和国际市场的需求中，不仅满足来自世界各地不同客户的要求，也提升了企业自身的软实力。百强企业积极参与社会责任标准和体系认证，消除贸易壁垒、提高职业健康安全管理水平，逐渐走上了规范化、国际化的健康发展之路。

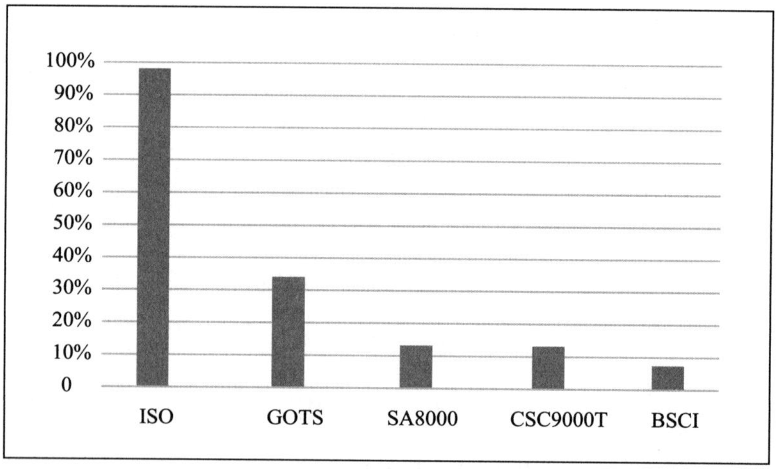

数据来源：中国棉纺织行业协会

图9　棉纺织百强企业通过相关体系认证情况

注　ISO：管理体系认证；GOTS：全球有机纺织品认证；SA8000：社会责任管理体系认证；CSC9000T：中国纺织企业社会责任管理体系认证；BSCI：全球对外贸易协会认证。

（二）知识产权保护意识增强

在我国专利领域蓬勃发展的大背景下，2010～2015年，棉纺织企业申请专利数量逐年

上升，2015年以后，知识产权发展逐步进入构建新发展格局和推动高质量发展的时期，在全国专利申请数量整体下降的基调下，棉纺织类专利数量也有所下滑，2017年随着企业对知识产权保护意识逐步增强，发明专利公布数有回升，截至2019年，百强企业专利申请有效量累计达6000余项，占棉纺织工业的80%以上，其中发明专利授权累计610多项，如图10所示。与纺纱相关的专利3400余项，约占棉纺织行业的57%。

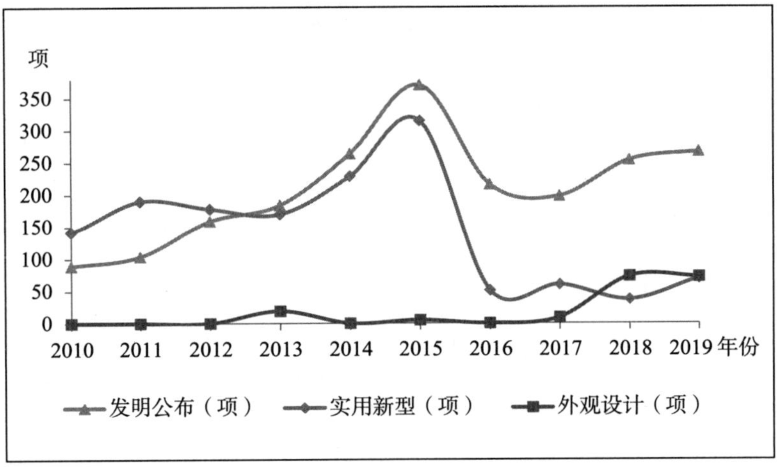

数据来源：国家知识产权局、中国棉纺织行业协会

图10　2010～2019年百强棉纺织企业专利申请量

五、纺纱织造协同发展，产业链协作显活力

百强企业中单纺企业有37家左右，单织企业10家左右，如图11所示，纺纱、织造协同发展的企业占50%左右，2019年拥有色纺纱产能的有20家。多个细分产业协同发展有利于企业开发新产品、拓展销售渠道、减少库存、增强产业竞争力。加快产业链协同发展，棉纺织企业通过立足自身生产优势，延伸加工链条，向后拉长产业链，逐步向高档次、高附加值、多用途、功能化提升。

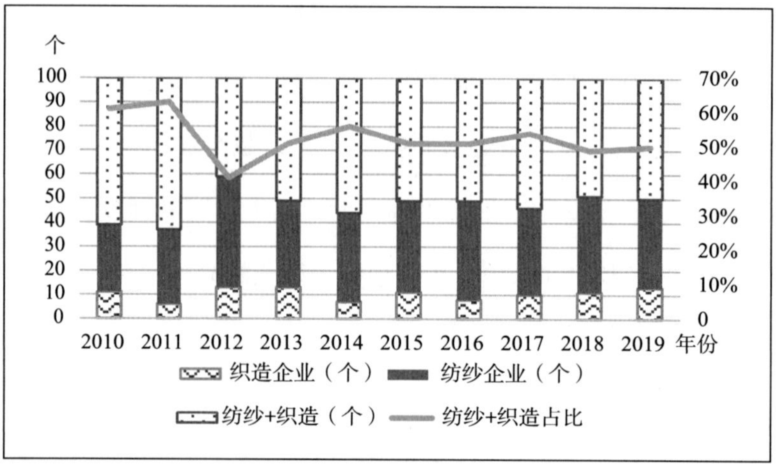

数据来源：中国棉纺织行业协会

图11　2010～2019年百强企业纺纱、织造企业组成

综上所述，百强企业通过不断加大技改与创新研发投入，在全行业内的竞争优势不断显现，在产能规模、设备水平、信息化程度、研发投入、知识产权保护等各领域都走在了全行业的最前列，起到了很好的示范作用，相信在这些企业的不断突破进取带领下，全行业的发展将更加稳步健康。

数据盘点之：

资源与环境分析报告

摘要：本文以2010～2019年我国棉纺织行业百强企业跟踪数据为基础，通过对企业能源和资源消耗、绿色生产及环境责任的相关数据进行盘点分析，归纳企业在可持续发展方面取得的成绩与存在的不足，以期对全行业健康发展起到借鉴作用。

近年来，纺织企业转型升级步伐不断加快，绿色制造水平持续提高。推进构建绿色制造体系，打造高效节能、低碳清洁的绿色生产方式已经成为推动我国棉纺织产业升级和技术进步的重要途径。

一、资源利用

棉纺织行业生产过程中利用的资源主要包括工业用水、用电、纤维、浆料及染料等方面。

（一）工业用水、用电

生产过程中的工业用水和用电的变化在一定程度上可以反映企业的能源利用效率，也与全行业生产规模的变化及运行情况相关。

1.工业用水量

在棉纺织生产过程中的上浆工序、后整理及车间温湿度调节等方面都会涉及工业用水。

2010～2019年，百强企业工业用水总量呈现下降趋势，年均下降1.72%，与全国工业用水变化情况基本一致，如图1所示。分析原因，一是节水意识增强，许多企业都制订了节水管理制度，形成了长效节水管理机制；二是在节水新工艺、新技术的应用和研发创新方面投入力度加大，降低了生产用水量；三是节水设备的推广使用，推动了全行业用水总量下降。

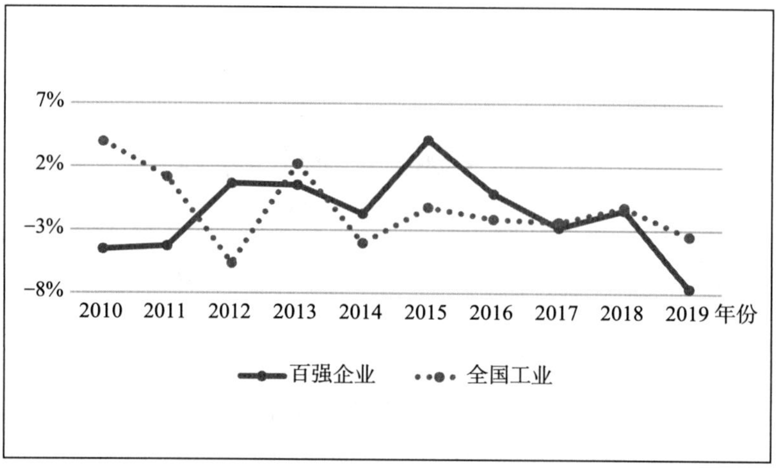

数据来源：中华人民共和国水利部、中国棉纺织行业协会

图1　2010～2019年百强企业及全国工业用水量变化情况

2.工业用电量

工业用电量是一定时期内所耗用的电力总量，也是反映经济发展的先行指标，在某种程度上可以作为判断行业发展态势的重要依据。

随着科技的不断进步，纺织装备的用电效率不断提升。数据显示，近十年来百强企业用电量和全国工业用电量变化趋势基本一致，呈现持续增长态势，用电量年均增长4.1%，但用电量增速有所下降，从2010年的5.34%下降到2019年的1.64%，表明全行业用电效率和经济活跃度不断提升，如图2所示。

（二）单位产品耗能

单位产品消耗的能源能够客观反映生产某种产品的能耗水平，也综合体现了产品生产的装备水平、工艺技术水平和管理水平,是企业进行成本核算与能耗控制的重要依据。

1.单位产品用电量

工业用电贯穿于棉纺织所有生产环节，单位产品用电量可以部分反映出企业生产过程中的用电效率。

纺纱工艺连续化、智能化水平快速提升，2019年全国细纱长车产能是2010年的8.5倍，生产效率持续提高，同时节能电机和单锭控制等节能技术在纺纱装备中不断扩大应用；此外，无梭织机占有率较十年前提升超过30个百分点，空压机智能管理及喷射喷嘴的不断优化，都推动织机用电效率明显提升。如图3所示，从2010年到2019年，吨纱耗电量基本围绕2600kW·h/吨小幅波动，呈现平稳态势，智能化生产在提升纺纱效率、降低单位用工的同时并没有明显增加单位产品用电量；万米布用电量从2010年的超过7000kW·h下降到2019年的不足6700kW·h，降幅约7%。

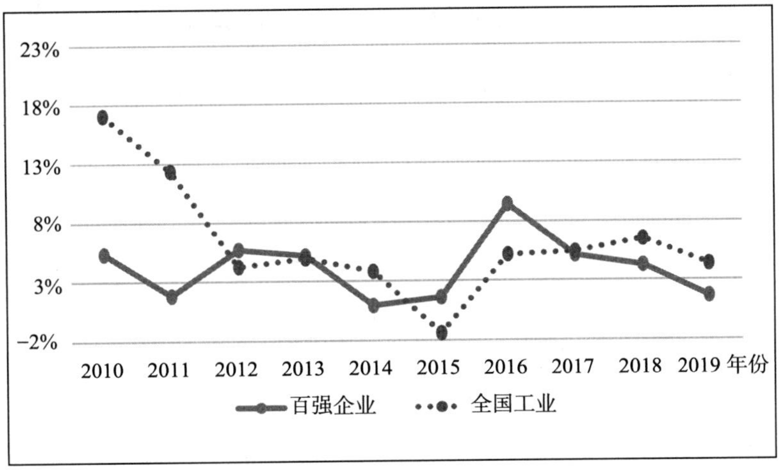

数据来源：国家统计局、中国棉纺织行业协会

图2　2010～2019年百强企业及全国工业用电量变化情况

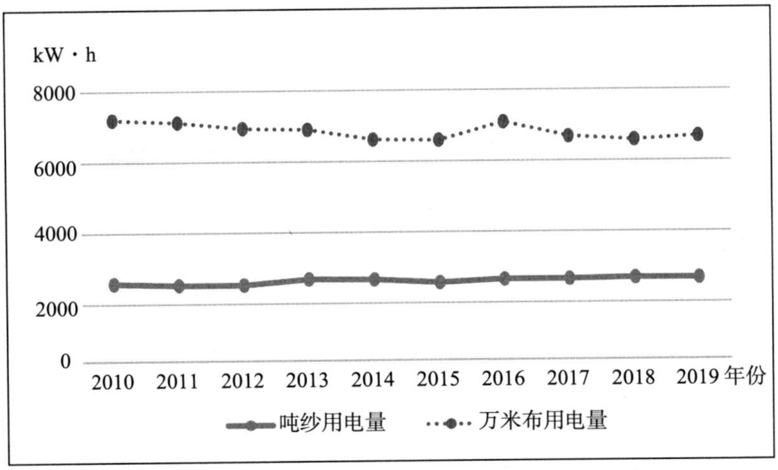

数据来源：中国棉纺织行业协会

图3　2010～2019年百强企业单位产品用电情况

2.单位产量综合能耗

综合能耗是规定的耗能体系在一段时间内实际消耗的各种能源实物量，按国家规定的计算方法和单位，分别折算为一次能源后的总和，通常与企业的能耗变化趋势有一定的相关性。

单位产量综合能耗能是企业生产单位产品的过程中的能源消耗情况，可以较好地反映企业生产过程的能源管理水平,是企业计算能源消耗及横向对比的基础，棉纺织行业的能耗主要包括电力、蒸汽消耗等。如图4所示，虽同比降幅缩小，但纱布综合能耗总体均保持下行趋势，年均降幅均在1%左右，但吨纱综合能耗降速有所放缓，说明企业在节电、节汽等方面取得了一定的效果。

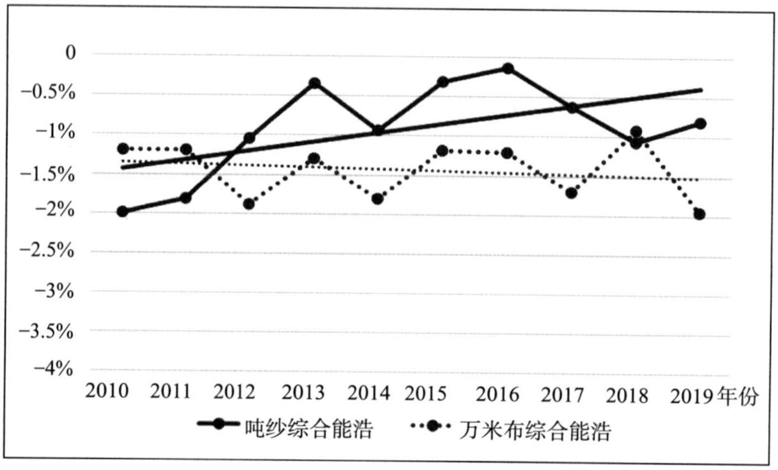

数据来源：中国棉纺织行业协会

图4　2010～2019年百强企业单位产品综合能耗变化情况

二、绿色生产

绿色制造是纺织工业“科技、时尚、绿色”三大主要方向之一，也是推动我国棉纺织产业转型升级、健康发展的重要引擎。

（一）绿色生产体系发展

2016年6月，工业和信息化部印发了《工业绿色发展规划（2016—2020年）》（以下简称《规划》），明确提出高举绿色发展大旗。

全行业紧紧围绕提升资源能源利用效率和清洁生产水平，以绿色科技创新为支撑，以法规标准制度建设为保障，实施绿色制造工程，加快构建绿色制造体系，推动绿色产品、绿色工厂、绿色园区和绿色供应链全面发展，并取得了一定的成绩，见表1。2020年新增绿色产品设计9个，绿色工厂8个，绿色制造标准2个。

表1　2017～2019年棉纺织行业绿色生产体系成果一览表　单位：项

年份	绿色产品设计	绿色工厂	绿色供应链	绿色制造标准
2017（第一批）	0	2	0	0
2018（第二批）	0	5	2	0
2018（第三批）	0	5	0	0
2019（第四批）	0	9	1	0

数据来源：工信部

（二）浆料应用

纺织浆料是织造生产中重要的原料之一，从图5可以看出，浆料和聚乙烯醇（PVA）的耗用量同比均呈现逐年下降趋势，浆料耗用量从2010年的同比增加超过10个百分点下降到2019年的同比减少8%，降幅明显。主要的原因是随着节能环保、减排、可持续发展理念的不断加强，企业在低上浆、少上浆及环保上浆技术方面研究应用持续推进，减少了纺织浆料和PVA的消耗量。

此外，百强企业使用的PVA在浆料中的占比约13%，小于全行业平均值5个百分点，可以看出百强企业在推广采用环保上浆技术进步方面的成效更加明显。

（三）水回用率

随着百强企业集约度的提升，对水资源的需求也不断增加，企业在水资源节约和重复利用方面不断增加投入，寻求多种途径缓解水资源紧缺。从图6可以看出，2012～2019年，虽然百强企业的水回用率增速有所放缓，但水回用率绝对值不断提升，年均增速接近2%，总体呈现持续上升态势，这得益于企业节水意识的不断增强以及节水装备、生产工艺的普及应用。

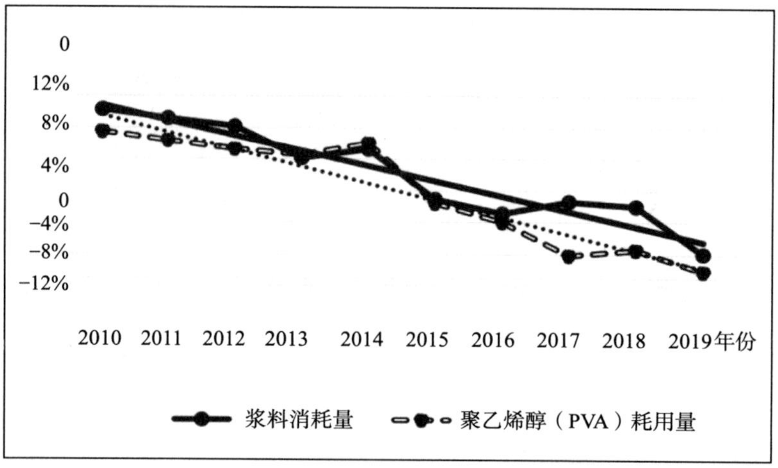

数据来源：中国棉纺织行业协会

图5　2010～2019年百强企业浆料消耗同比变化情况

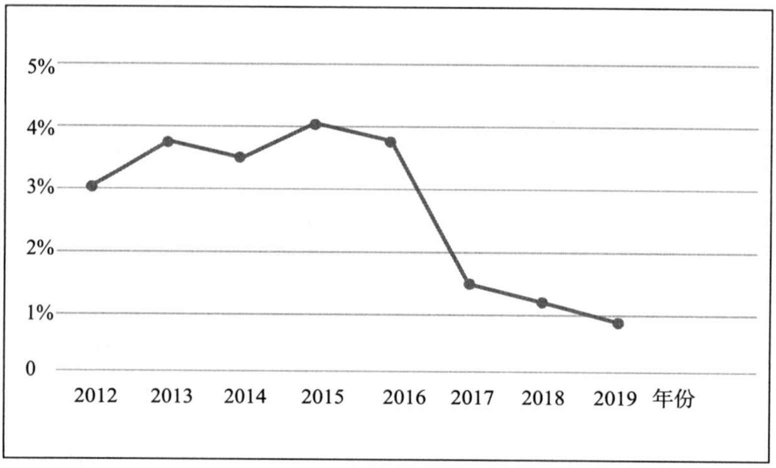

数据来源：中国棉纺织行业协会

图6　2012～2019年百强企业水回用率增速变化情况

（四）染料耗用量

染料赋予了织物新的视觉效果和功能，随着环保染料和染色工艺不断推陈出新，单位产量棉织物（指色织布或牛仔布）的染料用量也逐年减少。从图7可以看出，百强企业染料耗用量从2010年的近200千克/万米下降到2019年不足170千克/万米，总降幅超过10%，染料用量的减少也在一定程度上减轻企业原料成本压力。

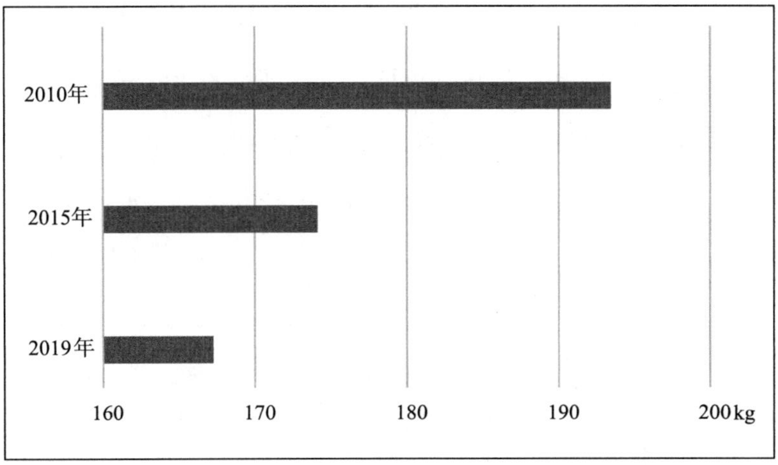

数据来源：中国棉纺织行业协会

图7　2010～2019年单位产量织物染料耗用量变化情况

（五）原料循环再利用

提升循环再利用纤维加工比重,是实现棉纺织可持续发展的重要途径。目前，全行业生产中的循环再利用棉纤维主要包括生产过程中的边角料，分拣后通过物理开松等方式加工成纤维后纺成纱线，织造纺织制成品，消费后的废旧服装及家纺等的回收利用工作任重道远。据不完全统计，全行业循环再利用棉型短纤维总量约 200 万吨，占棉纺织行业纤维加工总量的比重较五年前提升约4%，循环、可持续发展已成为棉纺织行业发展的重要方向。

三、环境责任

节约能源、节约资源、保护环境、发展绿色生产是中国建设纺织强国必须解决好的战略性任务，也是企业实现环境责任的具体要求。

（一）参与环境治理体现责任担当

2010～2019年，企业在环境污染治理、环境管理、污染预防及节能环保技术开发方面取得了较大的突破。主要体现在以下几个方面，一是相关投资总额持续增加，2019年投资超过100万元以上的企业约为63家，比2010年增加31家；二是企业将科技成果运用于生产与经营过程，采用中棉行协发布的节能降耗目录项目和技术累计约240项；三是践行绿色发展理念，52家的企业应用了经“绿色纤维标志”认证过的化学纤维，主动降低对石化资源的依赖，减少对环境的负面影响；另有超过70家的企业通过了清洁生产审核，进一步体现出百强企业积极践行绿色发展的社会责任，以实际行动将绿色发展理念贯穿于企业价值链，推动产业可持续发展。如图8所示。

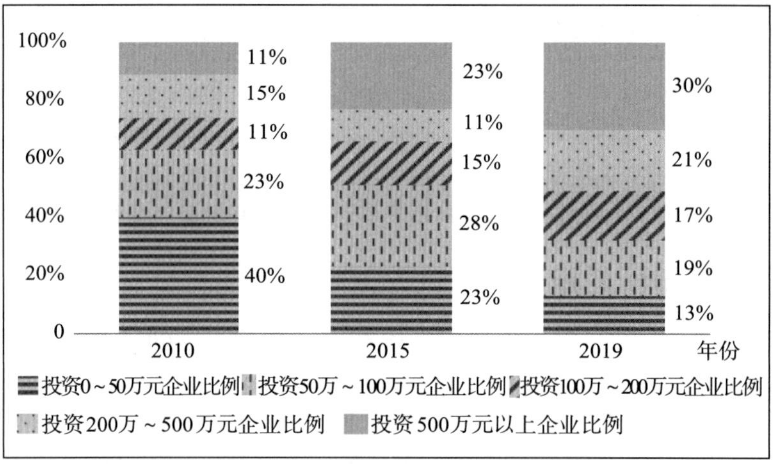

数据来源：中国棉纺织行业协会

图8　2010～2019年百强企业在环境治理方面的投入情况

（二）贯彻绿色发展得到政府支持

2010～2019年，百强企业以实际行动贯彻绿色发展理念得到环保部门或其他方面的环境保护奖励的数量逐渐提高。数据显示，2019年获得政府奖励超过100万的企业户数占比为12家，高出2010年的9家。企业在“绿水青山就是金山银山”生态文明思想的指导下，充分认识到绿色发展的紧迫性并能及时地发现问题、改进问题，把推动形成绿色发展方式和生活方式摆在更加突出的位置，为保护生态环境做出了一定的贡献，得到了环保部门的支持，如图9所示。

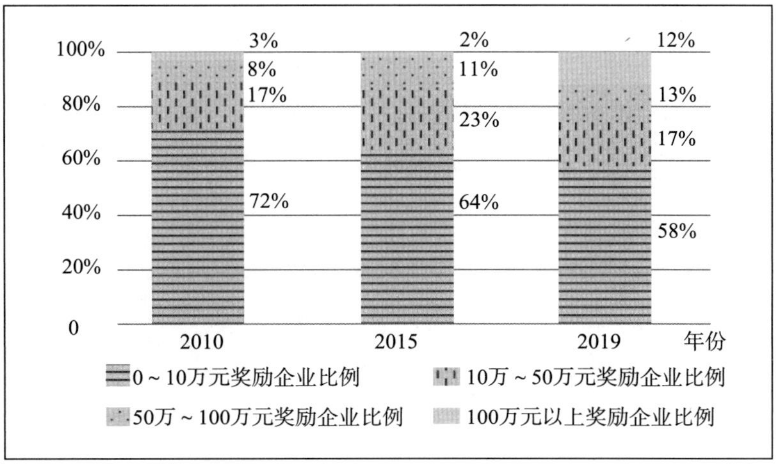

数据来源：中国棉纺织行业协会

图9　2010～2019年百强企业受到环保部门奖励情况

四、预期发展目标

综合相关影响因素可以预测，“十四五”期间，全行业工业用水、用汽及废水排放等指标在产品产量基本稳定的情况下，随着新技术、新工艺的推广应用及环保意识的不断增强，将呈继续下降趋势；总用气量和用电量或稳中有升，单位产品耗电和纱、布综合能耗将继续保持小幅下降趋势，各指标预期详见表2。

表2　全国棉纺织行业节能减排预期指标

指标	预计“十四五”时期年均
工业废水排放总量	下降1.0%
工业用电量	上升1.2%
浆料消耗量	下降1.0%
水回用率	上升1.5%
单位织物染料用量	下降1.0%

五、结语

随着科技的发展和节能减排绿色制造理念的不断深入，棉纺织行业积极推动绿色生产与节能降耗，经过多年的努力节能减排的成效明显，正在努力探求一条经济、资源和环境相互协调的可持续发展道路。

数据盘点之：

人力资源发展分析报告

摘要：本文以2010～2019年我国棉纺织百强企业数据为基础，通过对企业人力资源中的人员结构、人本责任、劳动技能等相关数据进行盘点，总结发展的变化特点，分析企业在人力资源的优势和不足，以期对全行业健康发展起到借鉴作用。

一、人员结构

（一）员工人数变化情况

棉纺织工业为解决就业、社会安定做出较大贡献。根据数据统计，2010～2019年百强企业从业人员约占棉纺织行业（以下简称全行业）的十分之一，整体呈波动下降趋势，其原因，一是棉纺织行业随着技术的进步向着集约化、自动化、智能化的高质量发展迈进，劳动生产率大幅提升，万锭用工和百台织机用工量显著下降；二是，2015～2017年棉纺织企业响应党中央大力发展西部纺织服装产业号召，加大固定投资力度，为西部地区创造了大量的就业岗位，从业人员数量在这三年增加明显。如图1所示。

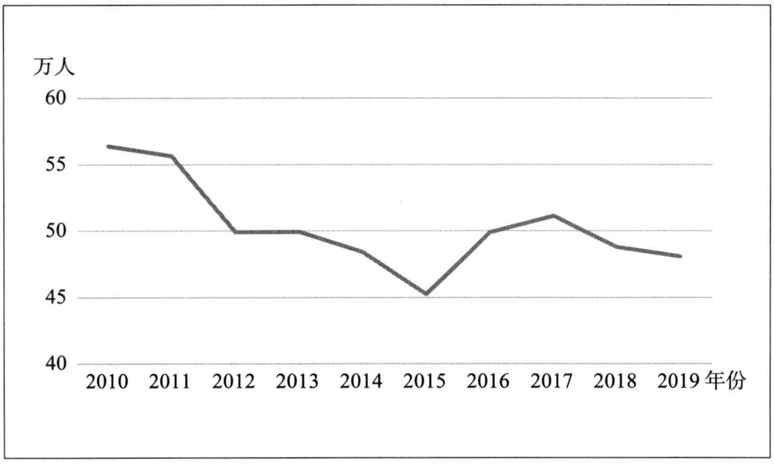

数据来源：中国棉纺织行业协会

图1　2010～2019年百强企业员工人数

（二）员工学历情况

随着国内人工成本不断上涨，纺织企用工的“人口红利”逐渐消失，用工难的问题越来越突出，企业对人才的需求越来越大。由于行业特殊性，高等教育（大专及以上）学历的人员占比不高。数据显示，2010～2019年百强企业高中以下学历占约80%，经过培训，完善技能，主要从事一线技术和基础管理工作。具有大专及以上学历的人员占比约20%，一般具有必要的专业知识，在公司运营管理、设计研发等方面发挥着重要的作用。员工在不同的岗位上发挥应有的作用，为企业的持续健康发展提供了重要的保障。如图2所示。

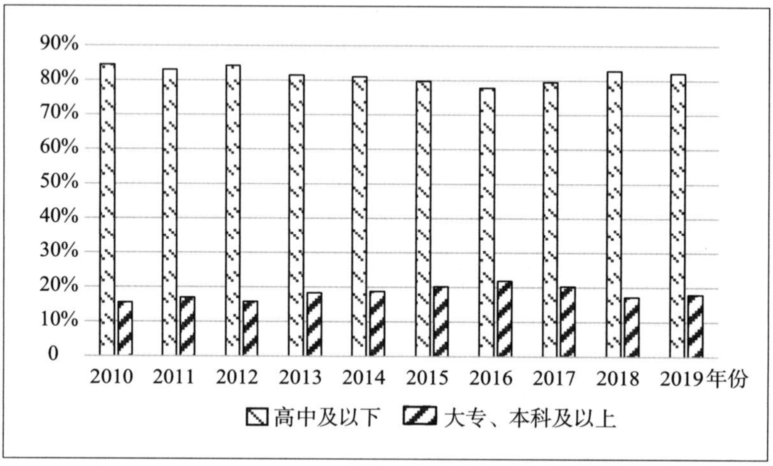

数据来源：中国棉纺织行业协会

图2　2010～2019年百强企业员工学历情况

（三）技术人员情况

技术人员是纺织企业产品质量和企业发展的重要保障，主要在设备检修及保养、生产工艺研发，产品质量检验等方面发挥巨大能量。数据显示，2010～2019年，百强企业技术人员占员工总人数的平均比重为12%左右。从不同地域来看，由于东部地区棉纺织企业发展较早，在装备、技术、效率、研发等方面处于行业领先水平，对技术人员的需求呈现持续增长趋势，技术人员占比高于全国平均水平，2018年3月，中美贸易摩擦开始，纺织行业受到间接影响，技术人员占比有所下滑。如图3所示。

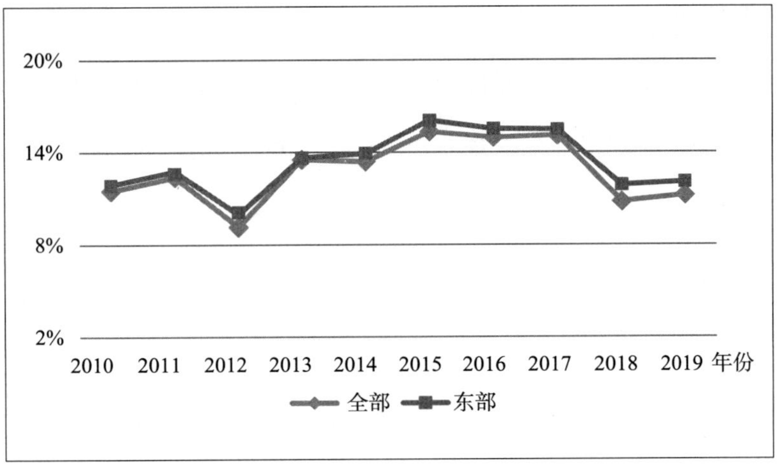

数据来源：中国棉纺织行业协会

图3　百强企业技术人员比例

（四）技能人员情况

人才是行业发展的第一资源，技能人员主要包括取得技工、技师及其他相应水平或具有相关技能的人员。随着企业人才队伍建设的不断深入，高技能人才数量不断增加。数据显示，2010～2019年百强企业高技能人员占比大幅提高，高级工以上技能人员占比超过6%的企业，由2010年的5家增至2019年的16家，全行业技能人员结构持续优化，为铸就纺织强国奠定了坚实的基础。如图4所示。

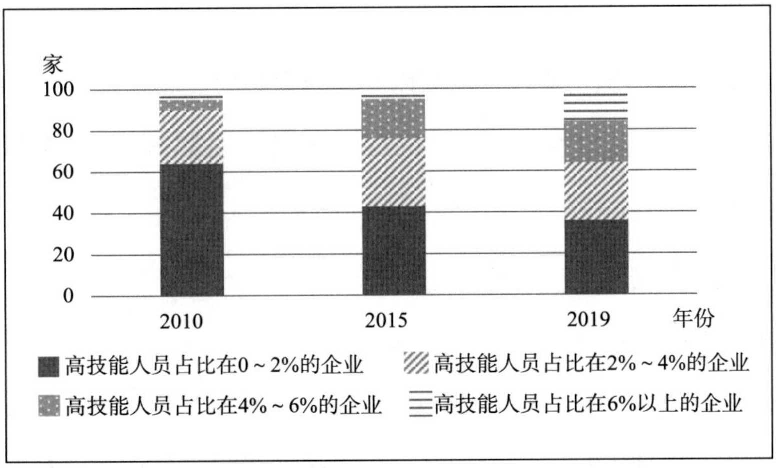

数据来源：中国棉纺织行业协会

图4　2010～2019年百强企业高技能人员占比情况

（五）管理层学历情况

随着我国经济的快速发展，新时代的企业掌门人需要对政策和宏观经济发展有较强的认知和判断力，对企业管理层所受教育的程度提出了新的要求。数据显示，2010～2019年百强企业管理层学历以大专、本科及以上学历占80%左右，领导层通过定向招聘、委培等方式提高专业知识和文化水平，为企业高质量发展注入强大发展动力，如图5所示。

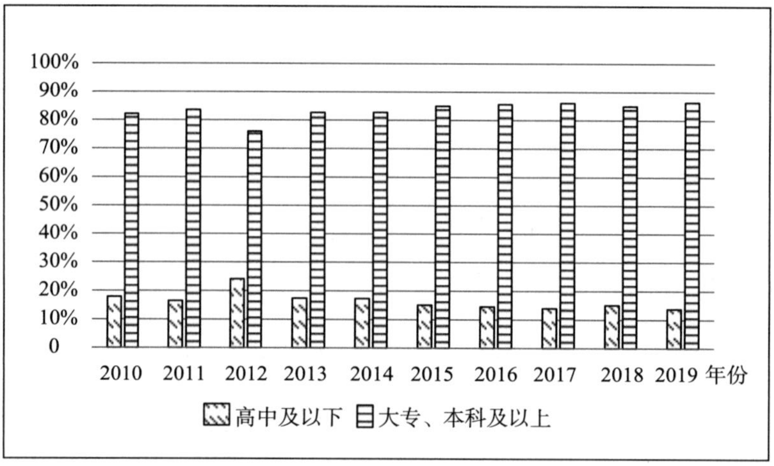

数据来源：中国棉纺织行业协会

图5　2010～2019年百强企业领导层学历占比情况

二、人本责任

2010～2019年，棉纺织企业深入贯彻以人民为中心的发展思想，倡导以人为本的原则，在全力维护劳动者合法权益，提高员工待遇，注重人员培养，促进企业与员工的协调发展做出了积极的贡献。

（一）员工的合法权益情况

1.劳动合同签约率情况

劳动合同是指劳动者与用人单位确立劳动关系、明确双方权利和义务的协议，能有效维护劳动者的权益。数据显示，2010～2019年百强企业劳动者签订合同的比例有了显著的提高，截至2019年底，百强企业劳动合同覆盖面超过92%，企业在依法维护劳动者权益的意识较高，积极努力地建立更加规范、稳定、和谐的劳动关系，劳动者主人翁地位得到了充分彰显，如图6所示。

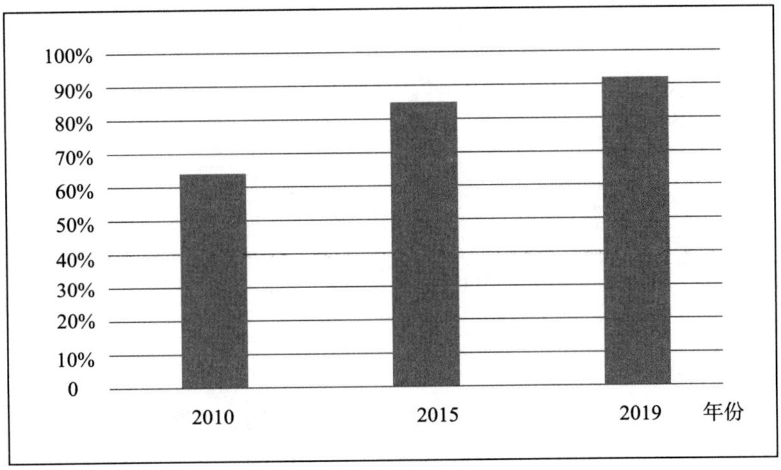

数据来源：中国棉纺织行业协会

图6　2010～2019年百强企业员工签订劳动合同的情况

2.社会保险情况

经过多年持续改革发展，我国社会保障事业取得了显著成效，社会保障制度体系基本形成，覆盖面不断扩大，保障水平不断提高。数据显示，2010～2019年百强企业支出员工的人均社会保险金额逐年增长，保障了广大职工的基本生活，职工共享了经济社会发展的成果。百强企业在推动构建更加公平、更可持续社会保险体系，维护国家安全和社会和谐稳定做出了积极的贡献。图7为百强企业人均缴纳五险费情况。

（二）劳动待遇情况

1.员工薪资情况

加快扩大中等收入群体，对新发展格局下扩大内需、提升人力资本、促进经济社会平稳可持续发展，都具有重大意义。数据显示，2010～2019年百强企业人均年工资水平逐年增加趋势明显，2019年较2010年翻了一番，为缩小城乡区域发展差距，提高居民生活水平方面，缓解了分配的不平衡和不充分，为满足人民日益增长的美好生活需要，提供了重要的支撑，如图8所示。

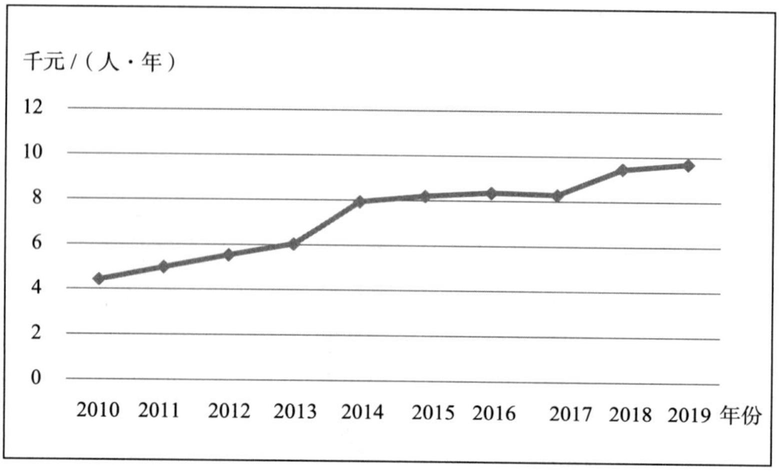

数据来源：中国棉纺织行业协会

图7　2010～2019年百强企业人均缴纳五险费情况

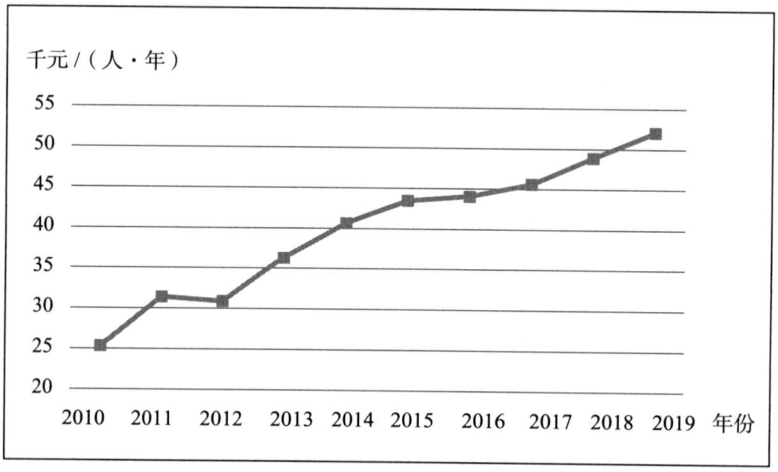

数据来源：中国棉纺织行业协会

图8　2010～2019年百强企业员工年工资总额

2.员工福利费情况

员工福利费是指用于增进职工物质利益，帮助职工及其家属解决某些特殊困难和兴办集体福利事业所支付的费用。数据显示，2010～2019年百强企业人均福利水平呈现波动上涨趋势，尤其在改善职工住宿、就餐、医疗等集体福利中的投入逐步增加，加大对困难职工帮扶救助，有效地激励员工的工作热情，降低员工流动率，提高员工对企业的忠诚度，如图9所示。

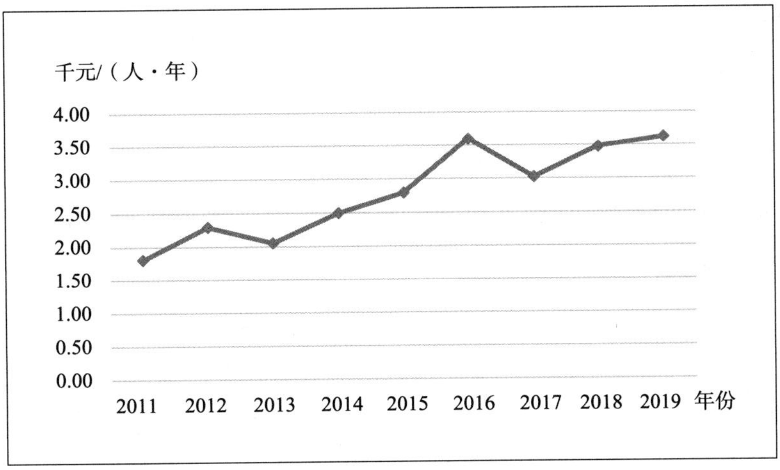

数据来源：中国棉纺织行业协会

图9　2010～2019年百强企业员工人均福利水平

3.劳动环境情况

良好的劳动环境可以提高劳动者的身心健康，提高生产效率，同时可以树立一个良好的企业形象，增加劳动者对企业的认可度和归属感。数据显示，2010～2019年百强企业在改善员工工作环境及生活条件，如宿舍、食堂、文体设施等方面的投入呈快速增长态势，投资500万元以上的企业数量由2010年的15家增长到2019年的28家，企业不断提高和完善员工的劳动环境，营造尊重员工的工作氛围，努力构建更加和谐的劳动关系，如图10所示。

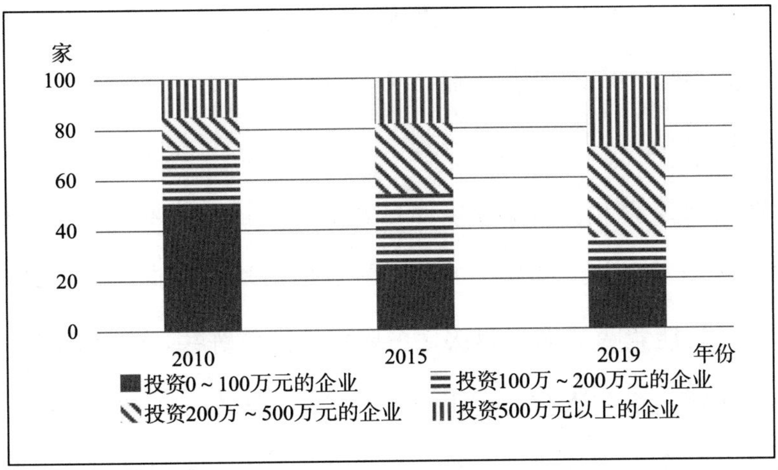

数据来源：中国棉纺织行业协会

图10　2010～2019年百强企业改善员工工作及生活环境等方面的投资情况

（三）技能人才的培养

1.岗位培训情况

一直以来，棉纺织企业始终注重职工的职业技能培训，尤其是基层员工的培训。数据显示，2019年百强企业对一线岗位人员的培训占总人数比例超过50%的企业约为96家，较2010年增加22家。如图11所示。

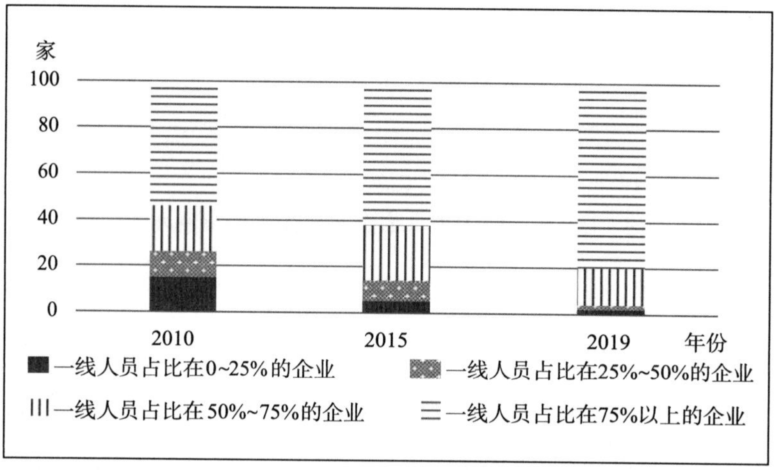

数据来源：中国棉纺织行业协会

图11　2010～2019年百强企业一线人员占培训员工总数比例情况

百强企业对职工的培训力度显著，一线岗位的培训人数和培训经费均有明显增加，有效提高了员工的技能水平和就业能力。数据显示，2019年，一线职工的培训经费占比超过70%的企业为69家，较2010年企业数增加25家。如图12所示。

2.职业技能竞赛情况

棉纺织企业重视技能人才的培养，通过开展竞赛活动为职工提供了展示自我和实现价值的舞台，带动了企业全体职工的积极性和创造性。数据显示，2019年52家百强企业每年组织开展技能竞赛活动2到4次，主要包括岗位练兵、技能比武、操作竞赛等，参赛人数均逐年扩增。参赛人数占员工总数比例超过30%的企业为76家，较2010年企业数增加了31家。为企业储备了一批高素质高技能人才，有利于提升企业综合竞争力，如图13所示。

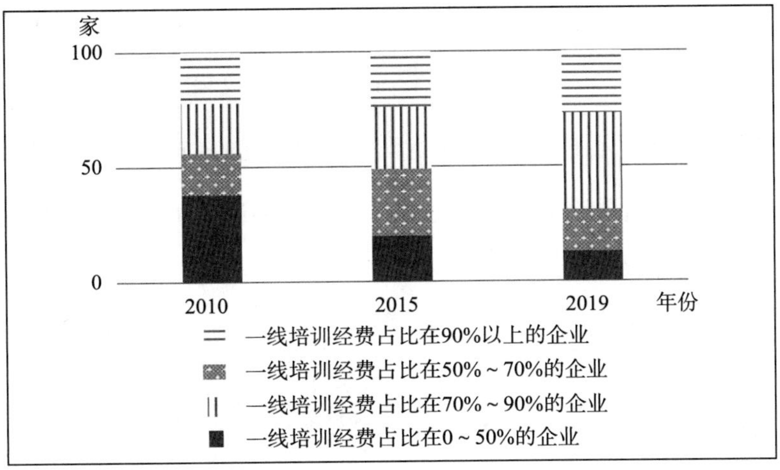

数据来源：中国棉纺织行业协会

图12　2010～2019年百强企业职工教育（培训）经费情况

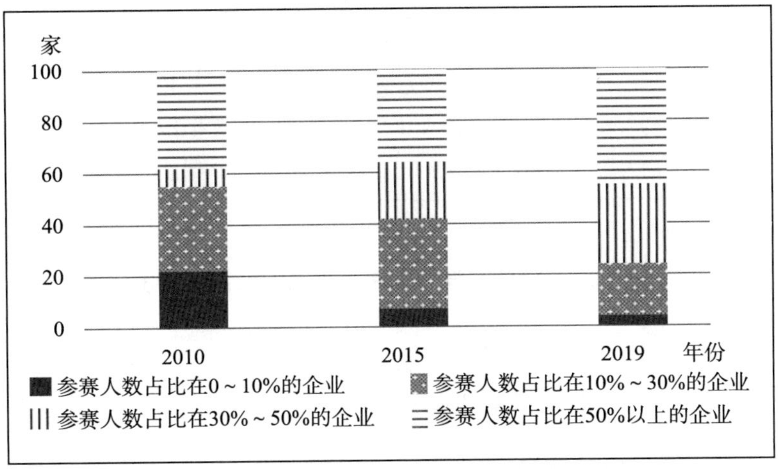

数据来源：中国棉纺织行业协会

图13　2010～2019年百强企业参加技能竞赛活动人数占员工总数情况

竞赛活动的表彰奖励范围也在不断扩大。2019年，百强企业中的47家表彰奖励人数占参赛人数比例达到10%　~30%，13家企业表彰奖励人数占比超50%。企业在积极开展竞赛活动的同时，加大人才激励力度，完善人才成才机制，实现人才竞相成长，如图14所示。

3.平台创建情况

为发挥技能人才价值，弘扬工匠精神和劳模精神，百强企业积极创建技能团队，主要有创新工作室、劳模工作室、技能大师工作室、QC攻关小组等。数据显示，2019年，

67家百强企业组织QC攻关小组，创建劳模工作室和创新工作室的企业超过40家。另外，百强企业中的35家技能团队创新成果占公司项目成果比例超50%。企业创建的技能团队可以更好地传播劳动技能、创新方法、管理经验，提高职工创新能力，促进优秀创新成果转化应用，增强企业自主创新能力和核心竞争力，从而实现创新驱动发展，如图15、图16所示。

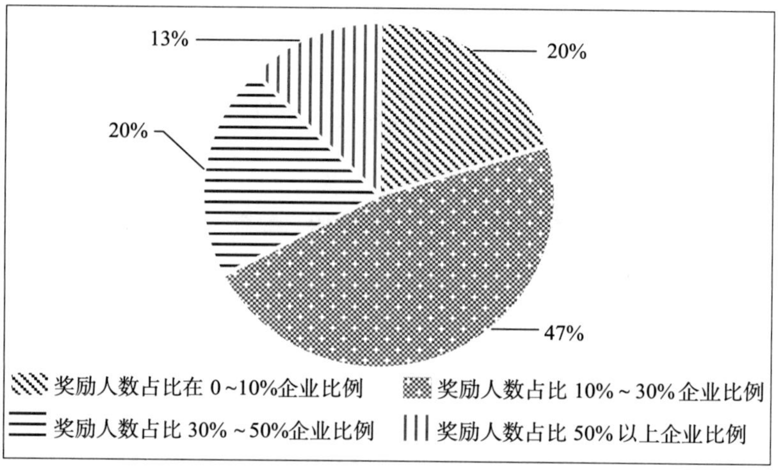

数据来源：中国棉纺织行业协会

图14　2019年百强企业表彰奖励人数占比情况

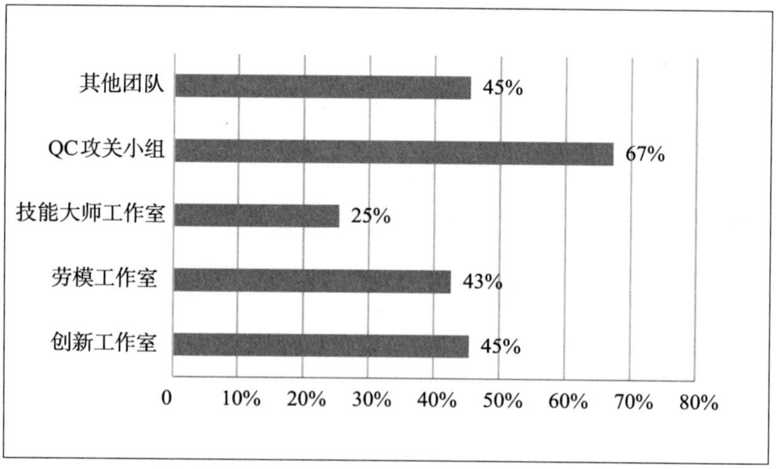

数据来源：中国棉纺织行业协会

图15　2019年百强企业创建技能团队情况

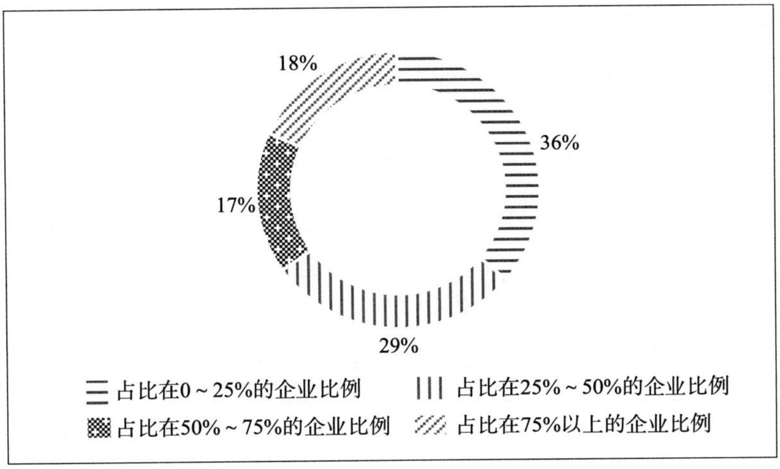

数据来源：中国棉纺织行业协会

图16　2019年百强企业技能团队的创新项目成果占比情况

（四）棉纺织行业技能领军人才情况

1.竞赛选拔高技能人才情况

2003～2019年，中国棉纺织行业协会（以下简称中棉行协）先后成功举办了六次全国职业技能竞赛。其中，细纱工职业技能竞赛三次，织布工职业技能竞赛一次，粗纱工职业技能竞赛一次，穿经工职业技能竞赛一次。举办职业技能竞赛活动，为行业一线职工搭建了技术交流平台，选拔出一批批高技能人才，提升了行业职工整体技能水平，见表1。

表1　全国职业技能竞赛活动(截至2019年)

年份	全国职业技能竞赛名称
2003年	“经纬杯”全国棉纺织行业细纱操作工职业技能比赛
2006年	全国棉纺织行业织布工（喷气织机）职业技能竞赛
2008年	全国纺织行业“经纬–常山杯”细纱工职业技能竞赛
2011年	全国纺织行业“宏源–魏桥杯”粗纱工职业技能竞赛
2014年	全国纺织行业“大生杯”穿经工职业技能竞赛
2016年	全国纺织行业“魏桥–经纬杯”细纱机操作工职业技能竞赛

2.开展推优学优活动情况

多年来，中棉行协不断地在行业内开展推优学优活动，并向上级相关部门推荐行业高技能人才，为行业技能人才营造良好的成长环境，树立行业典范。这些高技能人才主要有中华技能大奖获得者、全国技术能手、全国纺织行业技术能手、棉纺织行业“传承大工匠”等，见表2。

表2　棉纺织行业高技能人才获奖情况（截至2019年）

奖项名称	棉纺织行业（个）	占全行业比例（%）
中华技能大奖	6	85.7
全国技术能手	27	32.1
全国纺织行业技术能手	51	17.0
国家技能人才培育突出贡献奖	3	42.9
全国纺织行业技能人才培育突出贡献奖	4	14.3
棉纺织行业“传承大工匠”	119	—

数据来源：中国棉纺织行业协会

三、结语

通过对2010~2019年棉纺织行业人员结构和人本责任的梳理，可以看出，十年间，棉纺织行业始终坚持以人为本的发展理念，在吸纳就业、劳动保障、技术传承等方面取得了积极的效果。为不断满足人民日益增长的美好生活需要，提供了重要的支撑，为棉纺织行业高质量发展奠定了坚实的保证，为维护国家安全和社会和谐稳定做出了积极的贡献。

中国棉纺织行业“十四五”发展指导意见专题研究报告

在全面推进行业“科技、时尚、绿色”高质量发展的指导思想下，纺织行业确定了新定位，即“国民经济与社会发展的支柱产业、解决民生与美化生活的基础产业、国际合作与融合发展的优势产业”。根据《纺织行业“十四五”发展纲要》，中国棉纺织行业协会以新定位为引领，结合棉纺织行业现有发展基础和特点，为推动行业的转型升级与高质量发展，特编制中国棉纺织行业“十四五”发展指导意见专题研究报告，分别从原料保障、科技发展、可持续发展三个方面对行业“十三五”发展取得的成绩、存在的问题以及“十四五”发展重点领域及目标进行归纳总结和分析。

“十四五”发展指导意见课题组

主任：朱北娜

副主任：董奎勇

委员：叶戬春　郑洁雯　李杰

原料保障研究报告：郭占军　徐潇源　盖丽轩　杨秋蕾

科技发展研究报告：景慎全　杨晓慧　李继国

可持续发展研究报告：王耀　欧阳夏子　和圆圆

"十四五"发展指导意见之：

原料保障研究报告

摘要："十三五"时期全国棉纺织行业年均纤维加工量1932万吨，约占全国纺织服装纤维加工总量的三分之一。纺织原料是纺织行业发展的重要基础，为纺织产业深化供给侧结构性改革和保持国际竞争优势提供了重要的保障，助力棉纺织行业高质量发展。本文对"十三五"时期棉花和非棉纤维在原料保障方面取得的成效以及存在的问题进行了回顾，提出了"十四五"时期原料保障的发展目标及建议。

一、"十三五"时期原料保障现状

（一）棉花

1.新疆棉占比及机械化水平提升

自2014年国家在新疆实行棉花目标价格改革试点调控政策以来，新疆棉花产业快速发展。"十三五"期间，我国棉花种植面积逐渐趋稳，维持在4800万～5000万亩左右，棉花产量稳定在600万吨左右。新疆作为我国棉花主产区，年均种植面积占全国的69%，年均产量占全国的80%以上。新疆棉花产业机械化水平程度远高于内地，截至2020年，全疆机采率约80%，北疆机采率超95%。

2.棉花产销在全球市场地位举足轻重

中国是世界最大棉花消费国、第二大棉花生产国。根据美国农业部数据，"十三五"期间，全球棉花年均产量2521万吨，中国棉花年均产量566万吨，约占全球棉花产量的22%。中国是全球最大的纺织品生产国，美国农业部数据显示，中国年均棉花消费总量827万吨，约占全球棉花消费总量的33%，中国棉花在世界棉花贸易中占据重要地位。

3.内外棉价差缩小提升了纺织企业竞争力

“十三五”期间，国内棉价与国际棉价联动性较强。新疆棉花目标价格、储备棉轮储政策、进口配额的发放等措施稳定了国内棉价，较“十二五”时期国内外棉花市场价差明显减小，为纺织企业提升国际竞争力奠定了一定基础。如图1所示。

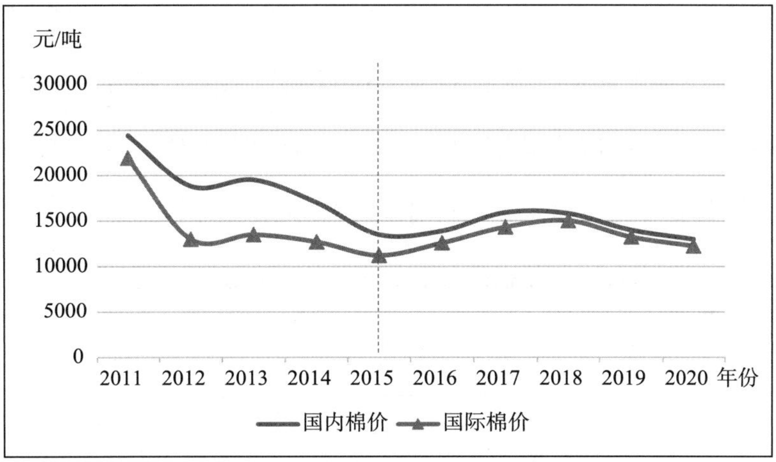

数据来源：中国棉纺织行业协会

图1　2011～2020年国内外年均棉价对比图

“十三五”期间，棉花期货规模迅速扩大，价格发现功能得到充分发挥。根据郑州商品交易所数据，郑棉期货成交量约2.7亿万手，较“十二五”期间的1.7亿万手增加了近1亿万手，期现价格相关性一直保持在0.9以上。随着棉花期货的不断成熟以及其价格的国际影响力逐步提升，参与交易的棉纺织企业数量持续增加，截至2020年，达1600家以上。

4.棉花体制改革继续深化

（1）棉花目标价格政策

2014~2016年，国家在新疆启动了为期三年的棉花目标价格改革试点，政策的基本原则：一是市场决定价格，二是保障种植者基本收益，三是保持政策平稳过渡。目标价格水平由国家发展改革委牵头制定，一年一定，2014年、2015年、2016年皮棉目标价格分别为19800元/吨、19100元/吨、18600元/吨。2017年，国家在新疆深化棉花目标价格改革，改革的主要内容：一是完善目标价格形成机制，二是合理确定定价周期，三是调整优化补贴方法。2017～2019年新疆棉花目标价格水平为18600元/吨。2020年，国家在新疆完善棉花目标价格政策，完善的主要内容：一是构建目标价格长效机制，二是合理引导棉花生产，三是加快全疆统一市场建设，四是继续探索新型补贴方式。自2020年起，新疆棉花目标价格水平为18600元/吨。

（2）储备棉政策

“十二五”末期，国家储备库中储备棉约1100万吨。为降低储备棉库存，“十三五”期间，国家继续市场投放成交储备棉989万吨，到“十三五”末期，国家储备棉库存150万吨左右。我国棉纺织企业为储备棉去库存做出了重大贡献。见表1。

表1 “十三五”期间储备棉轮出情况及国内外棉花平均价格表

年度	轮出成交总量（万吨）	平均成交价格（元/吨）	国际棉价（元/吨）	国内棉价（元/吨）	内外棉价差（元/吨）
2016年	266	13298	12579	13893	1313
2017年	322	14755	14325	15909	1584
2018年	251	14727	15033	15796	764
2019年	100	12546	13225	13976	751
2020年	50	11843	12048	12590	543

数据来源：中国储备棉管理公司、全国棉花交易市场、中国棉纺织行业协会

为加强中央储备棉管理，进一步优化储备结构、提高储备质量，国家决定分别于2019年、2020年轮入50万吨新疆棉。截至2020年，国家共轮入储备棉37.2万吨。

（3）棉花进口配额管理政策

“十三五”期间，国家在棉花进口市场继续实施配额管理，管理方式较“十二五”期间有了较大进步，主要表现在以下几个方面。

更灵活。在除89.4万吨的棉花进口关税配额外，国家根据市场变化和纺织企业用棉需求择机增加棉花进口滑准税配额，其中，2018年、2019年增发80万吨棉花进口滑准税配额，配额申请、分配不区分一般贸易和加工贸易；但2020年增发40万吨棉花进口滑准税配额，

限定用于加工贸易方式进口。

更市场化。国家根据国内纺织企业用棉缺口和国内外棉花市场价格走势，合理安排棉花进口滑准税配额数量。

更公平、公正。2018年、2019年中棉行协配合国家发改委对申请棉花配额企业情况进行核查，对未满足申报条件和未如实申报的企业采取联合惩戒措施，充分体现了公开、公平、公正的原则。

（二）非棉纤维

1.供应充足

“十三五”期间，非棉纤维的充足供应保障了棉纺织行业对原料的需求，在棉纺织行业的应用比重及数量呈走高趋势。非棉纤维用量为6145万吨，较“十二五”增长2.6%，占原料比重为64%，较“十二五”提升3个百分点。涤纶短纤和粘胶短纤用量合计占全部非棉纤维应用量的97.6%，是非棉纤维在棉纺织行业应用的最主要品种。其中：涤纶短纤用量为4350万吨，较“十二五”下降5.5%，占非棉纤维比重为70.8%，较“十二五”下降6个百分点。粘胶短纤用量为1647万吨，较“十二五”增长29.5%，占非棉纤维比重为26.8%，较“十二五”提升5.6个百分点。2011～2020年棉纺织原料用量如图2所示。

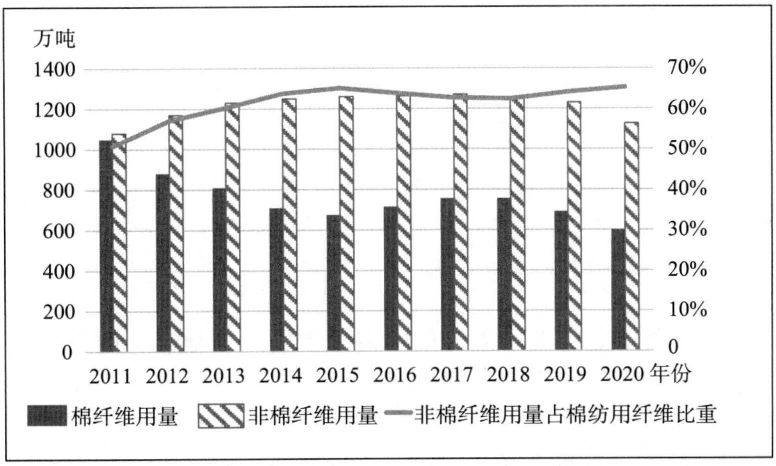

数据来源：中国棉纺织行业协会、中国化学纤维工业协会

图2　2011～2020年棉纺织原料用量

2.互相促进

“十三五”期间，非棉纤维与棉纤维充分发挥各自优势，互相促进、共同发展，共同保障了棉纺织行业的生产应用。棉纤维受配额影响，进口数量受到限制，国内棉花产量及储备量不足，不能满足棉纺织行业对原料数量的需求，作为工业品的非棉纤维市场化程度高，在数量上能够弥补棉花供应。

棉花凭借自然、亲肤等性能，满足市场对相关属性的需要。非棉纤维能够满足市场对功能性、差异性、时尚性产品的追求。通过将棉花与非棉纤维、不同种类非棉纤维间的混纺，能够充分发挥各自性能优势，弥补缺点，混纺产品充分满足市场消费和需求。

3.研发创新

非棉纤维科技和研发水平的进步，提升了棉纺织行业应用新产品的种类和数量。“十三五”期间，非棉纤维的新产品在棉纺织行业中的应用促进了企业竞争力的提升。随着科技水平的进步，通过纤维改性和工艺创新，非棉纤维在吸湿排汗、抗菌抑菌、阻燃等差别化、功能性方面更加成熟稳定。随着市场对绿色生产要求的提升，消费者对绿色纺织品需求的增加，以莱赛尔为代表的再生纤维素纤维国产化进程在加快。实践证明企业应用非棉新产品有利于提升附加值，避开同常规产品的激烈竞争。

二、存在的问题

（一）棉花

1.棉花品质

“十三五”期间，全国棉花机采主要集中在新疆的北疆地区，内地和新疆南疆棉区棉花种植仍是以小规模家庭种植为主，整体机械化程度较低。近年来，由于政策的导向，棉花种植环节重产量、轻质量问题突出，传统的加工管理导致棉花品质下降，不能满足棉纺企业生产需求。

2.产业安全

新疆是我国最大的棉花生产基地，“十三五”期间，年均产量占全国棉花总产量的80%以上，但存在距消费市场较远、快速反应能力滞后等问题。随着棉花目标价格政策在新疆的实施，不仅消耗了大量国家财政支出，也导致我国棉花产业在新疆的集中度逐步提升。我国棉花种植产业在新疆高度集中，容易形成农产品和基础工业品对单一地区的过度依赖，不利于我国整体纺织产业安全，也不利于我国棉花产业的长远稳定发展。

3.棉花体制改革

“十三五”期间，国家不断推进棉花体制改革，但有些问题依然存在。一是，配额问题。为保护国内棉花产业，我国在2001年加入WTO时承诺对棉花的市场准入采用关税配额政策，期间根据需求，国家增发的棉花配额存在发放数量不足、发放时间不稳定、关税配额外的进口棉花滑准税率较高、国内外棉花价差长期存在等问题。二是，储备棉问题。储备棉轮入轮出市场化运作程度有待进一步提升，存在棉花储备库布局不够合理、库管水平低等问题。三是，棉花纤维检验问题。棉花公检不能满足棉纺织企业生产要求，公检指标未能和生产完全结合，企业在投入生产之前往往还要再进行一次检验。

（二）非棉纤维

1.新产品质量和数量

“十三五”期间非棉纤维新产品在棉纺织行业中的应用取得了进步，但部分非棉纤维产品的质量水平和稳定性仍有提升空间。以国产莱赛尔纤维为代表，在高品质品种和可纺性上与进口品种仍有一定差距。锦纶、腈纶等化纤短纤产品的开发应用在可纺性、稳定性、染色性能等方面仍需改进提升。差别化、功能性纤维产品在整个原料应用量所占的比例仍然偏低。

2.产业链与产学研

提高上下游产业链及产业产学研结合是促进产品创新的关键，有利于将成果快速、有针对性地推进，下游市场的扩大利于产业链互惠互利。“十三五”期间，产业链上各环节的上下游信息交流与合作不够紧密，协同性不足，制约了产业发展效率。产业链相关企业及科研单位信息、科研、市场等领域的合作不充分，科技成果向实践成果转化的效率不高。

三、“十四五”原料保障发展目标

目标：保障我国棉纺织行业的高质量发展，进一步统筹棉花和非棉纤维在棉纺织领域的应用，保障原料充足供给，提升原料品质；进一步深化棉花体制改革，推动非棉纤维在棉纺织行业的开发应用。从原料端保障棉纺织国际竞争力水平。

随着消费者生活品质的提升，对纺织品服装时尚性、功能性、舒适性的要求逐渐提高。随着非棉纤维科技水平、产量的稳步提升以及在价格上的优势，非棉纤维对棉花的替代趋势将会持续。“十四五”期间人均纤维消费量将稳定上升，增量部分将由非棉纤维贡献。预计“十四五”末期非棉纤维比重将超过70%，棉花比重降到30%以内。见表2。

表2 “十四五”期间棉纺织行业原料用量预测

项目	2021年		2022年		2023年		2024年		2025年	
	用量（万吨）	比重（%）	用量（万吨）	比重（%）	用量（万吨）	比重（%）	用量（万吨）	比重（%）	用量（万吨）	比重（%）
棉花	650	34	640	33	630	32	620	30	610	29
非棉纤维	1270	66	1320	67	1370	69	1420	70	1470	71
合计	1920	100	1960	100	2000	100	2040	100	2080	100

数据来源：中国棉纺织行业协会

（一）棉花

1.进一步推进棉花体制改革，提升市场化水平

“十四五”期间，宏观调控约束的手段互相配合，符合市场导向，发挥稳定棉花生产、促进产业持续健康发展的重要作用。

棉花目标价格改革。积极推进将改革与棉花质量挂钩，促进棉花生产向高质量发展，保障棉纺织企业对高品质棉花的需求,实现优质优补的目标。

收放储制度常态化。实现收放储制度常态化，在价格较低时适当轮入国内及国外优质棉花，当价格脱离市场时，快速轮出平抑价格。推进市场化对国储棉花进行分级管理，在保障质量的前提下，满足不同企业的用棉需求。通过不断完善的储备棉轮换制度，保障棉纺织用棉需求，稳定市场价格，充分发挥国储蓄水池的功能。

配额管理制度。进口配额管理以满足市场需要、稳定市场预期、平抑内外棉价差为方向。保障进口棉花供应数量，按需发放。每年发放配额200万～250万吨。取消或降低滑准税，进一步推进棉花加工贸易监管改革，推进实行“总量核销”和降低落棉税率。

提升棉花种植水平。着力呼吁提高先进的种植、采摘及加工方式，重点减少异纤含量，推动棉花品质指标满足高质量棉纺织产品的需求。支持选用优良品种，支持可降解的膜的研发和推广，以促进机采棉降低异纤。

2.保障产业安全

“十四五”期间，适度恢复内地棉花种植，通过政策引导鼓励，如增加植棉补贴等方式鼓励适度恢复内地棉花主产区种植面积，分散产业过度集中带来的风险，保障产业安全。

（二）非棉纤维

1.促进差别化、功能性、生物基纤维在棉纺的应用

深入挖掘市场需求，研究差别化、功能性纤维性能在棉纺织领域应用前景，加强产品研发力度，提升产品附加值，拓宽高质量发展的内涵。预计“十四五”期间以细旦涤纶，功能性涤纶，莱赛尔为代表的生物基纤维（常规粘胶除外)，其他高性能、高附加值纤维等差别化、功能性纤维合计用量年均增加20%。见表3。

表3　棉纺织行业差别化、功能性纤维用量年均增幅

项目	“十一五”期间	“十二五”期间	“十三五”期间	“十四五”期间
差别化、功能性纤维年均用量增幅（%）	10.16	13.52	15.09	20

数据来源：中国棉纺织行业协会

绿色发展、可持续发展已经成为人类社会发展的共识。拓展以莱赛尔纤维为代表的生物基非棉纤维在纺织品服装领域的应用，降低石油资源的依赖。加大对绿色纤维的应用力度，推进绿色产业链的发展，响应国家绿色生产政策导向，推动绿色低碳循环发展在产业的实践。

2.提升产业链协同发展水平

通过协会、企业、高校及科研单位等力量共同努力，推动上下游产业链在市场、工艺、产品开发等方面深化合作，提升非棉纤维在棉纺织领域的应用技术水平。共同加强新型纤维可纺性研究、多组分纤维共混纺纱技术的提升，纤维性能与不同纺纱方式的结合、纤维性能与纱布及终端产品性能的关联研究，共同开拓市场渠道，注重适应市场需求的新产品研发，增加研发投入，提升管理水平；共同将提升非棉纤维应用水平和市场开拓作为产业链协调发展、增强竞争力的重要内容。

"十四五"发展指导意见之：

科技发展研究报告

摘要：科技是第一生产力。"十三五"期间，我国棉纺织行业进入了调档转换时期，科技进步推动着行业的全面发展，本报告就先进设备应用、智能制造发展、产品结构调整、绿色生产、科技成果等方面进行回顾分析，指出现阶段存在的问题，提出"十四五"重点推广的项目。

"十三五"期间，我国棉纺织行业进入了新旧动能转换期，科技进步从多方面推动着行业向前发展。一是大量新型高效设备投入使用，各类先进设备比重不断增加。现有设备技术改造不断推进，企业的信息化建设和落后设备改造升级步伐加快。二是在设备硬件提升基础上，智能制造探索取得初步成效。三是产品品类不断丰富，产品结构发生着显著变化，常规品种比重逐步减少。四是节能减排技术广泛应用，生产过程中的能源消耗逐步下降，污染排放大幅降低。五是科技投入成果显现，涌现出一大批科技成果，企业知识产权保护意识逐渐增强，产品标准体系不断完善，为棉纺织行业的高质量发展夯实基础。

一、"十三五"期间棉纺织行业科技发展现状

（一）技术进步提升设备性能

"十三五"期间，我国纺纱、织造产能保持着"十二五"以来优化提升的趋势，产能逐步下降，各种高效设备拥有量增加，提高了生产效率。据中国棉纺织行业协会（以下简称中棉行协）统计，"十三五"末，我国纺纱产能为1.1亿锭、织造产能104万台，分别占全球的50%和45%以上，见表1。

表1　棉纺织产能发展变化

项目	单位	2010年	2015年	2020年
纺纱产能	万锭	13500	12000	11000
织造产能	万台	126	118	104

数据来源：中国棉纺织行业协会

1.纺纱设备

“十三五”期间，我国纺纱设备水平全方位提升，特别是大量新型设备的应用，如新型高产梳棉机、新型自调匀整并条机、自动落纱粗纱机、自动落纱细纱长车、自动络筒机等先进设备的占比不断增加，其中自动络筒机占比从“十二五”末85%上升至“十三五”末的98.9%。在工序的连续化方面，环锭纺清梳联、粗细联、细络联、自动打包入库等连续化技术被大量采用，“十三五”末我国粗细联、细络联数量已达到1060万锭，与此同时，新型转杯纺和喷气涡流纺的数量也在持续增加，环锭纺、转杯纺和喷气涡流纺三种纺纱方式折算的比例由“十二五”初的88：11：1，调整到“十三五”末的74：22：4。主要的纺纱设备的数量变化情况见表2。

表2　纺纱先进设备应用情况

名称	单位	2010年	2015年	2020年
喷气涡流纺	万头	7.95	13.5	25.6
粗细联、细络联	万锭	25	230	1060
新型转杯纺	万头	33	85	187

数据来源：中国棉纺织行业协会

纺纱设备的技术改造，主要包括两个方面：一是设备自动化改造，如粗纱机、细纱短车集体落纱改造等；二是设备的数字化改造，通过添加传感器等方式收集设备运行数据，实现设备数字化、信息化。中棉行协调查显示，参与调查的企业中，有79%进行了不同程度的设备自动化改造，39%和28%分别进行了设备的数字化和连续化改造，纺纱设备自动化、信息化水平的全面提升，万锭用工从“十二五”末的60人，降至“十三五”末的48人，劳动生产率大幅提升。

2.织造设备

“十三五”期间，织造企业积极进行设备更新换代，生产水平明显提高，高速化、自动化成为主流，整经自动装筒、自动穿经机（穿经速度可达150根/分钟）、高速织机等先进设备与技术逐步被企业采用。企业使用的新型织机普遍具备品种适应性强、高速低振、高效节能、电子开口、电子送经、电子卷取及智能故障自我诊断等功能。

在技术进步和市场需求的影响下，除特殊品种需要，有梭织机已逐步被企业淘汰，无梭织机占比增加，“十三五”末我国棉纺织行业无梭织机占比82.7%，比“十二五”末提高13个百分点以上。尽管如此，织造领域自动化水平仍有进步空间，如提升国内整经自动装筒、自动穿经机的占有率。见表3。

表3　织造先进设备应用情况

名称	单位	2010年	2015年	2020年
自动穿经机	台	30	330	510
无梭织机数量	万台	65	81.84	96

数据来源：中国棉纺织行业协会

织造设备的技术改造一方面集中在实现自动化方向上，如整经断纱自停、自动穿经等，主要目的是降低工人劳动强度，提高生产效率；另一方面是数字化改造，实现设备数据实时提取、集中，实现可视化管理等。

（二）智能制造助力企业转型升级

在棉纺织企业积极开展智能制造探索实践中，对信息化管理的应用水平和认知水平有很大的提升，特别是MES系统的引入，实现了整个生产系统的实时监管，同时各类自动化、连续化新型设备使用，为智能制造提供了软件和硬件基础，并在应用实践上取得突破性的成果。MES系统、质量专家系统、能源管理系统、自动仓储系统等与ERP系统的深度融合，实现多个系统间的数据交流、共享和融合，消除了“信息孤岛”。将业务层面的资源配置和车间级生产协调调度紧密结合，实现了以订单流程为核心的调度，优化排产，并可对订单进度、设备状态、质量指标等进行预警，实现了企业生产“管控一体化”，企业运行效率和产品质量均明显提升。

中棉行协对企业智能制造调查，如图1所示，“十三五”期间，行业在ERP系统的应用上取得的成就最大，之后依次是网络营销和产品信息溯源系统的应用。另外，从不同类型企业反馈情况看，织造企业对ERP系统的认可度高达73%，而纺纱企业对于产品信息溯源系统的应用认可度比织造企业高出12个百分点，可见纺纱与织造企业在“十三五”期间信息化建设的侧重点也有所差异。

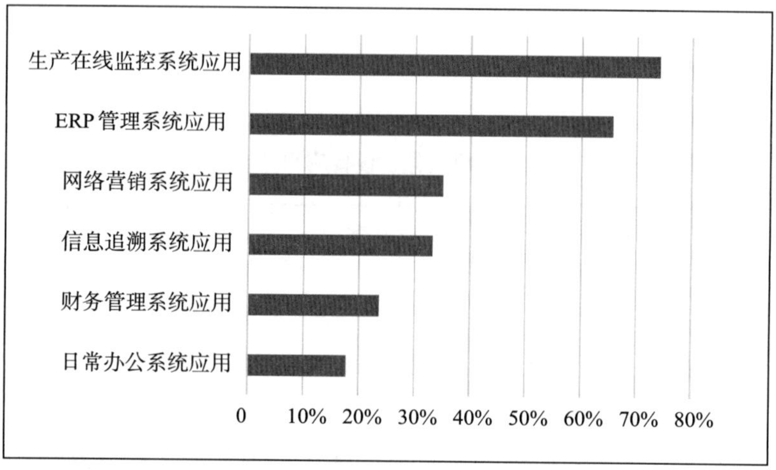

数据来源：中国棉纺织行业协会

图1　棉纺织行业信息化建设成就的调查情况

（三）产品品种不断丰富

1.纱线

（1）品种差异化

企业为响应市场需求的变化，高度重视产品研发，各类新产品不断涌现。得益于国内化学纤维行业的发展，棉纺织行业应用化学纤维的数量持续增长，如图2所示，比重从“十二五”初的51%提高到“十三五”末的65%。“十三五”期间，化纤用量保持相对稳定，纯化纤纱与化纤混纺纱占全部纱线产量的比重也基本稳定。

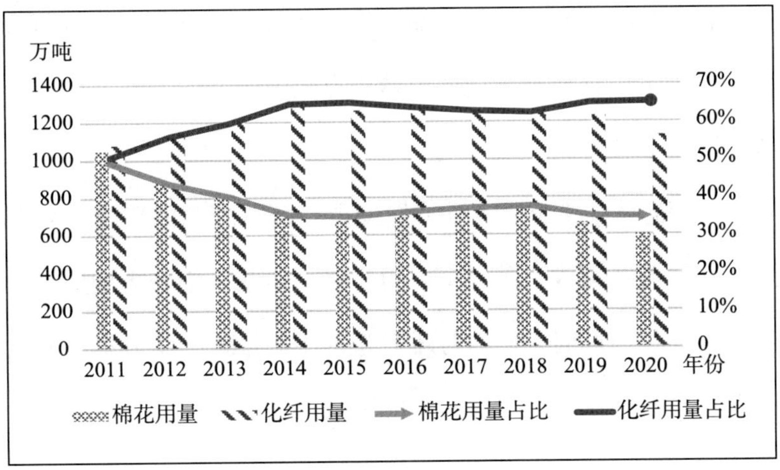

数据来源：中国棉纺织行业协会

图2　棉花与化纤使用量及占比变化

随着化学纤维的产品差异化程度不断提升，棉纺织行业所使用各类新型纤维的品种和数量逐步增加，为纱线产品开发提供了更多的选择。纺纱企业针对不同纤维的特性，通过纯纺、与其他纤维混纺或使用不同纺纱技术等方式，开发出众多的新型差别化纱线。据中棉行协统计，差别化纱线的总产量持续上升，“十三五”末差别化纱线占比较“十二五”末增长6个百分点以上，如图3所示。

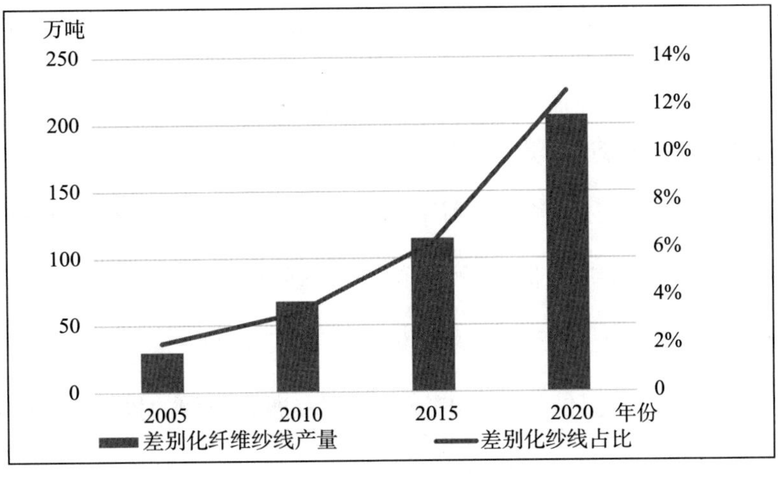

数据来源：中国棉纺织行业协会

图3　差别化纱线产量及占比情况

纱线结构方面，以环锭纺为基础的紧密纺纱、紧密赛络纺纱、包芯纱、竹节纱等纺纱技术的广泛应用，使得环锭纺新型纱线产量上升。此外，喷气涡流纺、新型转杯纺设备不断增加，在市场的作用下，这两种纱线的产量也有较大幅度的上升。

（2）环保类纱线

“十三五”期间，随着全球消费者可持续发展、环保理念的普及，环保类纱线产品快速发展，可再生、循环再利用成为关键词。再生涤纶纱线、消费再利用纱线、环保型色纺纱等品种的产量大幅增加。同时，随着技术改造的不断推进，纺纱加工的能耗与物耗均有所下降，纺纱行业不断向环保绿色可持续方向迈进。

2.织物

（1）无梭布

“十三五”期间，我国棉织物产量基本稳定550亿～600亿米之间，无梭织机数量持续增长，无梭布的产量不断增加，“十二五”末我国无梭布产量占总产量的86%，到“十三五”末增长到93.1%，增长了7.1个百分点。

（2）新型面料

伴随着消费者对产品舒适度、功能性、环保及个性化方面需求的增长，织造企业在通过采用新型纱线、不同工艺设计等方式，赋予面料新的性能，开发出大量符合市场需求、附加值高的新产品。

（四）研发投入效果显现

随着企业对科技进步重视程度的提高，研发投入在不断地提升。中棉行协跟踪数据显示，“十三五”期间棉纺织企业的平均研发投入强度为0.8%左右，较“十二五”末提高了约0.2个百分点，重点企业三年内的研发投入强度约为3.5%。许多企业设立了研发中心，为技术改造、产品研发提供了有力的技术支撑，通过长期的投入积累，创新成果逐步显现。

1.纺织之光科技奖授奖项目

2009年以来，行业内在“纺织之光”中国纺织工业联合会科技进步奖获得奖项，见表4。

表4　棉纺织企业“纺织之光”科技奖获奖项目数

年份	单位	一等奖	二等奖
2009～2010年	项	2	4
2011～2015年	项	3	2
2016～2020年	项	7	22
合计	项	10	22

数据来源：中国纺织工业联合会科学技术奖奖励办公室

进入“十三五”，棉纺织行业获得“纺织之光”一等奖、二等奖数量持续增加，主要涉及装备与智能化技术开发与应用、产品研发关键技术创新等方面，包括棉纺成套设备数字化、色织颜色数字化、环锭纺智能化、废棉纤维循环利用的点子纱开发与褶裥大提花机织面料的研发等项目。

2.知识产权

随着技术研发、品牌建设的不断深入，企业的知识产权保护意识不断增强，专利则是企业科技研发与智力成果的集中体现。“十三五”期间，百强企业发明授权数量共计162项，实用新型552项，外观设计215项。到“十三五”末，百强企业专利申请有效量累计达6000余项，占棉纺织行业总量的80%以上，发明专利授权累计630多项；纺纱相关的专利3400余项，约占棉纺织行业的57%，提升空间较大。

3.标准化建设

标准化工作对强化行业工业基础及技术创新能力，规范生产和贸易的健康发展有重要作用。通过标准体系优化，制、修订技术标准等方式推动行业标准化建设，共完成70项标准，其中，国家标准修订3项；行业标准制定35项、修订26项；团体标准制定6项。

“十三五”末，棉纺织品标准共有157项，其中，国家标准13项，纺织行业标准138项，团体标准6项。

4.企业技术中心建设

“十三五”期间，企业构建协同创新网络、推进技术创新的意识不断增强。对技术中心的申报热情一定程度上反映了企业对技术研发和培养创新人才等方面的重视。“十三五”末，中棉行协会员中共有10家企业获得“国家认定企业技术中心”认定。除国家级技术中心外，各省、市的技术中心评定也在高质量推进中，据中棉行协汇总统计，共有近50家棉纺织企业获得省级技术中心认定。

二、“十三五”棉纺织行业科技进步存在的问题

在总结“十三五”期间我国棉纺织行业在科技进步方面取得可喜成就的同时，还应认识到，有些方面依然需要进一步提升。

（一）老旧设备淘汰难度大

虽然“十三五”期间整体装备水平得到提升，各类新型装备的使用量都达到了前所未有的高度。但一些2005年前的设备自动化水平和运行效率较低，需要淘汰或进行技术改造，这些设备大多集中在融资和经营能力相对较弱的中小企业，引入新设备或进行大规模技改的难度较大。

（二）产品结构调整面临挑战

“十三五”期间我国纱、布产品开发成就有目共睹，但纱线产品中常规普通品种的占比依然很大，特别是新上产能所生产的产品，有些仍以常规品种为主。

（三）基础性研究发展缓慢

行业的研发投入水平只有0.8%，远远低于国家平均水平，可见创新能力的提升刻不容缓。此外，产学研合作有待提升，加强棉纺织领域的基础性研究，为进一步创新提供支撑。

（四）管理方式需升级

部分优秀企业在管理能力建设上有了较大的提升，6S、卓越绩效等先进的管理方式不断被引入，信息化建设也对企业管理的进步发挥重要作用。但仍有一些企业以家族式管理为主，管理效率有待进一步提升，企业家接班问题也需引起重视。另外较为棘手的是人才短缺的问题，运营、生产、技术、研发管理人员都亟需新鲜血液的补充。

三、“十四五”时期纺织行业科技发展的目标

为顺应国家“双循环”“高质量发展”战略，解决行业科技发展中的不足与短板，推动科技水平进一步发展，加快转型升级步伐，推进智能制造与产品研发，完善发展支撑体系，保持行业的全球竞争优势，继续发挥我国棉纺织产业对纺织行业的基础性支撑作用，未来行业需要在以下几个方面继续发力：

（一）智能制造

在“十三五”智能制造发展的成果基础上，开展智能制造关键技术的研究，制订共性的技术标准、关键技术标准和应用标准与规范；激发企业发展智能制造积极性，积极培养智能制造人才；引导企业开展产业链横向和纵向整合与合作，加快提升智能化管理水平、创新能力、市场竞争力和产业整合能力。继续建设智能车间、智能工厂，为行业探索智能制造新模式。具体技术方面，包括研发环锭纺智能成套装备和短流程智能成套装备，重点突破自动络筒机、全自动转杯纺纱机和喷气涡流纺纱机等关键单机，纺纱质量在线检测系统，棉条、细纱等自动接头机器人等。研发制造协同制造系统，数字化无梭高速织机、自动穿经机、智能纱架和物料自动更换与传输装备等关键单机。

到“十四五”末，预计纺纱全流程智能化生产线的技术将更加完善，形成完善的纺纱智能制造系统；织造全流程智能制造将会取得较大突破，在织机联网的基础上，实现多工序设备联网，区域自动物流取得突破，见表5。

设备方面。环锭纺智能化生产线达到2000万锭；转杯纺与喷气涡流纺全流程自动化生

产线成型并推广，年均有200万锭以上粗细联、自动打包和3万台喷气织机的增长量。

管理系统方面。ERP系统在全行业的普及率超过40%，MES系统在百强企业中使用率达到80%。

表5　棉纺织行业主要科技推广项目(一)

序号	技术名称	现状及未来发展	2025年目标
1	在线自动监控检测技术可追溯系统	纺纱与织造监控系统，已经基本成熟，企业应用数量也在逐步增加。对生产设备运转状态、主要工艺参数、生产数据进行在线监控，有利于加强管理，提高生产效率	棉纺织行业80%百强企业应用
2	智能化纺纱技术	已经有多条智能化生产线已投入使用。推广自动化、连续化、信息化、智能化应用，有助于节约用工，进一步降低劳动强度，提高劳动生产率，提高产品质量	普及行业产能的20%
3	智能化织造技术	已经有新型织机相关设备投入使用，企业认可度逐渐上升。推广应用整经自动上筒、自动穿经机、高速剑杆、喷气织机等新型机织及关键技术，有助于提高产品质量稳定性，实现可视化管理，降低操作者劳动强度	百强企业基本完成

（二）产品研发

随着企业各项能力的增强，对产品的原料、结构、功能、绿色生产、下游应用等方面进行更深入的研究，重点企业基本可以实现产品的快速有效定向开发和柔性化快速生产。到“十四五”末，差异化纱线和新型面料产品年均增长5%左右，相应的产品附加值进一步增加。小批量、多品种在色纺纱、差别化纱线、花式纱、差别化面料生产企业中成为常态化，探索出一套适合自身企业特点，有助于稳定产品质量的快速反应机制。重点技术见表6。

表6　棉纺织行业主要科技推广项目（二）

序号	技术名称	现状及未来发展	2025年目标
1	喷气涡流纺纱线生产技术	全行业中已有25.6万头。喷气涡流纺纱线具有成纱强力高，毛羽少，耐磨性、抗起毛起球性能好及良好的导湿性能。与环锭纺相比，涡流纺设备纺纱速度高，工艺流程短，用工少，自动化程度高	40万头，产量150万吨以上
2	差异化纱布生产加工技术	行业新品种推出速度逐年加快，种类和品质都有所提高。采用多纤维复合混纺和新结构纺纱、织布加工技术，开发出产风格各异的差异化纱布新品种，产品附加值高	当期差异化产品达到纱、布总产量20%
3	微纳米纤维嵌入型纺织品准备关键技术	已在部分纺纱企业试验。将聚焦微纳米纤维低比例电离镶嵌纺制技术成套装置开发，导湿与抗菌纱线制备关键技术，低掺比、高功效、多功能集成并兼顾服用舒适性的功能性天然纤维纺织品开发等	开发出抗菌、导湿速干、防紫外线、防异味等纱线产品

（三）基础研究

“十四五”行业发展的支撑体系将会进一步完善。

1.行业标准化体系

根据工信部与国家标准委的要求，对现行的国标与行标进行优化，形成科学合理的标准体系，并提升标准的质量水平，助力质量提升。

结合纺织行业智能制造标准化体系建设，制定棉纺织行业的智能制造标准，为行业智能制造建设提供标准化支持。

根据棉纺织未来发展方向，提出标准制、修订计划项目；继续推进标准的整合转化，实现标准体系精简优化；对棉纺织领域出口产品大类棉本色纱线和棉本色布标准进行外文版翻译；持续关注国际标准动态，促进棉纺织标准国际化。

发展团体标准。结合行业发展，发挥团体标准快速灵活的特点，制定一批行业急需的标准，并在绿色制造、管理规范等方面，制定相应的团体标准20项以上。

2.系统创新合作模式

将以行业协会为纽带，打造创新合作体系，搭建企业与院校合作平台，促进产学研创新和院校的科技成果转化。同时发挥各专业委员会的作用，组织上下游企业、院校等开展联合开发。

3.打造人才培养新模式

为改变行业高层次人才短缺的现象，建立新的人才薪酬体系和培养方式，吸引更多的年轻人加入。同时加强校企合作，开展人才专项培养工作，在产品开发、智能制造发展领域培养专业人才。开展新一代年轻企业家的交流提升工作，助力企业转型升级和代际承接。

"十四五"发展指导意见之：

可持续发展研究报告

摘要："十三五"期间，我国棉纺织行业大力推进产品创新，在增品种、提品质、创品牌的同时，引导企业节能降耗、绿色生产。本报告从行业"三品"行动、人力资源、产业布局及绿色制造等方面入手，分析了取得的成绩、存在的问题、面临的形势及存在的机遇，并指出在"十四五"时期，行业将继续坚持走经济发展与环境保护、资源节约相协调的可持续发展道路。

一、"十三五"时期取得的成绩

（一）"三品"行动

2016年，国务院发布《关于开展消费品"三品"专项行动营造良好市场环境的若干意见》，部署开展消费品工业增品种、提品质、创品牌"三品"专项行动，营造良好市场环境，更好满足和创造消费需求，不断增强消费拉动经济的基础作用，促进消费品工业迈向中高端水平。棉纺织行业是中国最早一批走向市场竞争的行业，在"三品"行动方面做了大量工作，并取得较好成效。

1.产品品种不断丰富

产品开发作为增强竞争实力的主要手段之一,一直以来都被企业所重视。随着新型纤维的不断应用，"十三五"期间，棉纺织行业差别化纱线占有率显著提升，为下游棉织物创新开辟了新的思路和空间。

纱线是梭织和针织产品开发创新的基础，调查显示，"十三五"期间，差别化纱线和纯棉高支纱线的创新是棉纺企业最为重视的产品开发方向，研发成果占比均超过30%，涡流纺纱线和色纺纱线也引领着纱线产品的发展方向，成果同样亮眼，其占比均超过10%。纱线产品的研发成果分类占比情况如图1所示。

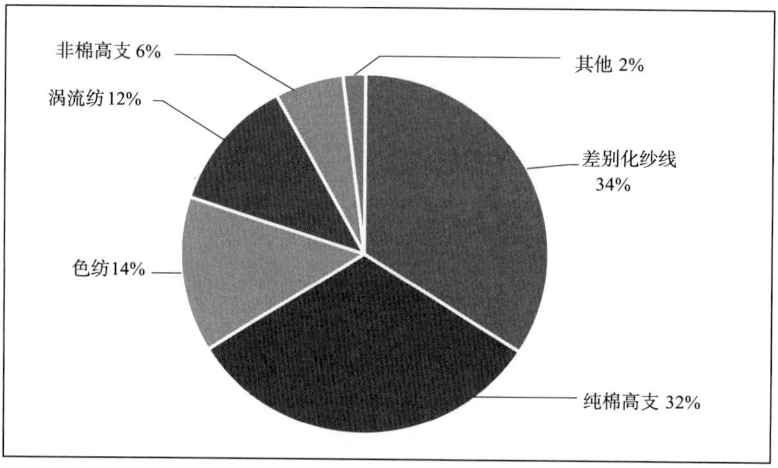

数据来源：中国棉纺织行业协会

图1 “十三五”期间纱线产品研发成果分类占比情况

2.产品品质持续提升

无接头纱和无梭布占比是衡量棉纺织先进生产水平的重要指标，也反映了产品的质量水平。由表1可知，随着自动络筒机的普及，棉型纱线已基本实现无接头生产，比重已接近100%；同时，无梭织机的大规模采用，极大地提升了无梭布的产量，其占比已超过93%，无接头纱、无梭布比重较“十二五”末分别提高了14个和7个百分点，纱布产品的品质稳步提升。实践证明，高品质的产品反映了企业向高质量发展的方向，有益于提升企业自身的品牌影响力和竞争力。

表1 无接头纱及无梭布占比变化情况

项目	2010年	2015年	2020年
无接头纱（%）	69	85	99
无梭布（%）	74	86	93

数据来源：中国棉纺织行业协会

在新时期人们对美好生活向往需求的不断驱动下，具有功能性、舒适环保性等特征的优质产品市场需求旺盛，棉纺织企业新产品研发力度也将进一步增强。

3.品牌建设成果丰硕

品牌是企业的无形资产，在不断加剧的市场竞争中，企业的经营竞争正由生产、供给产品的较量，逐步转向企业文化与品牌影响力的比拼。

“十三五”期间，从棉纺织行业培育的70多个纱布产品品牌及20余个精品特色产品生产基地情况来看，企业依托品牌优势带来核心竞争力的提升，品牌培育与企业发展良性循环逐步形成，助推了企业的不断进步。其中企业向优秀客户供应产品品牌的数量占比明显提升，占比从20.4%提升到37.5%；品牌产品销售占比也有所增加，可以看到品牌效应带来企业市场竞争力显著增强。同时也说明企业在品牌培育方面成效显著，品牌战略提升企业核心竞争力，助推企业良性发展，见表2。

表2　品牌企业销售占比变化情况

项目	2010年	2015年	2020年
向优秀客户供应占比（%）	5.3	20.4	37.5
品牌产品销售占比（%）	30.0	49.7	53.4

数据来源：中国棉纺织行业协会

（二）人力资源

人力资源与企业的生存和发展密切相关，是企业具备竞争力的关键因素。随着我国棉纺织行业的不断发展，智能制造水平的提升及人才队伍建设的持续推进，企业不仅实现了提质增效，也在较大程度上改善了职工的工作环境，降低了劳动强度，提高了职工认同感和幸福指数，从而优化了人才结构，有利于行业向高质量发展迈进。

1.人员结构持续优化

企业的创新能力的提升，离不开研发人员及技术管理人员的努力。“十三五”期间，企业人员结构有明显变化，技术研发人员比例提升较为明显，上升了4个百分点，在技术研发方面都进行了较大的人员投入，技术研发人员比例提升较为明显，上升了4个百分点，见表3。但同时如何培养、留住研发人员是行业当前乃至中长期亟需解决的问题，见表3。

表3　棉纺织企业人员结构占比变化情况

项目	2010年	2015年	2020年
高中及以下人员（%）	85.6	80.5	79.2
技术研发人员（%）	8.9	10.6	14.6
企业管理人员（%）	1.8	2.2	2.3

数据来源：中国棉纺织行业协会

2.单位产品用工减少

“十三五”期间，纺纱制造的连续化、智能化生产水平的提升较快，单位产品用工明显减少；织造产品小批量、多品种的需求不断增加，随着织机的高速化发展，织造布机单位产量增加。同时，差异化纱布产品的用工数量下降并不明显。

总体来看，随着生产设备速度及效率的稳步提高，人均产值得到不同程度的提升，变化情况见表4。

表4　棉纺织行业单位产能用工情况变化情况

项目	2010年（人）	2015年（人）	2020年（人）
万锭用工（环锭）(%)	110	60	48
百台用工（喷气）(%)	120	105	102

注　表中数据以生产纱线32英支，坯布32 × 32 133 × 72　230cm为参考。

数据来源：中国棉纺织行业协会

3.人才培养成果丰硕

“十三五”期间，我国棉纺织行业深入贯彻落实党的十九大精神，强化行业技能人才队伍建设，弘扬劳模精神和工匠精神，营造尊重劳动、崇尚技能的行业氛围和精益求精的敬业风气，为高质量的发展提供技能人才的支撑。

通过大力弘扬工匠精神，在行业内树立先进典型，强化模范引领作用；组织全国职业技能竞赛活动，为行业一线职工搭建技术交流平台，实现以赛促学，提高行业职工的整体技能水平；“十三五”期间，棉纺织行业表彰大工匠119名，提升一线职工的认同感、成就感和荣誉感，激发了广大职工学习新知识、掌握新技能、创造新业绩的热情。

“十三五”期间，棉纺织行业高技能人才培养成果丰硕，新增中华技能大奖1名，全国技术能手7名，国家技能人才培育突出贡献奖（个人）1名，全国纺织行业技术能手23名，全国纺织行业技能人才培育突出贡献奖（单位）2家，见表5。

表5　棉纺织行业高技能人才获奖情况一览表(截至2020年)

名称	棉纺织行业（个）	纺织行业（个）	占全行业比例（%）
中华技能大奖	6	7	85.7
全国技术能手	31	94	33.0
全国纺织行业技术能手	57	324	17.6
国家技能人才培育突出贡献奖	3	8	37.5
全国纺织行业技能人才培育突出贡献奖	4	28	14.3

数据来源：中国棉纺织行业协会整理

（三）绿色制造

绿色制造是以环境友好型、资源节约型为发展理念的生产方式，重点要解决的是经济发展中的环境污染和生态损害问题。党的十九大提出加快生态文明体制改革，建设美丽中国。随着科技的不断进步和棉纺织企业环保意识的增强，棉纺织技术也向着绿色、节能、环保的方向不断发展。

1.淘汰落后效果明显

“十三五”期间，棉纺织产业技术装备不断升级，在淘汰落后产能方面取得了一定的成绩。以纺纱生产的自动络筒机和织布生产的无梭织机占有率变化情况为例，如表6所示，自动络筒设备占有率从期初的85%提高期末到98.9%，无梭织机占有率从68.2%提升到82.7%，可以看出棉纺织行业在淘汰半自动络筒机和有梭织机等落后产能、提高生产效率方面成效明显。

表6　自动络筒机和无梭织机占有率变化情况

项目	2010年	2015年	2020年
自动络筒占比（%）	61.7	85.2	98.9
无梭织机占比（%）	51.6	68.2	82.7

2.绿色生产持续推进

棉织过程中的浆纱上浆工序涉及浆料使用和少量浆纱废水排放，在下游印染前处理过程中要进行退浆处理，绿色环保上浆在一定程度上减轻印染废水对环境的影响。

“十三五”期间，纺织浆料和PVA（聚乙烯醇）耗用量不断下降，随着新型浆料研发和预湿上浆、常温上浆和低上浆技术等技术的不断进步，不用、少用PVA的上浆技术使得PVA的占比下降至15%左右，基本完成了规划初期制订的目标任务，见表7。

表7　纺织浆料和PVA耗用量变化情况

项目	2010年	2015年	2020年
其中PVA占比（%）	29.1	20.0	15.4

数据来源：中国棉纺织行业协会

此外，染化料赋予织物新的视觉效果和功能特性，随着环保染化料和染色工艺不断推陈出新，单位产量棉织物（指色织布和牛仔布）的染料用量也逐年减少，“十三五”期间总降幅下降近3%，降低染色成本的同时，减少了废水的排放。

3.综合能耗下降显著

“十三五”期间，我国棉纺织行业坚持走清洁生产和资源综合利用的路线，注重节能降耗和污水减排，控制能源消耗总量，有效落实推动了全行业节能减排。

“十三五”期间，棉纺织行业纱布产品综合能耗较“十二五”末减少4%，单位GDP能耗和主要污染物排放都有较大幅度的下降（表8）。企业不断通过纺织装备技术改造推动节能减排工作，采用新工艺、新技术及新材料以减少废水的排放，如采用浆、染新工艺和环保助剂降低水及蒸汽等能源的消耗；通过设备改造、能源管理减少能源消耗，如装备伺服电机或节能电机、节能空调风扇及节能灯等方式降低企业生产用电，在设备升级的同时进行节能降耗改造。

表8 “十三五”期间行业节能减排指标下降情况

分类	单位GDP能耗	主要污染物排放	单位GDP取水	纱布综合能耗
降幅（%）	18	≥10	23	4

数据来源：中国棉纺织行业协会

（四）区域布局

“十三五”期间，全球消费需求放缓，国际贸易形势复杂多变，中国经济发展由高速向中高速转变，产业发展也进入深度调整期。我国棉纺织产能的布局优化对行业可持续发展至关重要。

1.国内产能布局优化

“十三五”期间，中国棉纺织产能呈现有序“内移”的特点，主要表现为向西部的新疆、宁夏以及中部地区的江西、湖南、湖北、四川等省及自治区投资和转移。截至2020年底，上述地区增加的纺纱产能超过1500万锭，产业转移主要得益于原料、劳动力及政策等资源的吸引，为投资与转移创造有利条件。

我国棉纺织产业集群的分布呈现了市场需求自发形成的特点。截至“十三五”末，纺纱和织造（梭织）相关的产业集群有 30 个，较“十二五”末增加了12个，主要分布在 11 个省份及地区，大多集中在长江三角洲、环渤海经济带等地区。集群棉纺织经济总量约占全行业的15%，较“十二五”末增加3个百分点。

2.国际产能合作紧密

“十三五”期间，中国棉纺织产能国际化布局主要集中在“一带一路”沿线国家，包括越南等东盟国、中亚以及非洲等国家，以国内龙头骨干企业为主。如果说“十二五”是国内棉纺织企业海外转移的萌芽期，主要表现为以对东南亚投资转移为主，那么“十三五”就是向“一带一路”沿线国家的发展期（图2）。

据统计，自“十二五”以来，棉纺织企业在东南亚的投资产能超过350万锭，约占海外投资总产能的83%，其中越南占94%，中亚地区投资占海外投资总产能的8%，如图2所示。

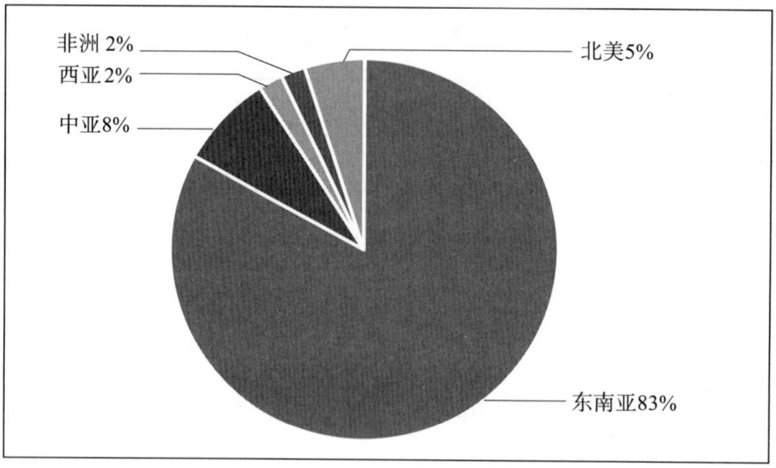

数据来源：中国棉纺织行业协会

图2　我国棉纺织产能国际投资区域占比情况

二、“十四五”时期面临的问题

（一）从业人员紧缺情况加剧

据调查，“十三五”期间一线人员、研发人员及技术管理人员的短缺情况较为普遍，超过三分之一的受调查企业均反映以上三类人员招工压力大，如图3所示。

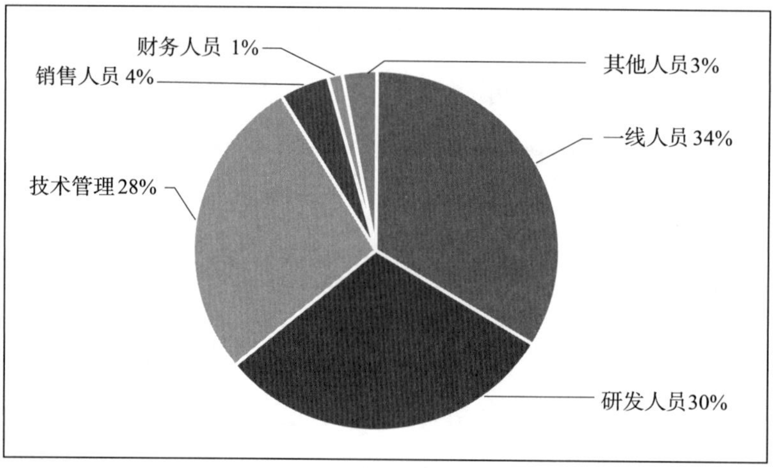

数据来源：中国棉纺织行业协会

图3　我国棉纺织行业岗位人员短缺情况

随着人们就业观念的转变、第三产业的快速发展及纺织行业从业人员老龄化情况的加剧，一线人员严重紧缺的同时，研发和技术管理人员的流动也在加速。人员的短缺和不稳定，将影响企业的生产效率与产品质量，束缚企业、行业的发展。

（二）绿色制造意识有待增强

一部分棉纺织企业的粗放型管理造成了生产过程中存在水、电、汽等的浪费，由于绿色制造意识还不强，对能源的精细化管理工作还有较大的提升空间，企业的绿色制造意识及社会责任感有待提高和增强；同时，绿色制造带来的技术投资增加了企业的成本压力。此外，纱布类绿色产品的市场认可度不足，也导致企业推动绿色制造的积极性和动力欠缺。

（三）国际贸易风险增加

当今世界形势风云变幻，经济全球化遭遇逆流，世界进入动荡变革期。随着国际投资贸易格局和规则的深刻调整，国际贸易环境风险上升；同时以技术壁垒为核心的新型贸易壁垒不断增加，如绿色壁垒、社会壁垒等都是新时期需要面对的问题。

三、“十四五”时期的发展机遇

（一）全员劳动力素质普遍提升

随着经济的发展，社会对劳动者素质要求的不断提高，通过实施知识更新工程、技能提升行动以及开展职业技能培训等措施，促使棉纺织技能劳动者的素质得到普遍提升，将在一定程度上满足棉纺织企业连续化、数字化、智能化生产的要求，加快企业新旧动能转换，推动产业转型升级，实现可持续发展。

（二）自主品牌培育受到重视

近年来，国家有关部委通过不断组织开展纺织服装行业自主品牌企业重点跟踪培育活动、制造品牌企业，为自主品牌培育营造良好的市场环境，大力支持自主品牌的培育。此外，区域品牌也得到了相关地方政府的高度重视。实施品牌战略是棉纺织产业转变发展的重要途径，也是实现纺织强国的必要选择。

（三）推进高质量发展满足绿色消费

随着产业升级步伐的不断加快，棉纺织行业在推进高质量发展的同时，通过采用新工艺、新技术来减少废水的排放以及能源消耗。纺织原料的生态属性以及绿色生产已逐渐成为社会与企业的关注热点，这些都必将会催生新的技术、新的产品。企业在深挖潜力、技术创新的同时，推动行业绿色、可持续、高质量发展。

四、“十四五”时期的发展方向

我国纺织工业“十四五”时期的新定位是“国民经济与社会发展的支柱产业、解决民生与美化生活的基础产业、国际合作与融合发展的优势产业”，棉纺织行业也必将向着这个方向不断发展。此外，国际产能合作也将为我国棉纺织产业的高质量发展提供新的驱动力。

（一）科技进步与智能制造

科技进步与智能制造在提升纺织行业科技水平、推动产业升级的同时，在吸引人才、解决招工难等问题提供更加有效的方案，将是我国棉纺织产业未来的发展方向之一。

（二）时尚消费与产品创新

产品创新是企业得以生存和持续发展的内在动力，是提升市场竞争力的重要途径，纺织企业需要适应和引领消费升级的需求，积极开发个性化、时尚化及功能化的纺织品，提高产品科技含量和附加值，提升企业的市场快速反应能力，才能在市场竞争中赢得有利地位。

（三）绿色生产与环境友好

随着全球消费者环保意识的增强，从人体健康和环境友好的角度考虑，绿色生产、绿色消费、循环发展是大势所趋。绿色生产是最基本的要求，是节能、降耗、减污，棉纺织行业将以科技创新为抓手，持续推动行业绿色生产。

（四）技能提升与人才建设

棉纺织行业要实现智能制造和可持续发展，需要牢固确立人才引领发展的战略方针，全面聚焦技能提升和人才队伍建设；完善人才培养和激励机制，重视科技人才价值，强化人才队伍建设，为推动产业高质量、可持续发展提供强有力的人才支撑。

（五）国际合作与内需挖掘

全球贸易新形势下，加强与国际贸易体尤其是与“一带一路”沿线国家的产能合作，充分利用其资源优势，推动我国乃至世界棉纺织产业健康发展；要充分发挥我国超大规模市场优势和内需潜力，融入以国内大循环为主体、国内国际双循环相互促进的新发展格局。

五、“十四五”时期的主要目标

（一）培育加工制造品牌

棉纺织生产多以纱、布为最终产品，是下游企业生产纺织成品的原料，加强培育加工制造品牌，提升品牌影响力和名誉度，是提升产品附加值和增强企业竞争力的有效途径。

随着“千禧一代”“Z时代”逐渐成为消费主力军，与众不同、追求个性及支持国货等理念带来的消费升级，都给纺织产业的发展带来了新的机遇，推动加工制造品牌培育工作的不断加强，预计到“十四五”末期，行业品牌企业数量将增加15%左右。

（二）培养技能人才

可持续发展离不开技能人才，棉纺织行业正向高质量发展转变，对劳动者素质和技能提出了更高要求。通过开展技能培训以及举办职业技能大赛等举措，在提升技术工人技能的同时，搭建技能展示的舞台，继而推动行业健康发展。

随着行业连续化、智能化生产水平不断提升，“十四五”末期，棉纺织行业单位产能产出增加，人员结构持续优化。

（三）推进绿色制造

到“十四五”末期，在行业生态文明建设和履行环境责任方面取得积极进展，加快绿色、低能耗生产技术研究和推广，树立能源高效利用企业示范样板。

鼓励企业提高清洁能源的消费比重，使用高效低能耗电机、风机、水泵压缩机等节能设备；推动行业绿色升级改造，着力提高绿色产品开发能力，提高循环再利用纤维的应用比例，积极开发低能耗、高附加值纺织产品；重点研发推广低耗能纺纱技术、无聚乙烯醇（PVA）上浆及少上浆工艺、可替代PVA环保浆料、染料助剂等；推动建立绿色工厂、绿色生产示范企业（生产线）；完善棉纺织绿色工厂评价指标体系及相关标准。

“十四五”末期，PVA用量占比和纱布综合能耗均下降3%；循环再利用纤维年加工量占纤维总加工量比重提升5%；提升清洁能源在能源消费占比；棉纺织绿色工厂及产品评价指标体系的逐步建成将有效指导企业绿色生产，打造一批绿色产品、绿色工厂、绿色供应链示范企业。

政策篇

新冠肺炎疫情防控税收优惠政策指引汇编

一、支持防护救治

1.取得政府规定标准的疫情防治临时性工作补助和奖金免征个人所得税

自2020年1月1日起，对参加疫情防治工作的医务人员和防疫工作者按照政府规定标准取得的临时性工作补助和奖金，免征个人所得税。政府规定标准包括各级政府规定的补助和奖金标准。

对省级及省级以上人民政府规定的对参与疫情防控人员的临时性工作补助和奖金，比照执行。

上述优惠政策适用的截止日期将视疫情情况另行公告。

2.个人取得单位发放的预防新型冠状病毒感染肺炎的医药防护用品等免征个人所得税

自2020年1月1日起，单位发给个人用于预防新型冠状病毒感染的肺炎的药品、医疗用品和防护用品等实物（不包括现金），不计入工资、薪金收入，免征个人所得税。

上述优惠政策适用的截止日期将视疫情情况另行公告。

二、支持物资供应

3.对疫情防控重点保障物资生产企业全额退还增值税增量留抵税额

自2020年1月1日起，疫情防控重点保障物资生产企业可以按月向主管税务机关申请全额退还增值税增量留抵税额。增量留抵税额，是指与2019年12月底相比新增加的期末留抵税额。

疫情防控重点保障物资生产企业名单，由省级及省级以上发展改革部门、工业和信息化部门确定。

上述优惠政策适用的截止日期将视疫情情况另行公告。

疫情防控重点保障物资生产企业适用增值税增量留抵退税政策的，应当在增值税纳税申报期内，完成本期增值税纳税申报后，向主管税务机关申请退还增量留抵税额。

4.纳税人提供疫情防控重点保障物资运输收入免征增值税

自2020年1月1日起，对纳税人运输疫情防控重点保障物资取得的收入，免征增值税。

疫情防控重点保障物资的具体范围，由国家发展改革委、工业和信息化部确定。

上述优惠政策适用的截止日期将视疫情情况另行公告。

纳税人运输疫情防控重点保障物资取得的收入免征增值税的，免征城市维护建设税、教育费附加、地方教育附加。

纳税人按规定享受免征增值税优惠的，可自主进行免税申报，无须办理有关免税备案手续，但应将相关证明材料留存备查。在办理增值税纳税申报时，应当填写增值税纳税申报表及《增值税减免税申报明细表》相应栏次。

纳税人按规定适用免征增值税政策的，不得开具增值税专用发票；已开具增值税专用发票的，应当开具对应红字发票或者作废原发票，再按规定适用免征增值税政策并开具普通发票。纳税人在疫情防控期间已经开具增值税专用发票，按规定应当开具对应红字发票而未及时开具的，可以先适用免征增值税政策，对应红字发票应当于相关免征增值税政策执行到期后1个月内完成开具。

纳税人已将适用免税政策的销售额、销售数量，按照征税销售额、销售数量进行增值税申报的，可以选择更正当期申报或者在下期申报时调整。已征应予免征的增值税税款，可以予以退还或者抵减纳税人以后应缴纳的增值税税款。

5.纳税人提供公共交通运输服务、生活服务及居民必需生活物资快递收派服务收入免征增值税

自2020年1月1日起，对纳税人提供公共交通运输服务、生活服务，以及为居民提供必需生活物资快递收派服务取得的收入，免征增值税。

公共交通运输服务的具体范围，按照《营业税改征增值税试点有关事项的规定》（财税〔2016〕36号印发）执行。

生活服务、快递收派服务的具体范围，按照《销售服务、无形资产、不动产注释》（财税〔2016〕36号印发）执行。

上述优惠政策适用的截止日期将视疫情情况另行公告。

纳税人按规定享受免征增值税优惠的，可自主进行免税申报，无须办理有关免税备案手续，但应将相关证明材料留存备查。在办理增值税纳税申报时，应当填写增值税纳税申报表及《增值税减免税申报明细表》相应栏次。

纳税人按规定适用免征增值税政策的，不得开具增值税专用发票；已开具增值税专用发票的，应当开具对应红字发票或者作废原发票，再按规定适用免征增值税政策并开具普通发票。纳税人在疫情防控期间已经开具增值税专用发票，按规定应当开具对应红字发票而未及时开具的，可以先适用免征增值税政策，对应红字发票应当于相关免征增值税政策执行到期后1个月内完成开具。

纳税人已将适用免税政策的销售额、销售数量，按照征税销售额、销售数量进行增值税申报的，可以选择更正当期申报或者在下期申报时调整。已征应予免征的增值税税款，可以予以退还或者抵减纳税人以后应缴纳的增值税税款。

6.对疫情防控重点物资生产企业扩大产能购置设备允许企业所得税税前一次性扣除

自2020年1月1日起，对疫情防控重点保障物资生产企业为扩大产能新购置的相关设备，允许一次性计入当期成本费用在企业所得税税前扣除。

疫情防控重点保障物资生产企业名单，由省级及省级以上发展改革部门、工业和信息化部门确定。

上述优惠政策适用的截止日期将视疫情情况另行公告。

疫情防控重点保障物资生产企业适用一次性企业所得税税前扣除政策的，在优惠政策管理等方面参照《国家税务总局关于设备　器具扣除有关企业所得税政策执行问题的公告》（2018年第46号）的规定执行。企业在纳税申报时将相关情况填入企业所得税纳税申报表“固定资产一次性扣除”行次。

三、鼓励公益捐赠

7.通过公益性社会组织或县级以上人民政府及其部门等国家机关捐赠应对疫情的现金和物品允许企业所得税或个人所得税税前全额扣除

自2020年1月1日起，企业和个人通过公益性社会组织或者县级以上人民政府及其部门等国家机关，捐赠用于应对新型冠状病毒感染的肺炎疫情的现金和物品，允许在计算企业所得税或个人所得税应纳税所得额时全额扣除。

国家机关、公益性社会组织接受的捐赠，应专项用于应对新型冠状病毒感染的肺炎疫情工作，不得挪作他用。

上述优惠政策适用的截止日期将视疫情情况另行公告。

“公益性社会组织”是指依法取得公益性捐赠税前扣除资格的社会组织。企业享受规定的全额税前扣除政策的，采取“自行判别、申报享受、相关资料留存备查”的方式，并将捐赠全额扣除情况填入企业所得税纳税申报表相应行次。个人享受规定的全额税前扣除政策的，按照《财政部　税务总局关于公益慈善事业捐赠个人所得税政策的公告》（2019年第99号）有关规定执行。

8.直接向承担疫情防治任务的医院捐赠应对疫情物品允许企业所得税或个人所得税税前全额扣除

自2020年1月1日起，企业和个人直接向承担疫情防治任务的医院捐赠用于应对新型冠状病毒感染的肺炎疫情的物品，允许在计算企业所得税或个人所得税应纳税所得额时全额扣除。

捐赠人凭承担疫情防治任务的医院开具的捐赠接收函办理税前扣除事宜。

承担疫情防治任务的医院接受的捐赠，应专项用于应对新型冠状病毒感染的肺炎疫情工作，不得挪作他用。

上述优惠政策适用的截止日期将视疫情情况另行公告。

企业享受规定的全额税前扣除政策的，采取“自行判别、申报享受、相关资料留存备查”的方式，并将捐赠全额扣除情况填入企业所得税纳税申报表相应行次。个人享受规定的全额税前扣除政策的，按照《财政部税务总局关于公益慈善事业捐赠个人所得税政策的公告》（2019年第99号）有关规定执行；在办理个人所得税税前扣除、填写《个人所得税公益慈善事业捐赠扣除明细表》时，应当在备注栏注明“直接捐赠”。

企业和个人取得承担疫情防治任务的医院开具的捐赠接收函，作为税前扣除依据自行留存备查。

9.无偿捐赠应对疫情的货物免征增值税、消费税、城市维护建设税、教育费附加、地方教育附加

自2020年1月1日起，单位和个体工商户将自产、委托加工或购买的货物，通过公益性社会组织和县级以上人民政府及其部门等国家机关，或者直接向承担疫情防治任务的医院，无偿捐赠用于应对新型冠状病毒感染的肺炎疫情的，免征增值税、消费税、城市维护建设税、教育费附加、地方教育附加。

上述优惠政策适用的截止日期将视疫情情况另行公告。

纳税人按规定享受免征增值税、消费税优惠的，可自主进行免税申报，无须办理有关免税备案手续，但应将相关证明材料留存备查。在办理增值税纳税申报时，应当填写增值税纳税申报表及《增值税减免税申报明细表》相应栏次；在办理消费税纳税申报时，应当填写消费税纳税申报表及《本期减（免）税额明细表》相应栏次。

纳税人按规定适用免征增值税政策的，不得开具增值税专用发票；已开具增值税专用发票的，应当开具对应红字发票或者作废原发票，再按规定适用免征增值税政策并开具普通发票。纳税人在疫情防控期间已经开具增值税专用发票，按规定应当开具对应红字发票而未及时开具的，可以先适用免征增值税政策，对应红字发票应当于相关免征增值税政策执行到期后1个月内完成开具。

纳税人已将适用免税政策的销售额、销售数量，按照征税销售额、销售数量进行增值税、消费税纳税申报的，可以选择更正当期申报或者在下期申报时调整。已征应予免征的增值税、消费税税款，可以予以退还或者分别抵减纳税人以后应缴纳的增值税、消费税税款。

10.扩大捐赠免税进口范围

自2020年1月1日至2020年3月31日，适度扩大《慈善捐赠物资免征进口税收暂行办法》规定的免税进口范围，对捐赠用于疫情防控的进口物资，免征进口关税和进口环节增值税、消费税。

（1）进口物资增加试剂，消毒物品，防护用品，救护车、防疫车、消毒用车、应急指挥车。

（2）免税范围增加国内有关政府部门、企事业单位、社会团体、个人以及来华或在华的外国公民从境外或海关特殊监管区域进口并直接捐赠；境内加工贸易企业捐赠。捐赠物资应直接用于防控疫情且符合前述第（1）项或《慈善捐赠物资免征进口税收暂行办法》规定。

（3）受赠人增加省级民政部门或其指定的单位。省级民政部门将指定的单位名单函告所在地直属海关及省级税务部门。

财政部、海关总署、税务总局公告2020年第6号项下免税进口物资，已征收的应免税款予以退还。其中，已征税进口且尚未申报增值税进项税额抵扣的，可凭主管税务机关出具的《防控新型冠状病毒感染的肺炎疫情进口物资增值税进项税额未抵扣证明》，向海关申请办理退还已征进口关税和进口环节增值税、消费税手续；已申报增值税进项税额抵扣的，仅向海关申请办理退还已征进口关税和进口环节消费税手续。有关进口单位应在2020年9月30日前向海关办理退税手续。

免税进口物资，可按照或比照海关总署公告2020年第17号，先登记放行，再按规定补办相关手续。

四、支持复工复产

11.受疫情影响较大的困难行业企业2020年度发生的亏损最长结转年限延长至8年

自2020年1月1日起，受疫情影响较大的困难行业企业2020年度发生的亏损，最长结转年限由5年延长至8年。

困难行业企业，包括交通运输、餐饮、住宿、旅游（指旅行社及相关服务、游览景区管理两类）四大类，具体判断标准按照现行《国民经济行业分类》执行。困难行业企业2020年度主营业务收入须占收入总额（剔除不征税收入和投资收益）的50%以上。

受疫情影响较大的困难行业企业按规定适用延长亏损结转年限政策的，应当在2020年度企业所得税汇算清缴时，通过电子税务局提交《适用延长亏损结转年限政策声明》。

2020年1月起

关于新时代加快完善社会主义市场经济体制的意见

社会主义市场经济体制是中国特色社会主义的重大理论和实践创新，是社会主义基本经济制度的重要组成部分。改革开放特别是党的十八大以来，我国坚持全面深化改革，充分发挥经济体制改革的牵引作用，不断完善社会主义市场经济体制，极大调动了亿万人民的积极性，极大促进了生产力发展，极大增强了党和国家的生机活力，创造了世所罕见的经济快速发展奇迹。同时要看到，中国特色社会主义进入新时代，社会主要矛盾发生变化，经济已由高速增长阶段转向高质量发展阶段，与这些新形势新要求相比，我国市场体系还不健全、市场发育还不充分，政府和市场的关系没有完全理顺，还存在市场激励不足、要素流动不畅、资源配置效率不高、微观经济活力不强等问题，推动高质量发展仍存在不少体制机制障碍，必须进一步解放思想，坚定不移深化市场化改革，扩大高水平开放，不断在经济体制关键性基础性重大改革上突破创新。为贯彻落实党的十九大和十九届四中全会关于坚持和完善社会主义基本经济制度的战略部署，在更高起点、更高层次、更高目标上推进经济体制改革及其他各方面体制改革，构建更加系统完备、更加成熟定型的高水平社会主义市场经济体制，现提出如下意见。

一、总体要求

（一）指导思想。以习近平新时代中国特色社会主义思想为指导，全面贯彻党的十九大和十九届二中、三中、四中全会精神，坚决贯彻党的基本理论、基本路线、基本方略，统筹推进“五位一体”总体布局和协调推进“四个全面”战略布局，坚持稳中求进工作总基调，坚持新发展理念，坚持以供给侧结构性改革为主线，坚持以人民为中心的发展思想，坚持和完善社会主义基本经济制度，以完善产权制度和要素市场化配置为重点，全面深化经济体制改革，加快完善社会主义市场经济体制，建设高标准市场体系，实现产权有效激励、要素自由流动、价格反应灵活、竞争公平有序、企业优胜劣汰，加强和改善制度供给，推进国家治理体系和治理能力现代化，推动生产关系同生产力、上层建筑同经济基础相适应，促进更高质量、更有效率、更加公平、更可持续的发展。

（二）基本原则。

——坚持以习近平新时代中国特色社会主义经济思想为指导。坚持和加强党的全面领导，坚持和完善中国特色社会主义制度，强化问题导向，把握正确改革策略和方法，持续优化经济治理方式，着力构建市场机制有效、微观主体有活力、宏观调控有度的经济体制，使中国特色社会主义制度更加巩固、优越性充分体现。

——坚持解放和发展生产力。牢牢把握社会主义初级阶段这个基本国情，牢牢扭住经济建设这个中心，发挥经济体制改革牵引作用，协同推进政治、文化、社会、生态文明等领域改革，促进改革发展高效联动，进一步解放和发展社会生产力，不断满足人民日益增长的美好生活需要。

——坚持和完善社会主义基本经济制度。坚持和完善公有制为主体、多种所有制经济共同发展，按劳分配为主体、多种分配方式并存，社会主义市场经济体制等社会主义基本经济制度，把中国特色社会主义制度与市场经济有机结合起来，为推动高质量发展、建设现代化经济体系提供重要制度保障。

——坚持正确处理政府和市场关系。坚持社会主义市场经济改革方向，更加尊重市场经济一般规律，最大限度减少政府对市场资源的直接配置和对微观经济活动的直接干预，充分发挥市场在资源配置中的决定性作用，更好发挥政府作用，有效弥补市场失灵。

——坚持以供给侧结构性改革为主线。更多采用改革的办法，更多运用市场化法治化手段，在巩固、增强、提升、畅通上下功夫，加大结构性改革力度，创新制度供给，不断增强经济创新力和竞争力，适应和引发有效需求，促进更高水平的供需动态平衡。

——坚持扩大高水平开放和深化市场化改革互促共进。坚定不移扩大开放，推动由商品和要素流动型开放向规则等制度型开放转变，吸收借鉴国际成熟市场经济制度经验和人类文明有益成果，加快国内制度规则与国际接轨，以高水平开放促进深层次市场化改革。

二、坚持公有制为主体、多种所有制经济共同发展，增强微观主体活力

毫不动摇巩固和发展公有制经济，毫不动摇鼓励、支持、引导非公有制经济发展，探索公有制多种实现形式，支持民营企业改革发展，培育更多充满活力的市场主体。

（一）推进国有经济布局优化和结构调整。坚持有进有退、有所为有所不为，推动国有资本更多投向关系国计民生的重要领域和关系国家经济命脉、科技、国防、安全等领域，服务国家战略目标，增强国有经济竞争力、创新力、控制力、影响力、抗风险能力，做强做优做大国有资本，有效防止国有资产流失。对处于充分竞争领域的国有经济，通过资本化、证券化等方式优化国有资本配置，提高国有资本收益。进一步完善和加强国有资产监管，有效发挥国有资本投资、运营公司功能作用，坚持一企一策，成熟一个推动一个，运行一个成功一个，盘活存量国有资本，促进国有资产保值增值。

（二）积极稳妥推进国有企业混合所有制改革。在深入开展重点领域混合所有制改革试点基础上，按照完善治理、强化激励、突出主业、提高效率要求，推进混合所有制改革，规范有序发展混合所有制经济。对充分竞争领域的国家出资企业和国有资本运营公司出资企业，探索将部分国有股权转化为优先股，强化国有资本收益功能。支持符合条件的混合所有制企业建立骨干员工持股、上市公司股权激励、科技型企业股权和分红激励等中长期激励机制。深化国有企业改革，加快完善国有企业法人治理结构和市场化经营机制，健全经理层任期制和契约化管理，完善中国特色现代企业制度。对混合所有制企业，探索建立有别于国有独资、全资公司的治理机制和监管制度。对国有资本不再绝对控股的混合所有制企业，探索实施更加灵活高效的监管制度。

（三）稳步推进自然垄断行业改革。深化以政企分开、政资分开、特许经营、政府监管为主要内容的改革，提高自然垄断行业基础设施供给质量，严格监管自然垄断环节，加

快实现竞争性环节市场化，切实打破行政性垄断，防止市场垄断。构建有效竞争的电力市场，有序放开发用电计划和竞争性环节电价，提高电力交易市场化程度。推进油气管网对市场主体公平开放，适时放开天然气气源和销售价格，健全竞争性油气流通市场。深化铁路行业改革，促进铁路运输业务市场主体多元化和适度竞争。实现邮政普遍服务业务与竞争性业务分业经营。完善烟草专卖专营体制，构建适度竞争新机制。

（四）营造支持非公有制经济高质量发展的制度环境。健全支持民营经济、外商投资企业发展的市场、政策、法治和社会环境，进一步激发活力和创造力。在要素获取、准入许可、经营运行、政府采购和招投标等方面对各类所有制企业平等对待，破除制约市场竞争的各类障碍和隐性壁垒，营造各种所有制主体依法平等使用资源要素、公开公平公正参与竞争、同等受到法律保护的市场环境。完善支持非公有制经济进入电力、油气等领域的实施细则和具体办法，大幅放宽服务业领域市场准入，向社会资本释放更大发展空间。健全支持中小企业发展制度，增加面向中小企业的金融服务供给，支持发展民营银行、社区银行等中小金融机构。完善民营企业融资增信支持体系。健全民营企业直接融资支持制度。健全清理和防止拖欠民营企业中小企业账款长效机制，营造有利于化解民营企业之间债务问题的市场环境。完善构建亲清政商关系的政策体系，建立规范化机制化政企沟通渠道，鼓励民营企业参与实施重大国家战略。

三、夯实市场经济基础性制度，保障市场公平竞争

建设高标准市场体系，全面完善产权、市场准入、公平竞争等制度，筑牢社会主义市场经济有效运行的体制基础。

（一）全面完善产权制度。健全归属清晰、权责明确、保护严格、流转顺畅的现代产权制度，加强产权激励。完善以管资本为主的经营性国有资产产权管理制度，加快转变国资监管机构职能和履职方式。健全自然资源资产产权制度。健全以公平为原则的产权保护制度，全面依法平等保护民营经济产权，依法严肃查处各类侵害民营企业合法权益的行

为。落实农村第二轮土地承包到期后再延长30年政策，完善农村承包地“三权分置”制度。深化农村集体产权制度改革，完善产权权能，将经营性资产折股量化到集体经济组织成员，创新农村集体经济有效组织形式和运行机制，完善农村基本经营制度。完善和细化知识产权创造、运用、交易、保护制度规则，加快建立知识产权侵权惩罚性赔偿制度，加强企业商业秘密保护，完善新领域新业态知识产权保护制度。

（二）全面实施市场准入负面清单制度。推行“全国一张清单”管理模式，维护清单的统一性和权威性。建立市场准入负面清单动态调整机制和第三方评估机制，以服务业为重点试点进一步放宽准入限制。建立统一的清单代码体系，使清单事项与行政审批体系紧密衔接、相互匹配。建立市场准入负面清单信息公开机制，提升准入政策透明度和负面清单使用便捷性。建立市场准入评估制度，定期评估、排查、清理各类显性和隐性壁垒，推动“非禁即入”普遍落实。改革生产许可制度。

（三）全面落实公平竞争审查制度。完善竞争政策框架，建立健全竞争政策实施机制，强化竞争政策基础地位。强化公平竞争审查的刚性约束，修订完善公平竞争审查实施细则，建立公平竞争审查抽查、考核、公示制度，建立健全第三方审查和评估机制。统筹做好增量审查和存量清理，逐步清理废除妨碍全国统一市场和公平竞争的存量政策。建立违反公平竞争问题反映和举报绿色通道。加强和改进反垄断和反不正当竞争执法，加大执法力度，提高违法成本。培育和弘扬公平竞争文化，进一步营造公平竞争的社会环境。

四、构建更加完善的要素市场化配置体制机制，进一步激发全社会创造力和市场活力

以要素市场化配置改革为重点，加快建设统一开放、竞争有序的市场体系，推进要素市场制度建设，实现要素价格市场决定、流动自主有序、配置高效公平。

（一）建立健全统一开放的要素市场。加快建设城乡统一的建设用地市场，建立同权同价、流转顺畅、收益共享的农村集体经营性建设用地入市制度。探索农村宅基地所有

权、资格权、使用权“三权分置”，深化农村宅基地改革试点。深化户籍制度改革，放开放宽除个别超大城市外的城市落户限制，探索实行城市群内户口通迁、居住证互认制度。推动公共资源由按城市行政等级配置向按实际服务管理人口规模配置转变。加快建立规范、透明、开放、有活力、有韧性的资本市场，加强资本市场基础制度建设，推动以信息披露为核心的股票发行注册制改革，完善强制退市和主动退市制度，提高上市公司质量，强化投资者保护。探索实行公司信用类债券发行注册管理制。构建与实体经济结构和融资需求相适应、多层次、广覆盖、有差异的银行体系。加快培育发展数据要素市场，建立数据资源清单管理机制，完善数据权属界定、开放共享、交易流通等标准和措施，发挥社会数据资源价值。推进数字政府建设，加强数据有序共享，依法保护个人信息。

（二）推进要素价格市场化改革。健全主要由市场决定价格的机制，最大限度减少政府对价格形成的不当干预。完善城镇建设用地价格形成机制和存量土地盘活利用政策，推动实施城镇低效用地再开发，在符合国土空间规划前提下，推动土地复合开发利用、用途合理转换。深化利率市场化改革，健全基准利率和市场化利率体系，更好发挥国债收益率曲线定价基准作用，提升金融机构自主定价能力。完善人民币汇率市场化形成机制，增强双向浮动弹性。加快全国技术交易平台建设，积极发展科技成果、专利等资产评估服务，促进技术要素有序流动和价格合理形成。

（三）创新要素市场化配置方式。缩小土地征收范围，严格界定公共利益用地范围，建立土地征收目录和公共利益用地认定机制。推进国有企事业单位改革改制土地资产处置，促进存量划拨土地盘活利用。健全工业用地多主体多方式供地制度，在符合国土空间规划前提下，探索增加混合产业用地供给。促进劳动力、人才社会性流动，完善企事业单位人才流动机制，畅通人才跨所有制流动渠道。抓住全球人才流动新机遇，构建更加开放的国际人才交流合作机制。

（四）推进商品和服务市场提质增效。推进商品市场创新发展，完善市场运行和监管规则，全面推进重要产品信息化追溯体系建设，建立打击假冒伪劣商品长效机制。构建优势互补、协作配套的现代服务市场体系。深化流通体制改革，加强全链条标准体系建设，发展“互联网+流通”，降低全社会物流成本。强化消费者权益保护，探索建立集体诉讼制度。

五、创新政府管理和服务方式，完善宏观经济治理体制

完善政府经济调节、市场监管、社会管理、公共服务、生态环境保护等职能，创新和完善宏观调控，进一步提高宏观经济治理能力。

（一）构建有效协调的宏观调控新机制。加快建立与高质量发展要求相适应、体现新发展理念的宏观调控目标体系、政策体系、决策协调体系、监督考评体系和保障体系。健全以国家发展规划为战略导向，以财政政策、货币政策和就业优先政策为主要手段，投资、消费、产业、区域等政策协同发力的宏观调控制度体系，增强宏观调控前瞻性、针对性、协同性。完善国家重大发展战略和中长期经济社会发展规划制度。科学稳健把握宏观政策逆周期调节力度，更好发挥财政政策对经济结构优化升级的支持作用，健全货币政策和宏观审慎政策双支柱调控框架。实施就业优先政策，发挥民生政策兜底功能。完善促进消费的体制机制，增强消费对经济发展的基础性作用。深化投融资体制改革，发挥投资对优化供给结构的关键性作用。加强国家经济安全保障制度建设，构建国家粮食安全和战略资源能源储备体系。优化经济治理基础数据库。强化经济监测预测预警能力，充分利用大数据、人工智能等新技术，建立重大风险识别和预警机制，加强社会预期管理。

（二）加快建立现代财税制度。优化政府间事权和财权划分，建立权责清晰、财力协调、区域均衡的中央和地方财政关系，形成稳定的各级政府事权、支出责任和财力相适应的制度。适当加强中央在知识产权保护、养老保险、跨区域生态环境保护等方面事权，减少并规范中央和地方共同事权。完善标准科学、规范透明、约束有力的预算制度，全面实施预算绩效管理，提高财政资金使用效率。依法构建管理规范、责任清晰、公开透明、风险可控的政府举债融资机制，强化监督问责。清理规范地方融资平台公司，剥离政府融资职能。深化税收制度改革，完善直接税制度并逐步提高其比重。研究将部分品目消费税征

收环节后移。建立和完善综合与分类相结合的个人所得税制度。稳妥推进房地产税立法。健全地方税体系，调整完善地方税税制，培育壮大地方税税源，稳步扩大地方税管理权。

（三）强化货币政策、宏观审慎政策和金融监管协调。建设现代中央银行制度，健全中央银行货币政策决策机制，完善基础货币投放机制，推动货币政策从数量型调控为主向价格型调控为主转型。建立现代金融监管体系，全面加强宏观审慎管理，强化综合监管，突出功能监管和行为监管，制定交叉性金融产品监管规则。加强薄弱环节金融监管制度建设，消除监管空白，守住不发生系统性金融风险底线。依法依规界定中央和地方金融监管权责分工，强化地方政府属地金融监管职责和风险处置责任。建立健全金融消费者保护基本制度。有序实现人民币资本项目可兑换，稳步推进人民币国际化。

（四）全面完善科技创新制度和组织体系。加强国家创新体系建设，编制新一轮国家中长期科技发展规划，强化国家战略科技力量，构建社会主义市场经济条件下关键核心技术攻关新型举国体制，使国家科研资源进一步聚焦重点领域、重点项目、重点单位。健全鼓励支持基础研究、原始创新的体制机制，在重要领域适度超前布局建设国家重大科技基础设施，研究建立重大科技基础设施建设运营多元投入机制，支持民营企业参与关键领域核心技术创新攻关。建立健全应对重大公共事件科研储备和支持体系。改革完善中央财政科技计划形成机制和组织实施机制，更多支持企业承担科研任务，激励企业加大研发投入，提高科技创新绩效。建立以企业为主体、市场为导向、产学研深度融合的技术创新体系，支持大中小企业和各类主体融通创新，创新促进科技成果转化机制，完善技术成果转化公开交易与监管体系，推动科技成果转化和产业化。完善科技人才发现、培养、激励机制，健全符合科研规律的科技管理体制和政策体系，改进科技评价体系，试点赋予科研人员职务科技成果所有权或长期使用权。

（五）完善产业政策和区域政策体系。推动产业政策向普惠化和功能性转型，强化对技术创新和结构升级的支持，加强产业政策和竞争政策协同。健全推动发展先进制造业、振兴实体经济的体制机制。建立市场化法治化化解过剩产能长效机制，健全有利于促进市场化兼并重组、转型升级的体制和政策。构建区域协调发展新机制，完善京津冀协同发展、长江经济带发展、长江三角洲区域一体化发展、粤港澳大湾区建设、黄河流域生态保护和高质量发展等国家重大区域战略推进实施机制，形成主体功能明显、优势互补、高质量发展的区域经济布局。健全城乡融合发展体制机制。

（六）以一流营商环境建设为牵引持续优化政府服务。深入推进“放管服”改革，深化行政审批制度改革，进一步精简行政许可事项，对所有涉企经营许可事项实行“证照分离”改革，大力推进“照后减证”。全面开展工程建设项目审批制度改革。深化投资审批制度改革，简化、整合投资项目报建手续，推进投资项目承诺制改革，依托全国投资项目在线审批监管平台加强事中事后监管。创新行政管理和服务方式，深入开展“互联网+政务服务”，加快推进全国一体化政务服务平台建设。建立健全运用互联网、大数据、人工智能等技术手段进行行政管理的制度规则。落实《优化营商环境条例》，完善营商环境评价体系，适时在全国范围开展营商环境评价，加快打造市场化、法治化、国际化营商环境。

（七）构建适应高质量发展要求的社会信用体系和新型监管机制。完善诚信建设长效机制，推进信用信息共享，建立政府部门信用信息向市场主体有序开放机制。健全覆盖全社会的征信体系，培育具有全球话语权的征信机构和信用评级机构。实施“信易+”工程。完善失信主体信用修复机制。建立政务诚信监测治理体系，建立健全政府失信责任追究制度。严格市场监管、质量监管、安全监管，加强违法惩戒。加强市场监管改革创新，健全以“双随机、一公开”监管为基本手段、以重点监管为补充、以信用监管为基础的新型监管机制。以食品安全、药品安全、疫苗安全为重点，健全统一权威的全过程食品药品安全监管体系。完善网络市场规制体系，促进网络市场健康发展。健全对新业态的包容审慎监管制度。

六、坚持和完善民生保障制度，促进社会公平正义

坚持按劳分配为主体、多种分配方式并存，优化收入分配格局，健全可持续的多层次

社会保障体系，让改革发展成果更多更公平惠及全体人民。

（一）健全体现效率、促进公平的收入分配制度。坚持多劳多得，着重保护劳动所得，增加劳动者特别是一线劳动者劳动报酬，提高劳动报酬在初次分配中的比重，在经济增长的同时实现居民收入同步增长，在劳动生产率提高的同时实现劳动报酬同步提高。健全劳动、资本、土地、知识、技术、管理、数据等生产要素由市场评价贡献、按贡献决定报酬的机制。完善企业薪酬调查和信息发布制度，健全最低工资标准调整机制。推进高校、科研院所薪酬制度改革，扩大工资分配自主权。鼓励企事业单位对科研人员等实行灵活多样的分配形式。健全以税收、社会保障、转移支付等为主要手段的再分配调节机制。完善第三次分配机制，发展慈善等社会公益事业。多措并举促进城乡居民增收，缩小收入分配差距，扩大中等收入群体。

（二）完善覆盖全民的社会保障体系。健全统筹城乡、可持续的基本养老保险制度、基本医疗保险制度，稳步提高保障水平。实施企业职工基本养老保险基金中央调剂制度，尽快实现养老保险全国统筹，促进基本养老保险基金长期平衡。全面推开中央和地方划转部分国有资本充实社保基金工作。大力发展企业年金、职业年金、个人储蓄性养老保险和商业养老保险。深化医药卫生体制改革，完善统一的城乡居民医保和大病保险制度，健全基本医保筹资和待遇调整机制，持续推进医保支付方式改革，加快落实异地就医结算制度。完善失业保险制度。开展新业态从业人员职业伤害保障试点。统筹完善社会救助、社会福利、慈善事业、优抚安置等制度。加强社会救助资源统筹，完善基本民生保障兜底机制。加快建立多主体供给、多渠道保障、租购并举的住房制度，改革住房公积金制度。

（三）健全国家公共卫生应急管理体系。强化公共卫生法治保障，完善公共卫生领域相关法律法规。把生物安全纳入国家安全体系，系统规划国家生物安全风险防控和治理体系建设，全面提高国家生物安全治理能力。健全公共卫生服务体系，优化医疗卫生资源投入结构，加强农村、社区等基层防控能力建设。完善优化重大疫情救治体系，建立健全分级、分层、分流的传染病等重大疫情救治机制。完善突发重特大疫情防控规范和应急救治管理办法。健全重大疾病医疗保险和救助制度，完善应急医疗救助机制。探索建立特殊群体、特定疾病医药费豁免制度。健全统一的应急物资保障体系，优化重要应急物资产能保障和区域布局，健全国家储备体系，完善储备品类、规模、结构，提升储备效能。

七、建设更高水平开放型经济新体制，以开放促改革促发展

实行更加积极主动的开放战略，全面对接国际高标准市场规则体系，实施更大范围、更宽领域、更深层次的全面开放。

（一）以“一带一路”建设为重点构建对外开放新格局。坚持互利共赢的开放战略，推动共建“一带一路”走深走实和高质量发展，促进商品、资金、技术、人员更大范围流通，依托各类开发区发展高水平经贸产业合作园区，加强市场、规则、标准方面的软联通，强化合作机制建设。加大西部和沿边地区开放力度，推进西部陆海新通道建设，促进东中西互动协同开放，加快形成陆海内外联动、东西双向互济的开放格局。

（二）加快自由贸易试验区、自由贸易港等对外开放高地建设。深化自由贸易试验区改革，在更大范围复制推广改革成果。建设好中国（上海）自由贸易试验区临港新片区，赋予其更大的自主发展、自主改革和自主创新管理权限。聚焦贸易投资自由化便利化，稳步推进海南自由贸易港建设。

（三）健全高水平开放政策保障机制。推进贸易高质量发展，拓展对外贸易多元化，提升一般贸易出口产品附加值，推动加工贸易产业链升级和服务贸易创新发展。办好中国国际进口博览会，更大规模增加商品和服务进口，降低关税总水平，努力消除非关税贸易壁垒，大幅削减进出口环节制度性成本，促进贸易平衡发展。推动制造业、服务业、农业扩大开放，在更多领域允许外资控股或独资经营，全面取消外资准入负面清单之外的限制。健全外商投资准入前国民待遇加负面清单管理制度，推动规则、规制、管理、标准等制度型开放。健全外商投资国家安全审查、反垄断审查、国家技术安全清单管理、不可靠实体清单等制度。健全促进对外投资政策和服务体系。全面实施外商投资法及其实施条

例，促进内外资企业公平竞争，建立健全外资企业投诉工作机制，保护外资合法权益。创新对外投资方式，提升对外投资质量。推进国际产能合作，积极开展第三方市场合作。

（四）积极参与全球经济治理体系变革。维护完善多边贸易体制，维护世界贸易组织在多边贸易体制中的核心地位，积极推动和参与世界贸易组织改革，积极参与多边贸易规则谈判，推动贸易和投资自由化便利化，推动构建更高水平的国际经贸规则。加快自由贸易区建设，推动构建面向全球的高标准自由贸易区网络。依托共建“一带一路”倡议及联合国、上海合作组织、金砖国家、二十国集团、亚太经合组织等多边和区域次区域合作机制，积极参与全球经济治理和公共产品供给，构建全球互联互通伙伴关系，加强与相关国家、国际组织的经济发展倡议、规划和标准的对接。推动国际货币基金组织份额与治理改革以及世界银行投票权改革。积极参与国际宏观经济政策沟通协调及国际经济治理体系改革和建设，提出更多中国倡议、中国方案。

八、完善社会主义市场经济法律制度，强化法治保障

以保护产权、维护契约、统一市场、平等交换、公平竞争、有效监管为基本导向，不断完善社会主义市场经济法治体系，确保有法可依、有法必依、违法必究。

（一）完善经济领域法律法规体系。完善物权、债权、股权等各类产权相关法律制度，从立法上赋予私有财产和公有财产平等地位并平等保护。健全破产制度，改革完善企业破产法律制度，推动个人破产立法，建立健全金融机构市场化退出法规，实现市场主体有序退出。修订反垄断法，推动社会信用法律建设，维护公平竞争市场环境。制定和完善发展规划、国土空间规划、自然资源资产、生态环境、农业、财政税收、金融、涉外经贸等方面法律法规。按照包容审慎原则推进新经济领域立法。健全重大改革特别授权机制，对涉及调整现行法律法规的重大改革，按法定程序经全国人大或国务院统一授权后，由有条件的地方先行开展改革试验和实践创新。

（二）健全执法司法对市场经济运行的保障机制。深化行政执法体制改革，最大限度

减少不必要的行政执法事项，规范行政执法行为，进一步明确具体操作流程。根据不同层级政府的事权和职能，优化配置执法力量，加快推进综合执法。强化对市场主体之间产权纠纷的公平裁判，完善涉及查封、扣押、冻结和处置公民财产行为的法律制度。健全涉产权冤错案件有效防范和常态化纠正机制。

（三）全面建立行政权力制约和监督机制。依法全面履行政府职能，推进机构、职能、权限、程序、责任法定化，实行政府权责清单制度。健全重大行政决策程序制度，提高决策质量和效率。加强对政府内部权力的制约，强化内部流程控制，防止权力滥用。完善审计制度，对公共资金、国有资产、国有资源和领导干部履行经济责任情况实行审计全覆盖。加强重大政策、重大项目财政承受能力评估。推动审批监管、执法司法、工程建设、资源开发、海外投资和在境外国有资产监管、金融信贷、公共资源交易、公共财政支出等重点领域监督机制改革和制度建设。依法推进财政预算、公共资源配置、重大建设项目批准和实施、社会公益事业建设等领域政府信息公开。

（四）完善发展市场经济监督制度和监督机制。坚持和完善党和国家监督体系，强化政治监督，严格约束公权力，推动落实党委（党组）主体责任、书记第一责任人责任、纪委监委监督责任。持之以恒深入推进党风廉政建设和反腐败斗争，坚决依规依纪依法查处资源、土地、规划、建设、工程、金融等领域腐败问题。完善监察法实施制度体系，围绕权力运行各个环节，压减权力设租寻租空间，坚决破除权钱交易关系网，实现执规执纪执法贯通，促进党内监督、监察监督、行政监督、司法监督、审计监督、财会监督、统计监督、群众监督、舆论监督协同发力，推动社会主义市场经济健康发展。

九、坚持和加强党的全面领导，确保改革举措有效实施

发挥党总揽全局、协调各方的领导核心作用，把党领导经济工作的制度优势转化为治理效能，强化改革落地见效，推动经济体制改革不断走深走实。

（一）坚持和加强党的领导。进一步增强“四个意识”、坚定“四个自信”、做到“两

个维护”，从战略和全局高度深刻认识加快完善社会主义市场经济体制的重大意义，把党的领导贯穿于深化经济体制改革和加快完善社会主义市场经济体制全过程，贯穿于谋划改革思路、制定改革方案、推进改革实施等各环节，确保改革始终沿着正确方向前进。

（二）健全改革推进机制。各地区各部门要按照本意见要求并结合自身实际，制定完善配套政策或实施措施。从国情出发，坚持问题导向、目标导向和结果导向相统一，按照系统集成、协同高效要求纵深推进，在精准实施、精准落实上下足功夫，把落实党中央要求、满足实践需要、符合基层期盼统一起来，克服形式主义、官僚主义，一个领域一个领域盯住抓落实。将顶层设计与基层探索结合起来，充分发挥基层首创精神，发挥经济特区、自由贸易试验区（自由贸易港）的先行先试作用。

（三）完善改革激励机制。健全改革的正向激励体系，强化敢于担当、攻坚克难的用人导向，注重在改革一线考察识别干部，把那些具有改革创新意识、勇于改革、善谋改革的干部用起来。巩固党风廉政建设成果，推动构建亲清政商关系。建立健全改革容错纠错机制，正确把握干部在改革创新中出现失误错误的性质和影响，切实保护干部干事创业的积极性。加强对改革典型案例、改革成效的总结推广和宣传报道，按规定给予表彰激励，为改革营造良好舆论环境和社会氛围。

2020年5月11日

关于以新业态新模式引领新型消费加快发展的意见

近年来，我国以网络购物、移动支付、线上线下融合等新业态新模式为特征的新型消费迅速发展，特别是今年新冠肺炎疫情发生以来，传统接触式线下消费受到影响，新型消费发挥了重要作用，有效保障了居民日常生活需要，推动了国内消费恢复，促进了经济企稳回升。但也要看到，新型消费领域发展还存在基础设施不足、服务能力偏弱、监管规范滞后等突出短板和问题。在常态化疫情防控条件下，为着力补齐新型消费短板、以新业态新模式为引领加快新型消费发展，经国务院同意，现提出以下意见。

一、总体要求

（一）指导思想。以习近平新时代中国特色社会主义思想为指导，全面贯彻党的十九大和十九届二中、三中、四中全会精神，坚持稳中求进工作总基调，坚持新发展理念，坚持以供给侧结构性改革为主线，坚持以改革开放为动力推动高质量发展，扎实做好“六稳”工作，全面落实“六保”任务，坚定实施扩大内需战略，以新业态新模式为引领，加快推动新型消费扩容提质，坚持问题导向和目标导向，补齐基础设施和服务能力短板，规范创新监管方式，持续激发消费活力，促进线上线下消费深度融合，努力实现新型消费加快发展，推动形成以国内大循环为主体、国内国际双循环相互促进的新发展格局。

（二）基本原则。坚持创新驱动、融合发展。深入实施创新驱动发展战略，推动技术、管理、商业模式等各类创新，加快培育新业态新模式，推动互联网和各类消费业态紧密融合，加快线上线下消费双向深度融合，促进新型消费蓬勃发展。

坚持问题导向、补齐短板。针对新型消费基础设施不足、服务能力偏弱等问题，充分调动中央和地方两个积极性，进一步加大软硬件建设力度，加强新装备新设备生产应用，优化新型消费网络节点布局，加快补齐发展短板。

坚持深化改革、优化环境。以深化“放管服”改革、优化营商环境推动新型消费加快发展，打破制约发展的体制机制障碍，顺应新型消费发展规律创新经济治理模式，系统性优化制度体系和发展环境，最大限度激发市场活力。

坚持市场主导、政府促进。使市场在资源配置中起决定性作用，以市场需求为导向，顺应居民消费升级趋势，培育壮大各类新型消费市场主体，提升新型消费竞争力。更好发挥政府作用，为新型消费发展提供全方位制度和政策支撑。

（三）主要目标。经过3～5年努力，促进新型消费发展的体制机制和政策体系更加完善，通过进一步优化新业态新模式引领新型消费发展的环境、进一步提升新型消费产品的供给质量、进一步增强新型消费对扩内需稳就业的支撑，到2025年，培育形成一批新型消费示范城市和领先企业，实物商品网上零售额占社会消费品零售总额比重显著提高，“互联网+服务”等消费新业态新模式得到普及并趋于成熟。

二、加力推动线上线下消费有机融合

（四）进一步培育壮大各类消费新业态新模式。建立健全“互联网+服务”、电子商务公共服务平台，加快社会服务在线对接、线上线下深度融合。有序发展在线教育，推广大规模在线开放课程等网络学习模式，推动各类数字教育资源共建共享。积极发展互联网健康医疗服务，大力推进分时段预约诊疗、互联网诊疗、电子处方流转、药品网络销售等服务。深入发展在线文娱，鼓励传统线下文化娱乐业态线上化，支持互联网企业打造数字精品内容创作和新兴数字资源传播平台。鼓励发展智慧旅游，提升旅游消费智能化、便利化水平。大力发展智能体育，培育在线健身等体育消费新业态。进一步支持依托互联网的外卖配送、网约车、即时递送、住宿共享等新业态发展。加快智慧广电生态体系建设，培育打造5G条件下更高技术格式、更新应用场景、更美视听体验的高新视频新业态，形成多元化的商业模式。创新无接触式消费模式，探索发展智慧超市、智慧商店、智慧餐厅等新零售业态。推广电子合同、电子文件等无纸化在线应用。（国家发展改革委、教育部、工业和信息化部、交通运输部、商务部、文化和旅游部、国家卫生健康委、广电总局、体育总局、国家邮政局、国家药监局等部门按职责分工负责）

（五）推动线上线下融合消费双向提速。支持互联网平台企业向线下延伸拓展，加快传统线下业态数字化改造和转型升级，发展个性化定制、柔性化生产，推动线上线下消费高效融合、大中小企业协同联动、上下游全链条一体发展。引导实体企业更多开发数字化产品和服务，鼓励实体商业通过直播电子商务、社交营销开启“云逛街”等新模式。加快推广农产品“生鲜电子商务+冷链宅配”“中央厨房+食材冷链配送”等服务新模式。组织开展形式多样的网络促销活动，促进品牌消费、品质消费。（国家发展改革委、工业和信息化部、住房城乡建设部、农业农村部、商务部、国家邮政局等部门按职责分工负责）

（六）鼓励企业依托新型消费拓展国际市场。推动电子商务、数字服务等企业“走出去”，加快建设国际寄递物流服务体系，统筹推进国际物流供应链建设，开拓国际市场特别是“一带一路”沿线业务，培育一批具有全球资源配置能力的国际一流平台企业和物流供应链企业。充分依托新型消费带动传统商品市场拓展对外贸易、促进区域产业集聚。持续提高通关便利化水平，优化申报流程。探索新型消费贸易流通项下逐步推广人民币结算。鼓励企业以多种形式实现境外本土化经营，降低物流成本，构建营销渠道。（国家发展改革委、交通运输部、商务部、人民银行、海关总署、税务总局、国家邮政局、国家外汇局等部门按职责分工负责）

三、加快新型消费基础设施和服务保障能力建设

（七）加强信息网络基础设施建设。进一步加大5G网络、数据中心、工业互联网、物联网等新型基础设施建设力度，优先覆盖核心商圈、重点产业园区、重要交通枢纽、主要应用场景等。打造低时延、高可靠、广覆盖的新一代通信网络。加快建设千兆城市。推动车联网部署应用。推动城市信息模型（CIM）基础平台建设，支持城市规划建设管理多场景应用，促进城市基础设施数字化和城市建设数据汇聚。加大相关设施安全保障力度。（国

家发展改革委、工业和信息化部、自然资源部、住房城乡建设部等部门按职责分工负责）

（八）完善商贸流通基础设施网络。建立健全数字化商品流通体系，在新兴城市、重点乡镇和中西部地区加快布局数字化消费网络，降低物流综合成本。提升电商、快递进农村综合水平，推动农村商贸流通转型升级。补齐农产品冷链物流设施短板，加快农产品分拨、包装、预冷等集配装备和分拨仓、前置仓等仓储设施建设。推进快递服务站、智能快件箱（信包箱）、无人售货机、智能垃圾回收机等智能终端设施建设和资源共享。推进供应链创新应用，开展农商互联农产品供应链建设，提升农产品流通现代化水平。鼓励传统流通企业向供应链服务企业转型。（国家发展改革委、住房城乡建设部、交通运输部、农业农村部、商务部、国家邮政局等部门按职责分工负责）

（九）大力推动智能化技术集成创新应用。在有效防控风险的前提下，推进大数据、云计算、人工智能、区块链等技术发展融合，加快区块链在商品溯源、跨境汇款、供应链金融和电子票据等数字化场景应用，推动更多企业“上云上平台”。积极开展消费服务领域人工智能应用，丰富5G技术应用场景，加快研发可穿戴设备、移动智能终端、智能家居、超高清及高新视频终端、智能教学助手、智能学伴、医疗电子、医疗机器人等智能化产品，增强新型消费技术支撑。（国家发展改革委、工业和信息化部、人民银行、广电总局、银保监会等部门按职责分工负责）

（十）安全有序推进数据商用。在健全安全保障体系的基础上，依法加强信息数据资源服务和监管。加大整合开发力度，探索数据流通规则制度，有效破除数据壁垒和“孤岛”，打通传输应用堵点，提升消费信息数据共享商用水平，更好为企业提供算力资源支持和优惠服务。探索发展消费大数据服务。（国家发展改革委、工业和信息化部、国家统计局等部门按职责分工负责）

（十一）规划建设新型消费网络节点。围绕国家重大区域发展战略打造新型消费增长极，培育建设国际消费中心城市，着力建设辐射带动能力强、资源整合有优势的区域消费中心，加强中小型消费城市梯队建设。规划建设城乡融合新型消费网络节点，积极发展

“智慧街区”“智慧商圈”。深化步行街改造提升工作，鼓励有条件的街区加快数字化改造，提供全方位数字生活新服务。优化百货商场、购物中心、便利店、农贸市场等城乡商业网点布局，引导行业适度集中。完善社区便民消费设施，加快规划建设便民生活服务圈、城市社区邻里中心和农村社区综合性服务网点。（国家发展改革委、工业和信息化部、自然资源部、住房城乡建设部、农业农村部、商务部等部门按职责分工负责）

四、优化新型消费发展环境

（十二）加强相关法规制度建设。出台互联网上网服务管理政策，规范行业发展。顺应新型消费发展规律，加快出台电子商务、共享经济等领域相关配套规章制度，研究制定分行业分领域的管理办法，有序做好与其他相关政策法规的衔接。推动及时调整不适应新型消费发展的法律法规与政策规定。（国家发展改革委、工业和信息化部、司法部、商务部、市场监管总局等部门按职责分工负责）

（十三）深化包容审慎和协同监管。按照包容审慎和协同监管原则，为新型消费营造规范适度的发展环境。强化消费信用体系建设，构建以信用为基础的新型监管机制。完善跨部门协同监管机制，实现线上线下协调互补、市场监管与行业监管连接互动，加大对销售假冒伪劣商品、侵犯知识产权、虚假宣传、价格欺诈、泄露隐私等行为的打击力度，着力营造安全放心诚信消费环境，促进新型消费健康发展。（国家发展改革委、工业和信息化部、商务部、市场监管总局等部门按职责分工负责）

（十四）健全服务标准体系。推进新型消费标准化建设，支持和鼓励平台企业、行业组织、研究机构等研究制定支撑新型消费的服务标准，健全市场监测、用户权益保护、重要产品追溯等机制，提升行业发展质量和水平。（国家发展改革委、工业和信息化部、商务部、市场监管总局等部门按职责分工负责）

（十五）简化优化证照办理。进一步优化零售新业态新模式营商环境，探索实行“一照多址”。各地对新申请食品经营（仅限从事预包装食品销售）的，可试点推行告知承诺制。各地可结合实际，在保障食品安全的前提下，扩大推行告知承诺制的范围。（市场监管总局牵头，国家发展改革委等部门按职责分工负责）

五、加大新型消费政策支持力度

（十六）强化财政支持。各级财政通过现有资金渠道、按照市场化方式支持新型消费发展，促进相关综合服务和配套基础设施建设。研究进一步对新型消费领域企业优化税收征管措施，更好发挥减税降费政策效应。（国家发展改革委、工业和信息化部、财政部、人力资源社会保障部、税务总局等部门按职责分工负责）

（十七）优化金融服务。深化政银企合作，拓展新型消费领域投融资渠道。鼓励金融机构按照市场化原则，在风险可控前提下，结合新型消费领域相关企业经营特点，积极开发金融产品和服务。优化与新型消费相关的支付环境，鼓励银行等各类型支付清算服务主体降低手续费用，降低商家、消费者支付成本，推动银行卡、移动支付在便民消费领域广泛应用。完善跨境支付监管制度，稳妥推进跨境移动支付应用，提升境外人员境内支付规范化便利化水平。支持符合条件的企业通过发行新股、发行公司债券、“新三板”挂牌等方式融资。发展股权投资基金，推动生产要素向更具前景、更具活力的新型消费领域转移和集聚。（国家发展改革委、财政部、人民银行、银保监会、证监会等部门按职责分工负责）

（十八）完善劳动保障政策。鼓励发展新就业形态，支持灵活就业，加快完善相关劳动保障制度。指导企业规范开展用工余缺调剂，帮助有“共享用工”需求的企业精准、高效匹配人力资源。促进新业态新模式从业人员参加社会保险，提高参保率。坚持失业保险基金优先保生活，通过发放失业保险金、一次性生活补助等多措并举，加快构建城乡参保失业人员应发尽发、应保尽保长效机制。（国家发展改革委、财政部、人力资源社会保障部、国家医保局等部门按职责分工负责）

六、强化组织保障

（十九）加强组织领导。充分发挥完善促进消费体制机制部际联席会议制度作用，加强组织领导和统筹协调，国家发展改革委牵头组织实施，强化部门协同和上下联动，加快研究制定以新业态新模式引领新型消费加快发展的具体实施方案和配套措施，明确责任主体、时间表和路线图，形成政策合力。（国家发展改革委等各有关部门按职责分工负责）

（二十）强化监测评估。加强新型消费统计监测，聚合各类平台企业消费数据，强化传统数据与大数据比对分析，及时反映消费现状和发展趋势，提高政策调控的前瞻性和有效性。完善政策实施评估体系，综合运用第三方评估、社会监督评价等多种方式，科学评估实施效果，确保各项举措落到实处。（国家发展改革委、商务部、市场监管总局、国家统计局等部门按职责分工负责）

（二十一）注重宣传引导。创新宣传方式，丰富宣传手段，加强支持新型消费发展相关政策宣传解读和经验推广，倡导健康、智慧、便捷、共享的消费理念，营造有利于新型消费良性发展的舆论氛围。（国家发展改革委、商务部、市场监管总局、广电总局、国务院新闻办等部门按职责分工负责）

各地区、各有关部门要以习近平新时代中国特色社会主义思想为指导，增强“四个意识”、坚定“四个自信”、做到“两个维护”，坚决贯彻党中央、国务院决策部署，充分认识培育壮大新业态新模式、加快发展新型消费的重要意义，认真落实本意见各项要求，细化实化政策措施，优化制度环境，强化要素保障，持续扩大国内需求，扩大最终消费，为居民消费升级创造条件。

2020年9月21日

关于进一步做好稳外贸稳外资工作的意见

当前国际疫情持续蔓延，世界经济严重衰退，我国外贸外资面临复杂严峻形势。为深入贯彻党和国家领导人关于稳住外贸外资基本盘的重要指示批示精神，落实党中央、国务院决策部署，做好“六稳”工作，落实“六保”任务，进一步加强稳外贸稳外资工作，稳住外贸主体，稳住产业链供应链，经国务院同意，现提出以下意见：

一、更好发挥出口信用保险作用

中国出口信用保险公司在风险可控前提下，积极保障出运前订单被取消的风险。2020年底前，中国出口信用保险公司根据外贸企业申请，可合理变更短期险支付期限或延长付款宽限期、报损期限等。（财政部、商务部、银保监会、中国出口信用保险公司按职责分工负责）

二、支持有条件的地方复制或扩大“信保＋担保”的融资模式

鼓励有条件的地方支持政府性融资担保机构参与风险分担，对出口信用保险赔付额以外的贷款本金进行一定比例的担保，商业银行在“信保+担保”条件下，合理确定贷款利率。（各地方人民政府，财政部、商务部、银保监会、中国出口信用保险公司按职责分工负责）

三、以多种方式为外贸企业融资提供增信支持

充分发挥国家融资担保基金和地方政府性融资担保机构作用，参与外贸领域融资风险分担，支持、引导各类金融机构加大对小微外贸企业融资支持。（各地方人民政府，财政

部、商务部、人民银行、银保监会按职责分工负责）鼓励银行机构结合内部风险管理要求，与资质较好的外贸类服务平台进行合作，获取贸易相关信息和资信评估服务，优化贸易背景真实性审核，更好服务外贸企业。（各地方人民政府，商务部、银保监会按职责分工负责）

四、进一步扩大对中小微外贸企业出口信贷投放

更好发挥金融支持作用，进一步加大对中小微外贸企业的信贷投放，缓解融资难、融资贵问题。（各地方人民政府，财政部、商务部、人民银行、银保监会、进出口银行按职责分工负责）

五、支持贸易新业态发展

尽快推动在有条件的地方新增一批市场采购贸易方式试点，力争将全国试点总量扩大至30个左右，带动中小微企业出口。（商务部牵头，各地方人民政府，发展改革委、财政部、海关总署、税务总局、市场监管总局、外汇局按职责分工负责）充分利用外经贸发展专项资金、服务贸易创新发展引导基金等现有渠道，支持跨境电商平台、跨境物流发展和海外仓建设等。鼓励进出口银行、中国出口信用保险公司等各类金融机构在风险可控前提下积极支持海外仓建设。（商务部牵头，财政部、银保监会、进出口银行、中国出口信用保险公司按职责分工负责）深入落实外贸综合服务企业代办退税管理办法，不断优化退税服务，持续加快退税进度。加大对外贸综合服务企业的信用培育力度，使更多符合认证标准的外贸综合服务企业成为海关“经认证的经营者”（AEO）。（商务部、海关总署、税务总局按职责分工负责）

六、引导加工贸易梯度转移

鼓励有条件的地方结合当地实际，通过基金等方式，支持加工贸易梯度转移。培育一

批东部与中西部、东北地区共建的加工贸易产业园区。借助中国加工贸易产品博览会等平台，完善产业转移对接机制。鼓励中西部、东北地区发挥优势，承接劳动密集型外贸产业。（各地方人民政府，财政部、商务部按职责分工负责）

七、加大对劳动密集型企业支持力度

对纺织品、服装、家具、鞋靴、塑料制品、箱包、玩具、石材、农产品、消费电子类产品等劳动密集型产品出口企业，在落实减税降费、出口信贷、出口信保、稳岗就业、用电用水等各项普惠性政策基础上进一步加大支持力度。（各地方人民政府，发展改革委、工业和信息化部、财政部、人力资源社会保障部、商务部、人民银行、税务总局、银保监会、进出口银行、中国出口信用保险公司按职责分工负责）

八、助力大型骨干外贸企业破解难题

研究确定大型骨干外贸企业名单，梳理大型骨干外贸企业及其核心配套企业需求，建立问题批办制度，推动解决生产经营中遇到的矛盾问题，在进出口各环节予以支持，“一企一策”做好服务。研究在风险可控前提下，对大型骨干外贸企业进一步加快出口退税进度的支持措施。（商务部牵头，工业和信息化部、海关总署、税务总局、进出口银行、中国出口信用保险公司按职责分工负责）

九、拓展对外贸易线上渠道

推进“线上一国一展”，支持和鼓励有能力、有意愿的地方政府、重点行业协会举办线上展会。用好外经贸发展专项资金，在规定范围内，支持中小外贸企业开拓市场，参加线上线下展会。发挥好国内商协会、驻外机构、海外中资企业协会作用，积极对接国外商协会，帮助出口企业对接更多海外买家。（各地方人民政府，外交部、工业和信息化部、财政部、商务部按职责分工负责）

十、进一步提升通关便利化水平

持续优化口岸营商环境，继续巩固压缩货物整体通关时间成效，进一步推动规范和降低进出口环节合规成本，在有条件的口岸推广口岸收费“一站式阳光价格”，提升口岸收费透明度和可比性。加大对出口企业提供技术贸易措施咨询服务力度，助力企业开拓海外市场。推进扩大油脂油料、肉类、乳品市场准入，促进进口，保障市场供应。（海关总署负责）

十一、提高外籍商务人员来华便利度

在严格落实好防疫要求前提下，继续与有关国家商谈建立“快捷通道”，为外贸外资企业重要商务、物流、生产和技术服务急需人员往来提供便利。继续对符合条件的来华复工复产外国人全面实施“快捷通道”。参照“快捷通道”有关做法，本着“防疫为先、确保必需、压实责任、体现便利”原则，对来华从事必要经贸、科技等活动的外国人作出便利性安排。支持地方结合当地市场采购贸易方式特点，开通专有通道，便利外商入市采购，优先安排在华常驻外商尽快返华入市。在做好疫情防控的前提下，逐步有序恢复中外人员往来。按照国务院联防联控机制部署，分阶段增加国际客运航班总量，在防疫证明齐全的情况下，适度增加与我主要投资来源地民航班次，便利外籍商务人员来华。（各地方人民政府，外交部、发展改革委、商务部、移民局、民航局按职责分工负责）

十二、给予重点外资企业金融支持

外资企业同等适用现有1.5万亿元再贷款再贴现专项额度支持。加大对重点外资企业的金融支持力度，进出口银行5700亿元新增贷款规模可用于积极支持符合条件的重点外资企业。各省区市商务主管部门摸清辖区内重点外资企业融资需求及经营情况，及时与银行业金融机构共享重点外资企业信息，加强各地外资企业协会等机构与银行业金融机构的合作，推动开展“银企对接”，银行业金融机构按市场化原则积极保障重点外资企业融资需求。（各地方人民政府，人民银行、商务部、银保监会、进出口银行按职责分工负责）

十三、加大重点外资项目支持服务力度

对全国范围内投资额1亿美元以上的重点外资项目，梳理形成清单，在前期、在建和投产等环节，内外资一视同仁加大用海、用地、能耗、环保等方面服务保障力度。（各地方人民政府，商务部、发展改革委、自然资源部、生态环境部按职责分工负责）

十四、鼓励外资更多投向高新技术产业

推动高新技术企业认定管理和服务的便利化，进一步加强对外商投资企业申请高新技术企业认定的培训和宣传解读，着重加强对疫情防控等应急领域企业的政策服务，吸引更多外资投向高新技术和民生健康领域。（科技部牵头，财政部、税务总局按职责分工负责）

十五、降低外资研发中心享受优惠政策门槛

降低适用支持科技创新进口税收政策的外资研发中心专职研究与试验发展人员数量要求，鼓励外商来华投资设立研发中心，提升引资质量。（财政部牵头，商务部、税务总局按职责分工负责）

各地区、各部门要以习近平新时代中国特色社会主义思想为指导，增强“四个意识”、坚定“四个自信”、做到“两个维护”，坚决贯彻党中央、国务院决策部署，提高站位、积极作为、狠抓落实。各地区要结合实际，完善配套措施，认真组织实施，推动各项政策在本地区落地见效。各部门要按职责分工，加强协作、形成合力，确保各项政策落实到位。

2020年8月5日

关于推进对外贸易创新发展的实施意见

对外贸易是我国开放型经济的重要组成部分和国民经济发展的重要推动力量。为深入贯彻党中央、国务院关于推进贸易高质量发展的决策部署，经国务院同意，现就推进对外贸易创新发展提出如下意见：

一、总体要求

以习近平新时代中国特色社会主义思想为指导，全面贯彻党的十九大和十九届二中、三中、四中、五中全会精神，坚持新发展理念，坚持以供给侧结构性改革为主线，坚定不移扩大对外开放，稳住外贸外资基本盘，稳定产业链供应链，进一步深化科技创新、制度创新、模式和业态创新。围绕构建以国内大循环为主体、国内国际双循环相互促进的新发展格局，加快推进国际市场布局、国内区域布局、经营主体、商品结构、贸易方式等“五个优化”和外贸转型升级基地、贸易促进平台、国际营销体系等“三项建设”，培育新形势下参与国际合作和竞争新优势，实现外贸创新发展。

二、创新开拓方式，优化国际市场布局

优化国际经贸环境。坚定维护以世界贸易组织为核心的多边贸易体制，坚决反对单边主义和保护主义，支持世界贸易组织必要改革，积极参与国际贸易规则制定。推动《区域全面经济伙伴关系协定》（RCEP）尽早签署。加快推进中日韩自由贸易协定、中国—海合会自由贸易协定谈判，积极商签更多高标准自由贸易协定和区域贸易协定。

推进贸易畅通工作机制建设。落实好已签署的共建“一带一路”合作文件，大力推动与重点市场国家特别是共建“一带一路”国家商建贸易畅通工作组、电子商务合作机制、贸易救济合作机制，推动解决双边贸易领域突出问题。

利用新技术新渠道开拓国际市场。充分运用第五代移动通信（5G）、虚拟现实（VR）、增强现实（AR）、大数据等现代信息技术，支持企业利用线上展会、电商平台等渠道开展线上推介、在线洽谈和线上签约等。推进展会模式创新，探索线上线下同步互动、有机融合的办展新模式。

提升公共服务水平。加大对重点市场宣传推介力度，及时发布政策和市场信息。加强国别贸易投资法律政策研究。建设跨境贸易投资综合法律支援平台。做好企业境外商务投诉服务。提升商事法律、标准体系建设等方面服务水平。

三、发挥比较优势，优化国内区域布局

提高东部地区贸易质量。加强京津冀协同发展，围绕雄安新区建设开放发展先行区的定位，全面对标国际高标准贸易规则。以长江三角洲区域一体化发展战略为依托，打造高水平开放平台。以上海自由贸易试验区临港新片区为载体，进一步提升浦东新区开放水平，打造更具国际竞争力的特殊经济功能区。以广州南沙、深圳前海、珠海横琴等重大合作平台为重点，加强贸易领域规则衔接、制度对接，推进粤港澳市场一体化发展。

提升中西部地区贸易占比。支持中西部地区深度融入共建“一带一路”大格局，构筑内陆地区效率高、成本低、服务优的国际贸易通道。加快边境经济合作区和跨境经济合作区建设，扩大与周边国家经贸往来。实施黄河流域生态保护和高质量发展战略，推动成渝地区双城经济圈建设，打造内陆开放战略高地。积极推进中西部地区承接产业转移示范区建设。培育和建设新一批加工贸易梯度转移重点承接地和示范地。

扩大东北地区对外开放。支持东北地区开展大宗资源性商品进出口贸易，探索设立大宗资源性商品交易平台。发挥装备制造业基础优势，积极参与承揽大型成套设备出口项目。落实好中俄远东合作规划，稳步推进能源资源、农林开发等领域合作项目，加强毗邻地区贸易和产业合作，发挥大图们倡议等合作机制作用，提升面向东北亚合作水平。

创新区域间外贸合作机制。以国家级新区、承接产业转移示范区为重点，建立产业转

移承接结对合作机制。鼓励中西部和东北重点地区承接产业转移平台建设，完善基础设施，建设公共服务平台，提升承接产业转移能力。完善东中西加工贸易产业长效对接机制，深化中国加工贸易产品博览会等平台功能，加强投资信息共享，举办梯度转移对接交流活动。

四、加强分类指导，优化经营主体

培育具有全球竞争力的龙头企业。在通信、电力、工程机械、轨道交通等领域，以市场为导向，培育一批具有较强创新能力和国际竞争力的龙头企业。引导企业创新对外合作方式，优化资源、品牌和营销渠道。构建畅通的国际物流运输体系、资金结算支付体系和海外服务网络。

增强中小企业贸易竞争力。开展中小外贸企业成长行动计划。推进中小企业“抱团出海”行动。鼓励“专精特新”中小企业走国际化道路，在元器件、基础件、工具、模具、服装、鞋帽等行业，鼓励形成一批竞争力强的“小巨人”企业。

提升协同发展水平。发挥行业龙头企业引领作用，探索组建企业进出口联盟，促进中小企业深度融入供应链。支持龙头企业搭建资源和能力共享平台。引导企业与境外产业链上下游企业加强供需保障的互利合作。稳存量，促增量，充分发挥外资对外贸创新发展的带动作用。

主动服务企业。建立和完善重点外贸外资企业联系服务机制。发挥贸促机构、行业商协会作用，共同推动解决企业遇到的困难和问题。

五、创新要素投入，优化商品结构

保护和发展产业链供应链。保障在全球产业链中有重要影响的企业和关键产品生产出口，维护国际供应链稳定。拓展重点市场产业链供应链，实现物流、商流、资金流、信息流等互联互通。推进供应链数字化和智能化发展。搭建应急供应链综合保障平台。提升全球产业链供应链风险防控能力。积极参与和推动国际产业链供应链保障合作。

推动产业转型升级。实施新一轮技术改造升级工程。开展先进制造业集群培育试点示范，创建一批国家制造业高质量发展试验区。加快推进战略性新兴产业集群建设。鼓励企业实施绿色化、智能化、服务化改造。提高农业产业竞争力，建设一批农产品贸易高质量发展基地。

优化出口产品结构。积极推动电力、轨道交通、通信设备、船舶及海洋工程、工程机械、航空航天等装备类大型成套设备开拓国际市场。提高生物技术、节能环保、新一代信息技术、新能源、机器人等新兴产业的国际竞争力。推动纺织、服装、箱包、鞋帽等劳动密集型产品高端化、精细化发展。提升农产品精深加工能力和特色发展水平，扩大高附加值农产品出口。

提高出口产品质量。加强全面质量管理，严把供应链质量关。加强质量安全风险预警和快速反应监管体系建设。建设一批重点出口产品质量检测公共服务平台。加快推进与重点出口市场认证证书和检测结果互认。鼓励企业使用国际标准和国外先进标准，充分利用国际认可的产品检测和认证体系，按照国际标准开展生产和质量检验。

优化进口结构。适时调整部分产品关税。发挥《鼓励进口技术和产品目录》引导作用，扩大先进技术、重要装备和关键零部件进口。支持能源资源产品进口。鼓励优质消费品进口。加强对外农业产业链供应链建设，增加国内紧缺和满足消费升级需求的农产品进口。扩大咨询、研发设计、节能环保、环境服务等知识技术密集型服务进口和旅游进口。

六、创新发展模式，优化贸易方式

做强一般贸易。扩大一般贸易规模，提升产品附加值，增强谈判、议价能力。鼓励企业加强研发、品牌培育、渠道建设，增强关键技术、核心零部件生产和供给能力。在有条件的地区、行业和企业建立品牌推广中心，鼓励形成区域性、行业性品牌。

提升加工贸易。加大对加工贸易转型升级示范区和试点城市的支持力度，培育认定新一批试点城市，支持探索创新发展新举措。提升加工贸易技术含量和附加值，延长产业链，由加工组装向技术、品牌、营销环节延伸。支持保税维修等新业态发展。动态调整加工贸易禁止类商品目录。

发展其他贸易。落实促进边境贸易创新发展政策，修订《边民互市贸易管理办法》。制订边民互市进口商品负面清单，开展边民互市进口商品落地加工试点。培育发展边境贸易商品市场和商贸中心。支持边境地区发展电子商务。探索发展新型贸易方式。支持在自由贸易港、自由贸易试验区探索促进新型国际贸易发展。

促进内外贸一体化。优化市场流通环境，便利企业统筹用好国际国内两个市场，降低出口产品内销成本。鼓励出口企业与国内大型商贸流通企业对接，多渠道搭建内销平台，扩大内外销产品“同线同标同质”实施范围。加强宣传推广和公共服务，推动内销规模化、品牌化。

七、创新运营方式，推进国家外贸转型升级基地建设

健全组织管理。依托各类产业集聚区，加快基地建设，做大做强主导产业链，完善配套支撑产业链，增强供给能力。建立多种形式的基地管理服务机构。

建设公共服务平台。依托研究院所、大专院校、贸促机构、行业商协会、专业服务机构和龙头企业，搭建研发、检测、营销、信息、物流等方面的公共服务平台。

八、创新服务模式，推进贸易促进平台建设

办好进博会、广交会等一批综合展会。对标国际一流展会，丰富完善中国国际进口博览会功能，着力提升国际化、专业化水平，增强吸引力和国际影响力，确保“越办越好”。研究推行中国进出口商品交易会线上线下融合办展新模式。拓展中国国际服务贸易交易会、中国国际高新技术成果交易会等展会功能。优化现有展会，培育若干知名度高、影响力大的国际展会。

培育进口贸易促进创新示范区。充分发挥示范区在促进进口、服务产业、提升消费等方面的示范引领作用。提升监管水平，加强服务创新。研究建立追踪问效、评估和退出机制。

九、创新服务渠道，推进国际营销体系建设

加快建立国际营销体系。鼓励企业以合作、自建等方式，完善营销和服务保障体系，开展仓储、展示、批发、销售、接单签约及售后服务。推进售后云服务模式和远端诊断、维修。重点推动汽车、机床等行业品牌企业建设国际营销服务网点。

推进国际营销公共平台建设。充分发挥平台带动和示范作用，助力企业开拓国际市场。研究建立评估及退出机制。建设国际营销公共服务平台网络，共享平台资源。

十、创新业态模式，培育外贸新动能

促进跨境电商等新业态发展。积极推进跨境电商综合试验区建设，不断探索好经验好做法，研究建立综合试验区评估考核机制。支持建设一批海外仓。扩大跨境电商零售进口试点。推广跨境电商应用，促进企业对企业（B2B）业务发展。研究筹建跨境电商行业联盟。推进市场采购贸易方式试点建设，总结经验并完善配套服务。促进外贸综合服务企业发展，研究完善配套监管政策。

积极推进二手车出口。建立健全二手车出口管理与促进体系，扩大二手车出口业务，完善质量检测标准，实行全国统一的出口检测规范。强化二手车境外售后服务体系建设，鼓励有条件的企业在重点市场建立公共备品备件库，提高售后服务质量。培育和支持二手车出口行业组织发展。

加快发展新兴服务贸易。加快发展对外文化贸易，加大对国家文化出口重点企业和重点项目的支持，加强国家文化出口基地建设。加快服务外包转型升级，开展服务外包示范城市动态调整，大力发展高端生产性服务外包。加强国家中医药服务出口基地建设，扩大

中医药服务出口。

加快贸易数字化发展。大力发展数字贸易，推进国家数字服务出口基地建设，鼓励企业向数字服务和综合服务提供商转型。支持企业不断提升贸易数字化和智能化管理能力。建设贸易数字化公共服务平台，服务企业数字化转型。

十一、优化发展环境，完善保障体系

发挥自由贸易试验区、自由贸易港制度创新作用。扩大开放领域，推动外向型经济主体及业务在自由贸易试验区汇聚。推动出台海南自由贸易港法。以贸易自由化便利化为重点，突出制度集成创新，研究优化贸易方案，扎实推进海南自由贸易港建设，制定海南自由贸易港禁止、限制进出口的货物、物品清单，清单外货物、物品自由进出；出台海南自由贸易港跨境服务贸易负面清单，进一步规范影响服务贸易自由便利的国内规制，为适时向更大范围推广积累经验。

不断提升贸易便利化水平。进一步简化通关作业流程，精简单证及证明材料。创新海关核查模式，推进“网上核查”改革。进一步完善国际贸易“单一窗口”功能，推进全流程作业无纸化。建立更加集约、高效、运行通畅的船舶便利通关查验新模式，加快推进“单一窗口”功能覆盖海运和贸易全链条。

优化进出口管理和服务。完善大宗商品进出口管理。有序推动重点商品进出口管理体制改革。加强口岸收费管理，严格执行口岸收费目录清单制度，持续清理规范进出口环节涉企收费。降低港口收费，进一步减并港口收费项目，降低政府定价的港口经营服务性项目收费标准。积极推动扩大出口退税无纸化申报范围，持续加快出口退税办理进度。扩大贸易外汇收支便利化试点，便利跨境电商外汇结算。

强化政策支持。在符合世界贸易组织规则前提下，加大财政金融支持力度。用好外经贸发展专项资金，推动外贸稳中提质、创新发展。落实再贷款、再贴现等金融支持政策，加快贷款投放进度，引导金融机构增加外贸信贷投放，落实好贷款阶段性延期还本付息等政策，加大对中小微外贸企业支持。充分发挥进出口信贷和出口信用保险作用，进一步扩大出口信用保险覆盖面，根据市场化原则适度降低保险费率。

加强国际物流保障。确保国际海运保障有力，提升国际航空货运能力，促进国际道路货运便利化。提升中欧班列等货运通道能力，加强集结中心示范工程建设，以市场化为原则，鼓励运营企业完善境外物流网络，增强境外物流节点的联运、转运和集散能力，拓展回程货源，提高国际化运营竞争力。鼓励港航企业与铁路企业加强合作，积极发展集装箱铁水联运。

提升风险防范能力。统筹发展和安全，切实防范、规避重大风险。坚持底线思维，保障粮食、能源和资源安全。努力构建现代化出口管制体系。严格实施出口管制法。优化出口管制许可和执法体系，推动出口管制合规和国际合作体系建设。完善对外贸易调查制度，丰富调查工具。健全预警和法律服务机制，构建主体多元、形式多样的工作体系。健全贸易救济调查工作体系，提升运用规则的能力和水平。完善贸易摩擦应对机制，推动形成多主体协同应对的工作格局。研究设立贸易调整援助制度。

加强组织实施。加强党对外贸工作的全面领导。充分发挥国务院推进贸易高质量发展部际联席会议制度作用，整体推进外贸创新发展。商务部要会同有关部门加强协调指导，各地方要抓好贯彻落实。重大情况及时向党中央、国务院报告。

2020年11月9日

关于支持"专精特新"中小企业高质量发展的通知

为深入贯彻党和国家领导人关于"培育一批'专精特新'中小企业"的重要指示精神，落实党的十九届五中全会提出"支持创新型中小微企业成长为创新重要发源地"、《政府工作报告》和国务院促进中小企业发展工作领导小组工作部署，在"十四五"时期进一步提升中小企业专业化能力和水平，财政部、工业和信息化部（统称两部门）通过中央财政资金进一步支持中小企业"专精特新"发展。现将有关事项通知如下：

一、工作目标

以习近平新时代中国特色社会主义思想为指导，着眼于推进中小企业高质量发展和助推构建双循环新发展格局，2021～2025年，中央财政累计安排100亿元以上奖补资金，引导地方完善扶持政策和公共服务体系，分三批（每批不超过三年）重点支持1000余家国家级专精特新"小巨人"企业（以下简称重点"小巨人"企业）高质量发展，促进这些企业发挥示范作用，并通过支持部分国家（或省级）中小企业公共服务示范平台（以下简称公共服务示范平台）强化服务水平，聚集资金、人才和技术等资源，带动1万家左右中小企业成长为国家级专精特新"小巨人"企业。

二、实施内容

通过中央财政资金引导，促进上下联动，将培优中小企业与做强产业相结合，加快培育一批专注于细分市场、聚焦主业、创新能力强、成长性好的专精特新"小巨人"企业，推动提升专精特新"小巨人"企业数量和质量，助力实体经济特别是制造业做实做强做优，提升产业链供应链稳定性和竞争力。

（一）支持对象。中央财政安排奖补资金，引导省级财政部门、中小企业主管部门统筹支持以下两个方面：一是重点“小巨人”企业。由工业和信息化部商财政部从已认定的专精特新“小巨人”企业中择优选定（不含已在上交所主板、科创板和深交所主板、中小板、创业板，以及境外公开发行股票的）。二是公共服务示范平台。由省级中小企业主管部门商同级财政部门从工业和信息化部（或省级中小企业主管部门）认定的国家（或省级）中小企业公共服务示范平台中选定，每省份每批次自主确定不超过3个平台。上述企业和平台须符合的条件详见附件。

（二）支持内容。支持重点“小巨人”企业推进以下工作：一是加大创新投入，加快技术成果产业化应用，推进工业“四基”领域或制造强国战略明确的十大重点产业领域“补短板”和“锻长板”；二是与行业龙头企业协同创新、产业链上下游协作配套，支撑产业链补链延链固链、提升产业链供应链稳定性和竞争力；三是促进数字化网络化智能化改造，业务系统向云端迁移，并通过工业设计促进提品质和创品牌。另外，支持企业加快上市步伐，加强国际合作等，进一步增强发展潜力和国际竞争能力。

支持公共服务示范平台为国家级专精特新“小巨人”企业提供技术创新、上市辅导、创新成果转化与应用、数字化智能化改造、知识产权应用、上云用云及工业设计等服务。其中，对于重点“小巨人”企业，应提供“点对点”服务。

三、组织实施

（一）编报实施方案。省级中小企业主管部门会同财政部门，按要求组织符合条件的重点“小巨人”企业和公共服务示范平台自愿申报，并编制《XX省份第X批支持专精特新“小巨人”企业工作实施方案》（以下称《实施方案》，含推荐的重点“小巨人”企业名单和公共服务示范平台名单，模板见附件）的报送版，按程序联合上报两部门。

（二）审核批复方案。工业和信息化部商财政部组织合规性审核，提出审核意见，其中，对于地方推荐的重点“小巨人”企业，按照可量化可考核的统一标准，择优确定。省级中小企业主管部门会同财政部门，按合规性审核意见进行修改完善，并将完善后的《实施方案》[以下称《实施方案》(备案版)]按程序报送至两部门，由工业和信息化部会同财政部予以批复(含重点“小巨人”企业名单和公共服务示范平台名单)。

(三)工作实施及绩效考核。省级中小企业主管部门会同财政部门按照两部门批复的《实施方案》(备案版)，组织推进实施并做好分年度实施成效自评估。工业和信息化部商财政部对地方培育工作组织分年度绩效考核，明确绩效考核等次，以及继续支持的重点“小巨人”企业(仍通过可量化可考核的统一标准择优确定)，考核结果与后续奖补资金安排挂钩。对于年度绩效考核中发现问题及不足的，由有关省级中小企业主管部门会同财政部门组织落实整改。

(四)拨付奖补资金。两部门批复《实施方案》(备案版)后，财政部于批复当年、实施期满1年及满2年时，按照预算管理规定、分年度绩效考核结果及工业和信息化部建议，按程序滚动安排奖补资金，切块下达省级财政部门。省级中小企业主管部门商同级财政部门按照《实施方案》(备案版)，并结合本地区重点“小巨人”企业、公共服务示范平台实际情况，确定资金分配方案(奖补资金90%以上用于直接支持重点“小巨人”企业)，避免简单分配。按照直达资金管理要求，各省级财政部门应在接到中央直达资金指标发文后30日内，将分配方案上报财政部，同时抄送财政部当地监管局。

关于重点“小巨人”企业支持数量、绩效考核工作程序、相关标准等事宜，另行明确。

四、其他要求

(一)加强组织协调。省级中小企业主管部门会同财政部门组织做好《实施方案》编制报送工作，落实申报责任并核实申报材料和留存备查；做好定期跟踪指导、现场督促、服务满意度测评、监督管理，适时总结经验做法和存在困难问题，有关情况报送工业和信息化部并抄报财政部。

各省份组织编报《实施方案》过程中，要严格把关，做好初核，相关佐证材料留存备查；要做好政策解读解释。

任何机构和单位不得以参加收费培训班或解读班作为企业申报前提条件。

（二）加强资金管理。奖补资金管理适用《中小企业发展专项资金管理办法》。省级财政部门、中小企业主管部门应按职责分工加强有关奖补资金管理，提高资金使用效益。公共服务示范平台所获奖补资金须用于服务专精特新“小巨人”企业，不得用于平衡本级财政预算，不得用于示范平台自身建设、工作经费等；如检查考核发现存在此类问题的，酌情扣减有关奖补资金。重点“小巨人”企业所获奖补资金，由企业围绕“专精特新”发展目标自主安排使用；对检查考核发现以虚报、冒领等手段骗取财政资金的，按照《财政违法行为处罚处分条例》等有关规定处理。

（三）做好信息公开。根据预算公开规定和当前实际，工业和信息化部主动公开有关工作推进情况，并公示重点“小巨人”企业和公共服务示范平台名单及每年考核结果，财政部主动公开各省份转移支付分配情况。省级中小企业主管部门、财政部门应按职责分工主动公开有关工作推进及资金管理使用情况。

各省份第一批《实施方案》（报送版）应于2021年3月31日前报送；第二批、第三批《实施方案》（报送版）应分别于2021年、2022年7月15日前报送（加盖公章纸质版和扫描PDF电子版各一式三份）。

2021年1月23日

关于加快推动制造服务业高质量发展的意见

制造服务业是面向制造业的生产性服务业，是提升制造业产品竞争力和综合实力、促进制造业转型升级和高质量发展的重要支撑。当前，我国制造服务业供给质量不高，专业化、社会化程度不够，引领制造业价值链攀升的作用不明显，与建设现代化经济体系、实现经济高质量发展的要求还存在差距。为加快推动制造服务业高质量发展，现提出以下意见。

一、总体要求

（一）指导思想。以习近平新时代中国特色社会主义思想为指导，全面贯彻党的十九大和十九届二中、三中、四中、五中全会精神，坚定不移贯彻新发展理念，以推动高质量发展为主题，以深化供给侧结构性改革为主线，充分发挥市场在资源配置中的决定性作用，更好发挥政府作用，聚焦重点领域和关键环节，培育壮大服务主体，加快提升面向制造业的专业化、社会化、综合性服务能力，提高制造业产业链整体质量和水平，以高质量供给适应引领创造新需求，为加快建设现代化经济体系，加快构建以国内大循环为主体、国内国际双循环相互促进的新发展格局提供有力支撑。

（二）发展目标。力争到2025年，制造服务业在提升制造业质量效益、创新能力、资源配置效率等方面的作用显著增强，对制造业高质量发展的支撑和引领作用更加突出。重点领域制造服务业专业化、标准化、品牌化、数字化、国际化发展水平明显提升，形成一批特色鲜明、优势突出的制造服务业集聚区和示范企业。

二、制造服务业发展方向

聚焦重点环节和领域，从6个方面加快推动制造服务业发展，以高质量的服务供给引领制造业转型升级和品质提升。

（三）提升制造业创新能力。发展研究开发、技术转移、创业孵化、知识产权、科技咨询等科技服务业，加强关键核心技术攻关，加速科技成果转化，夯实产学研协同创新基础，推动产业链与创新链精准对接、深度融合，提升制造业技术创新能力，提高制造业产业基础高级化、产业链供应链现代化水平。提升商务咨询专业化、数字化水平，助力制造业企业树立战略思维、创新管理模式、优化治理结构，推动提高经营效益。加快工业设计创新发展，提升制造业设计能力和水平，推动中国制造向中国创造转变。（科技部、工业和信息化部、发展改革委、商务部、知识产权局按职责分工负责）

（四）优化制造业供给质量。支持企业和专业机构提供质量管理、控制、评价等服务，扩大制造业优质产品和服务供给，提升供给体系对需求的适配性。加快检验检测认证服务业市场化、国际化、专业化、集约化、规范化改革和发展，提高服务水平和公信力，推进国家检验检测认证公共服务平台建设，推动提升制造业产品和服务质量。加强国家计量基准标准和标准物质建设，提升计量测试能力水平，优化计量测试服务业市场供给。发展面向制造业的研发、制造、交付、维护等产品全生命周期管理，实现制造业链条延伸和价值增值。鼓励专业服务机构积极参与制造业品牌建设和市场推广，加强品牌和营销管理服务，提升制造业品牌效应和市场竞争力。（市场监管总局、商务部、科技部、工业和信息化部、发展改革委按职责分工负责）

（五）提高制造业生产效率。利用5G、大数据、云计算、人工智能、区块链等新一代信息技术，大力发展智能制造，实现供需精准高效匹配，促进制造业发展模式和企业形态根本性变革。加快发展工业软件、工业互联网，培育共享制造、共享设计和共享数据平台，推动制造业实现资源高效利用和价值共享。发展现代物流服务体系，促进信息资源融合共享，推动实现采购、生产、流通等上下游环节信息实时采集、互联互通，提高生产制造和物流一体化运作水平。（工业和信息化部、发展改革委、交通运输部、商务部按职责分工负责）

（六）支撑制造业绿色发展。强化节能环保服务对制造业绿色发展的支撑作用，推进合同能源管理、节能诊断、节能评估、节能技术改造咨询服务、节能环保融资、第三方监测、环境污染第三方治理、环境综合治理托管服务等模式，推动节能环保服务由单一、短时效的技术服务，向咨询、管理、投融资等多领域、全周期的综合服务延伸拓展。发展回收与利用服务，完善再生资源回收利用体系，畅通汽车、纺织、家电等产品生产、消费、回收、处理、再利用全链条，实现产品经济价值和社会价值最大化。（生态环境部、工业和信息化部、商务部、发展改革委按职责分工负责）

（七）增强制造业发展活力。更好发挥资本市场的作用，充分利用多元化金融工具，不断创新服务模式，为制造业发展提供更高质量、更有效率的金融服务。发展人力资源管理服务，提升人才管理能力和水平，优化人才激励机制，推动稳定制造业就业，助力实现共同富裕。加大数据资源开发、开放和共享力度，促进知识、信息、数据等新生产要素合理流动、有效集聚和利用，促进制造业数字化转型。（证监会、银保监会、人民银行、人力资源社会保障部、网信办、发展改革委按职责分工负责）

（八）推动制造业供应链创新应用。健全制造业供应链服务体系，稳步推进制造业智慧供应链体系，创新网络和服务平台建设，推动制造业供应链向产业服务供应链转型。支持制造业企业发挥自身供应链优势赋能上下游企业，促进各环节高效衔接和全流程协同。巩固制造业供应链核心环节竞争力，补足制造业供应链短板。推动感知技术在制造业供应链关键节点的应用，推进重点行业供应链体系智能化，逐步实现供应链可视化。建立制造业供应链评价体系，逐步形成重要资源和产品全球供应链风险预警系统，完善全球供应链风险预警机制，提升我国制造业供应链全球影响力和竞争力。（工业和信息化部、商务部按职责分工负责）

三、加快制造服务业发展专项行动

以专项行动和重点工程为抓手，统筹谋划、重点突破，实现制造业与制造服务业耦合共生、相融相长。

（九）制造服务业主体培育行动。围绕制造业共性服务需求，加快培育一批集战略咨询、管理优化、解决方案创新、数字能力建设于一体的综合性服务平台。支持制造业企业按照市场化原则，剥离非核心服务，为产业链上下游企业提供研发设计、创业孵化、计量测试、检验检测等社会化、专业化服务。鼓励制造服务业企业按照市场化原则开展并购重组，实现集约化和品牌化发展。培育一批制造服务业新型产业服务平台或社会组织，鼓励其开展协同研发、资源共享和成果推广应用等活动。（发展改革委、工业和信息化部、国资委按职责分工负责）

（十）融合发展试点示范行动。深入推进先进制造业和现代服务业融合发展试点，培育服务衍生制造、供应链管理、总集成总承包等新业态新模式，探索原材料、消费品、装备制造等重点行业领域与服务业融合发展新路径。进一步健全要素配置、市场监管、统计监测等方面工作机制，打造一批深度融合型企业和平台。遴选培育一批服务型制造示范企业、平台、项目和城市，推动服务型制造理念得到普遍认可、服务型制造主要模式深入发展。（发展改革委、工业和信息化部、统计局按职责分工负责）

（十一）中国制造品牌培育行动。完善国家质量基础设施，加强标准、计量、专利等体系和能力建设，深入开展质量提升行动。充分调动企业作为品牌建设主体的主观能动性，建立以质量为基础的品牌发展战略，不断优化产品和服务供给，促进制造业企业提升质量管理水平。持续办好中国品牌日活动，讲好中国品牌故事，宣传推介国货精品，在全社会进一步传播品牌发展理念，增强品牌发展意识，凝聚品牌发展共识。（市场监管总局、工业和信息化部、发展改革委、商务部、知识产权局按职责分工负责）

（十二）制造业智能转型行动。制定重点行业领域数字化转型路线图。抓紧研制两化融合成熟度、供应链数字化等亟需标准，加快工业设备和企业上云用云步伐。实施中小企业数字化赋能专项行动，集聚一批面向制造业中小企业的数字化服务商。推进“5G+工业互联网”512工程，打造5个内网建设改造公共服务平台，遴选10个重点行业，挖掘20个典型应用场景。在冶金、石化、汽车、家电等重点领域遴选一批实施成效突出、复制推广价值大的智能制造标杆工厂，加快制定分行业智能制造实施路线图，修订完善国家智能制造标准体系。开展联网制造企业网络安全能力贯标行动，遴选一批贯标示范企业。（工业和信息化部、发展改革委、市场监管总局按职责分工负责）

（十三）制造业研发设计能力提升行动。推动新型研发机构健康有序发展，支持科技企业与高校、科研机构合作建立技术研发中心、产业研究院、中试基地等新型研发机构，盘活并整合创新资源，推动产学研协同创新。大力推进系统设计、绿色设计和创意设计的理念与方法普及，开展高端装备制造业及传统优势产业等领域重点设计突破工程，培育一批国家级和省级工业设计研究平台，突出设计创新创意园区对经济社会发展的综合拉动效应，探索建立以创新为核心的设计赋能机制，推动制造业设计能力全面提升。（科技部、工业和信息化部、发展改革委按职责分工负责）

（十四）制造业绿色化改造行动。开展绿色产业示范基地建设，搭建绿色发展促进平台，培育一批具有自主知识产权和专业化服务能力的市场主体，推动提高钢铁、石化、化工、有色、建材、纺织、造纸、皮革等行业绿色化水平。积极打造家电销售和废旧家电回收处理产业链，探索实施家电企业生产者责任延伸目标制度，研究开展废弃电器电子产品拆解企业资源环境绩效评价，促进家电更新消费。（发展改革委、工业和信息化部、生态环境部按职责分工负责）

（十五）制造业供应链创新发展行动。探索实施制造业供应链竞争力提升工程，逐步完善战略性新兴产业供应链关键配套体系，巩固制造业供应链核心环节竞争力。开展制造业供应链协同性、安全性、稳定性、竞争力等综合评估，研究绘制基于国内国际产业循环的制造业重点行业供应链全景图。鼓励企业积极参与全球供应链网络，建立重要资源和产品全球供应链风险预警系统。研究国家制造业供应链安全计划，建立全球供应链风险预警评价指标体系。（工业和信息化部、商务部按职责分工负责）

（十六）制造服务业标准体系建设行动。深入开展信息技术、科创服务、金融服务、服务外包、售后服务、人力资源服务、现代物流、现代供应链、设施管理等服务领域标准化建设行动，推动制造服务业标准体系逐步完善。持续完善工业互联网标识解析体系、网络互联、边缘计算、数据规范体系和工业APP等共性标准，支持涉及安全健康环保的技术要求制定强制性国家标准。（市场监管总局、发展改革委、工业和信息化部、商务部、人民银行等部门按职责分工负责）

（十七）制造业计量能力提升行动。构建国家现代先进测量体系，加快国家产业计量测试中心和联盟建设，培育计量测试等高技术制造服务业，聚焦制造业“测不了、测不准”难题，加强计量测试技术研究和应用，加大专用计量测试装备研发和仪器仪表研制，提升制造业整体测量能力和水平，赋能制造业产业创新和高质量发展。（市场监管总局、发展改革委、工业和信息化部、科技部按职责分工负责）

四、保障措施

（十八）强化组织保障。充分发挥服务业发展部际联席会议制度作用，加强统筹协调和工作指导。各地区、各有关部门要强化主体责任，形成合力，细化实化工作任务和完成时限，建立高效协同的工作推进机制，确保制造服务业发展取得实效。（发展改革委牵头负责）

（十九）优化发展环境。持续放宽市场准入，进一步破除隐性壁垒。支持从制造企业剥离的制造服务业企业按规定申请认定为高新技术企业和技术先进型服务企业。鼓励制造服务业企业积极承接离岸和在岸服务外包业务。（发展改革委、科技部、商务部按职责分工负责）

（二十）扩大开放合作。推动服务业新一轮高水平对外开放，积极引进全球优质服务资源，鼓励研发设计、节能环保、环境服务等知识技术密集型服务进口。积极推动我国技术质量标准和规范走出去，持续完善检验检测和认证认可国际合作交流体系，加快推进与重点出口市场认证证书和检验结果互认。以“一带一路”建设为重点，鼓励供应链管理、咨询、法律、会计等专业服务与制造业协同走出去，增强全球服务市场资源配置能力。（发展改革委、商务部、市场监管总局、司法部、财政部按职责分工负责）

（二十一）加强用地保障。各地可根据实际情况，以“先存量、后增量”的原则，在国土空间规划中明确用地结构和产业用地指标。在符合国土空间规划和用途管制的前提下，推动不同产业用地类型合理转换，探索增加混合产业用地供给，鼓励各地探索创新产业用地模式，适应制造服务业发展。（自然资源部牵头负责）

（二十二）强化人才支撑。加快制造服务领域创新型、应用型、复合型人才培养培训，充实壮大高水平制造服务业人才队伍。紧跟制造服务业发展趋势和市场需求，深化新工科建设，调整优化院校专业结构，加强校企合作，探索中国特色学徒制，推动产教深度融合。总结推广学历证书+若干职业技能等级证书（“1+X”证书）制度试点经验。完善技能人才评价制度，推动人才评价与使用紧密结合，打破身份、学历等限制，贯通制造服务业人才职业发展通道。进一步落实高层次人才引进政策，加大引进海外制造服务业高层次人才、领军型创业创新团队。（人力资源社会保障部、教育部、发展改革委按职责分工负责）

（二十三）拓宽融资渠道。引导金融机构在依法合规、风险可控的前提下，加大对制造服务业企业的融资支持力度，支持符合条件的制造服务业企业开展债券融资，有效扩大知识产权、合同能源管理未来收益权等无形资产质押融资规模，创新发展供应链金融，逐步发展大型设备、公用设施、生产线等领域的设备租赁和融资租赁服务，开发适合制造服务业特点的金融产品，鼓励创投机构加大对制造服务业的资本投入。支持符合条件的制造服务业企业到主板、创业板及境外资本市场上市融资。（人民银行、银保监会、发展改革委、证监会按职责分工负责）

（二十四）构建协同发展生态。加强区域协作，增强产业布局协同性，实现功能互补、错位发展，形成一体化发展的制造服务业生态圈。支持制造服务业集聚发展，完善配套功能，优化集聚生态。依托龙头企业构建产业链增值服务的生态系统，推动上下游企业开展协同采购、协同制造、协同物流，促进大中小企业专业化分工协作，构建创新协同、产能共享、供应链互通的生态链。

2021年3月23日

中小企业数字化赋能专项行动方案

为深入贯彻党和国家领导人关于统筹推进新冠肺炎疫情防控和经济社会发展工作的重要指示精神，落实党中央、国务院有关复工复产和提升中小企业专业化能力的决策部署，以数字化网络化智能化赋能中小企业，助力中小企业疫情防控、复工复产和可持续发展，制定本方案。

一、行动目标

坚持统筹推进新冠肺炎疫情防控和经济社会发展，以新一代信息技术与应用为支撑，以提升中小企业应对危机能力、夯实可持续发展基础为目标，集聚一批面向中小企业的数字化服务商，培育推广一批符合中小企业需求的数字化平台、系统解决方案、产品和服务，助推中小企业通过数字化网络化智能化赋能实现复工复产，增添发展后劲，提高发展质量。

二、重点任务

（一）利用信息技术加强疫情防控。推广“行程卡”“健康码”等新应用，实现人员流动信息实时监测与共享，在确保疫情防控到位的前提下加快企业员工返岗。运用医疗物资保障、疫情预警、库存及物流配送、资源调配等小程序、工具包，科学精准防控疫情，推动有序复工复产。

（二）利用数字化工具尽快恢复生产运营。支持中小企业运用线上办公、财务管理、智能通讯、远程协作、视频会议、协同开发等产品和解决方案，尽快恢复生产管理，实现运营管理数字化，鼓励数字化服务商在疫情防控期间向中小企业减免使用费。支持数字化服务商打造智能办公平台，推出虚拟云桌面、超高清视频、全息投影视频等解决方案，满足虚拟团队管理、敏感数据防控等远程办公场景升级新需求。

（三）助推中小企业上云用云。引导数字化服务商面向中小企业推出云制造平台和云服务平台，支持中小企业设备上云和业务系统向云端迁移，帮助中小企业从云上获取资源和应用服务，满足中小企业研发设计、生产制造、经营管理、市场营销等业务系统云化需求。加快“云+智能”融合，帮助中小企业从云上获取更多的生产性服务。鼓励数字化服务商向中小企业和创业团队开放平台接口、数据、计算能力等数字化资源，提升中小企业二次开发能力。

（四）夯实数字化平台功能。搭建技术水平高、集成能力强、行业应用广的数字化平台，应用物联网、大数据、边缘计算、5G、人工智能、增强现实/虚拟现实等新兴技术，集成工程设计、电子设计、建模、仿真、产品生命周期管理、制造运营管理、自动化控制等通用操作系统、软件和工具包，灵活部署通用性强、安全可靠、易二次开发的工业APP，促进中小企业生产要素数字化、生产过程柔性化及系统服务集成化。打造工业APP测试评估平台和可信区块链创新协同平台，为中小服务商和中小企业提供测试认证服务。

（五）创新数字化运营解决方案。针对不同行业中小企业的需求场景，开发使用便捷、成本低廉的中小企业数字化解决方案，实现研发、设计、采购、生产、销售、物流、库存等业务在线协同。推广应用集中采购、资源融合、共享生产、协同物流、新零售等解决方案，以及线上采购与销售、线下最优库存与无人配送、智慧物流相结合的供应链体系与分销网络，提升中小企业应对突发危机能力和运营效率。

（六）提升智能制造水平。针对中小企业典型应用场景，鼓励创新工业互联网、5G、人工智能和工业APP融合应用模式与技术，引导有基础、有条件的中小企业加快传统制造装备联网、关键工序数控化等数字化改造，应用低成本、模块化、易使用、易维护的先进智能装备和系统，优化工艺流程与装备技术，建设智能生产线、智能车间和智能工厂，实现精益生产、敏捷制造、精细管理和智能决策。

（七）加强数据资源共享和开发利用。支持基于产业集群和供应链上下游企业打通不同系统间的数据联通渠道，实现数据信息畅通、制造资源共享和生产过程协同。支持发展新型数据产品和服务，鼓励探索专业化的数据采集、数据清洗、数据交换、数据标注等新商业模式，发展弹性分布式计算、数据存储等基础数据处理云服务和在线机器学习、自然语言处理、图像理解、语音识别、知识图谱、数据可视化、数字孪生等数据分析服务，帮助中小企业提升数据开发和应用水平。

（八）发展数字经济新模式新业态。扶持疫情防控期间涌现的在线办公、在线教育、远程医疗、无人配送、新零售等新模式新业态加快发展，培育壮大共享制造、个性化定制等服务型制造新业态，深挖工业数据价值，探索企业制造能力交易、工业知识交易等新模式，鼓励发展算法产业和数据产业，培育一批中小数字化服务商。打造开源工业APP开发者社区和中小企业开放平台，搭建中小企业资源库和需求池，发展众包、众创、云共享、云租赁等模式。

（九）强化供应链对接平台支撑。建设产业供应链对接平台，打造线上采购、分销流通模式，为中小企业提供原材料匹配、返工人员共享、自动化生产线配置、模具资源互助、防护物资采购、销售和物流资源对接等服务。基于工业互联网平台，促进中小企业深度融入大企业的供应链、创新链。支持大型企业立足中小企业共性需求，搭建资源和能力共享平台，在重点领域实现设备共享、产能对接、生产协同。

（十）促进产业集群数字化发展。支持小型微型企业创业创新基地、创客空间等中小企业产业集聚区加快数字基础设施改造升级，建设中小企业数字化公共技术服务平台，创建中小企业数字化创新示范园。支持产业集群内中小企业以网络化协作弥补单个企业资源和能力不足，通过协同制造平台整合分散的制造能力，实现技术、产能、订单与员工共享。

（十一）提高产融对接平台服务水平。促进中小企业、数字化服务商和金融机构等的合作，构建企业信用监测、智能供需匹配、大数据风控等服务体系，提供基于生产运营实时数据的信用评估、信用贷款、融资租赁、质押担保等金融服务，为企业获得低成本融资增信，提升中小企业融资能力和效率。打造促进中小企业融资增信的公共服务平台，应用新一代信息技术，提供合同多方在线签署、存证服务，传递供应链上下游信用价值，激发中小企业数据资产活力。

（十二）强化网络、计算和安全等数字资源服务支撑。支持电信运营商开展“提速惠企”“云光惠企”“企业上云”等专项行动，提升高速宽带网络能力，强化基础网络安全，进一步提速降费。加快推广5G和工业互联网应用，拓展工业互联网标识应用，加强中小企业网络、计算和安全等数字基础设施建设。

（十三）加强网络和数据安全保障。推动中小企业落实《网络安全法》等法律法规和技术标准的要求，强化网络与数据安全保障措施。建设工业互联网安全公共服务平台，面向广大中小企业提供网络和数据安全技术支持服务。鼓励安全服务商创新安全服务模式，提升安全服务供给能力，为中小企业量身定制全天候、全方位、立体化的安全解决方案。

三、推进措施

（一）强化组织保障。各地中小企业主管部门要加强中小企业数字化赋能工作的统筹协调，政府、服务机构、企业协同推进和落实好专项行动。发挥中小企业主体作用，主动适应新形势，推进自我变革与数字化赋能，提升企业应对风险能力和可持续发展能力。调动数字化服务商积极性，发挥中小企业公共服务示范平台和平台网络作用，帮助企业精准防控疫情、有序复工复产，加速数字化网络化智能化转型。

（二）完善激励机制。将中小企业数字化改造升级纳入“专精特新”中小企业培育体系和小型微型企业创业创新示范基地建设，予以重点支持。按照“企业出一点、服务商让一点、政府补一点”的思路，鼓励各地将中小企业数字化列入中小企业发展专项资金等资金重点支持范围。对流动性遇到暂时困难、发展前景良好的中小企业，通过数字化改造升级推进复工复产和转型发展的，金融机构在优惠利率贷款中给予优先支持。

（三）组织供需对接。建立中小企业数字化可信服务商、优秀数字化产品与服务评价体系，征集、培育和推广一批技术力量强、服务效果好、深受中小企业欢迎的数字化服务商、优秀数字化产品与服务。通过在线直播、视频展播、线上对接等形式，实现数字化产品和服务展示互动与对接交易，指导企业科学制定部署模式，合理配续交置资源服务。举办2020中小企业信息化服务信息发布会。组织大中小企业融通创新暨数字化产品和解决方案对接、“创新中国行”数字化应用推广等活动。

（四）加强培训推广。加强面向中小企业的数字化网络化智能化培训课程体系和教学师资队伍建设，利用“企业微课”、工业和信息化技术技能人才网上学习平台等线上平台和中小企业经营管理领军人才培训、银河培训工程等渠道，加强数字化网络化智能化技术培训。适时总结推介数字化赋能标杆中小企业和实践案例，加强示范引领。在中国国际中小企业博览会、中国（四川）中小微企业云服务大会、中国数字经济高端峰会等会议期间，举办中小企业数字化赋能高端论坛，促进理论研究与实践交流。在工业和信息化部门户网站开设专栏，提供“一站式”综合服务。加强新闻宣传，营造良好舆论环境。

2020年3月19日

关于进一步促改革稳就业强动能的实施意见

大众创业万众创新示范基地启动建设以来，创新资源不断集聚，创业活力持续提升，平台能力显著增强，有力带动了创新创业深入发展。为进一步提升双创示范基地对促改革、稳就业、强动能的带动作用，促进双创更加蓬勃发展，更大程度激发市场活力和社会创造力，经国务院同意，现提出以下意见。

一、总体要求

以习近平新时代中国特色社会主义思想为指导，全面贯彻党的十九大和十九届二中、三中、四中全会精神，认真落实党中央、国务院关于统筹推进新冠肺炎疫情防控和经济社会发展工作的决策部署，深入实施创新驱动发展战略，聚焦系统集成协同高效的改革创新，聚焦更充分更高质量就业，聚焦持续增强经济发展新动能，强化政策协同，增强发展后劲，以新动能支撑保就业保市场主体，尤其是支持高校毕业生、返乡农民工等重点群体创业就业，努力把双创示范基地打造成为创业就业的重要载体、融通创新的引领标杆、精益创业的集聚平台、全球化创业的重要节点、全面创新改革的示范样本，推动我国创新创业高质量发展。

二、积极应对疫情影响，巩固壮大创新创业内生活力

（一）落实创业企业纾困政策。切实落实阶段性减免企业社会保险费、缓缴住房公积金等减负政策，根据所在统筹地区政策做好阶段性减征职工基本医疗保险费工作，落实好小规模纳税人增值税减免等优惠政策。落实承租国有房屋房租减免政策，确保惠及最终承租人。鼓励双创示范基地通过延长孵化期限、实施房租补贴等方式，降低初创企业经营负担。优先对受疫情影响较大但发展潜力好的创新型企业加大金融支持力度，简化贷款审批

流程，提高信用贷款、中长期贷款比重。（有关部门按职责分工负责）

（二）强化双创复工达产服务。进一步提升双创示范基地服务信息化、便利化水平，充分发挥双创支撑平台、工业互联网平台、电子商务平台等作用，推广“一键申领、网上兑现”“企业网上跑、政府现场办”等经验，多渠道为企业解决物流、资金、用工等问题，补齐供应链短板，推动全产业链协同。鼓励双创示范基地积极探索应对疫情影响的新业态新模式。政府投资开发的孵化基地等创业载体安排一定比例场地，免费向下岗失业人员、高校毕业生、农民工等群体提供。引导平台企业降低个体经营者相关服务费，支持开展线上创业。（地方各级人民政府负责）

（三）增强协同创新发展合力。充分发挥双创示范基地大企业带动作用，协助中小企业开展应收账款融资，帮助产业链上下游企业和相关创新主体解决生产经营难题。在符合条件的示范基地加快推广全面创新改革试验经验，探索实施政银保联动授信担保、建立风险缓释资金池等改革举措，为中小企业应对疫情影响提供有效金融支持。（地方各级人民政府负责）

三、发挥多元主体带动作用，打造创业就业重要载体

（四）实施社会服务创业带动就业示范行动。顺应消费需求升级和服务便利化要求，重点围绕托育、养老、家政、乡村旅游等领域，组织有条件的企业、区域示范基地与互联网平台企业联合开展创业培训、供需衔接、信息共享和能力建设，打造社会服务创业带动就业标杆项目，及时复制推广经验成果，吸引社会资本发展社会服务新业态新模式，拓展更大就业空间。（国家发展改革委牵头负责）

（五）增强创业带动就业能力。加大创业带动就业支持力度，出台支持灵活就业的具体举措。（人力资源社会保障部牵头负责）盘活闲置厂房、低效利用土地等，加强对创业带动就业重点项目的支持。（地方各级人民政府负责）加强创业培训与创业担保贷款等支持政策的协同联动，提升创业担保贷款贴息等扶持政策的针对性和及时性。支持有条件的

区域示范基地建设产教融合实训基地、人力资源服务产业园，加快发展面向重点群体的专业化创业服务载体。（国家发展改革委、人力资源社会保障部、财政部、人民银行按职责分工负责）

（六）加强返乡入乡创业政策保障。优先支持区域示范基地实施返乡创业示范项目。发挥互联网平台企业带动作用，引导社会资本和大学生创客、返乡能人等入乡开展“互联网+乡村旅游”、农村电商等创业项目。（国家发展改革委、文化和旅游部、商务部按职责分工负责）完善支持返乡入乡创业的引人育人留人政策，加大对乡村创业带头人的创业培训力度，培育一批能工巧匠型创业领军人才。对首次创业并正常经营1年以上的返乡入乡创业人员，可给予一次性创业补贴。对符合条件的返乡入乡创业人员按规定给予创业担保贷款贴息和培训补贴。（财政部、人力资源社会保障部、农业农村部、人民银行按职责分工负责）对返乡创业失败后就业和生活遇到困难的人员，及时提供就业服务、就业援助和社会救助。（人力资源社会保障部牵头负责）

（七）提升高校学生创新创业能力。支持高校示范基地打造并在线开放一批创新创业教育优质课程，加强创业实践和动手能力培养，依托高校示范基地开展双创园建设，促进科技成果转化与创新创业实践紧密结合。推动高校示范基地和企业示范基地深度合作，建立创业导师共享机制。支持区域示范基地与高校、企业共建面向特色产业的实训场景，加快培养满足社会需求的实用型技能人才。促进大学生加强数理化和生物等基础理论研究，夯实国家创新能力基础。（教育部牵头负责）实施双创示范基地“校企行”专项行动，充分释放岗位需求，支持将具备持续创新能力和发展潜力的高校毕业生创业团队纳入企业示范基地人才储备和合作计划，通过职业微展示、创业合伙人招募等新方式，拓宽创业带动就业的渠道。（国家发展改革委、国务院国资委、教育部、人力资源社会保障部按职责分工负责）

（八）发挥大企业创业就业带动作用。支持大企业与地方政府、高校共建创业孵化园区，鼓励有条件的双创示范基地开展产教融合型企业建设试点。（国家发展改革委牵头负责）对中央企业示范基地内创业带动就业效果明显的新增企业，探索不纳入压减净增法人数量。（国务院国资委牵头负责）发展“互联网平台+创业单元”“大企业+创业单元”等模式，依托企业和平台加强创新创业要素保障。（工业和信息化部、国家发展改革委牵头负责）

四、提升协同联动发展水平，树立融通创新引领标杆

（九）构建大中小企业融通创新生态。鼓励企业示范基地结合产业优势建设大中小企业融通发展平台，向中小企业开放资源、开放场景、开放应用、开放创新需求，支持将中小企业首创高科技产品纳入大企业采购体系。（国家发展改革委、工业和信息化部、国务院国资委牵头负责）细化政府采购政策，加大对中小企业的采购支持力度。（财政部牵头负责）鼓励双创示范基地聚焦核心芯片、医疗设备等关键环节和短板领域，建立大中小企业协同技术研发与产业化的合作机制，带动壮大高新技术企业、科技型中小企业规模。（国家发展改革委、科技部、工业和信息化部按职责分工负责）瞄准专业细分领域，培育专精特新“小巨人”企业、制造业单项冠军企业。（工业和信息化部牵头负责）

（十）构筑产学研融通创新创业体系。加强双创示范基地“校+园+企”创新创业合作，建设专业化的科技成果转化服务平台，增强中试服务和产业孵化能力。（地方各级人民政府负责）鼓励企业示范基地牵头构建以市场为导向、产学研深度融合的创新联合体。（国家发展改革委、科技部、工业和信息化部、国务院国资委按职责分工负责）不断优化科技企业孵化器、大学科技园和众创空间及其在孵企业的认定或备案条件，加大对具备条件的创业服务机构的支持力度。（科技部、教育部牵头负责）中央预算内投资安排专项资金支持双创示范基地建设，降低对双创示范基地相关支持项目的固定资产投资比例要求。（国家发展改革委、科技部牵头负责）支持有条件的双创示范基地建设学科交叉和协同创新科研基地。（教育部牵头负责）优先在双创示范基地建设企业技术中心等创新平台。（国家发展改革委牵头负责）

（十一）加强不同类型双创示范基地协同联动。搭建双创示范基地跨区域合作交流平台，推广跨区域孵化“飞地模式”，探索在孵项目跨区域梯次流动衔接的合作机制，在资源共享、产业协同、知识产权保护和运营等方面开展跨区域融通合作。推动建设孵化器、加速器、产业园区相互接续的创业服务体系。（地方各级人民政府负责）中央预算内资金优先支持区域一体化创新创业服务平台建设。（国家发展改革委牵头负责）优化长三角、京津冀和西部示范基地联盟，支持建立中部、南部示范基地联盟。（国家发展改革委牵头负责）

五、加强创新创业金融支持，着力破解融资难题

（十二）深化金融服务创新创业示范。支持双创示范基地与金融机构建立长期稳定合作关系，共同参与孵化园区、科技企业孵化器、专业化众创空间等创新创业服务载体建设。（科技部、人民银行、银保监会、证监会按职责分工负责）鼓励以双创示范基地为载体开展政银企合作，探索多样化的科技金融服务。鼓励金融机构与双创示范基地合作开展设备融资租赁等金融服务。（人民银行、银保监会、证监会按职责分工负责）支持双创示范基地内符合条件的企业发行双创孵化专项债券、创业投资基金类债券、创新创业公司债券和双创债务融资工具。支持在双创示范基地开展与创业相关的保险业务。（国家发展改革委、人民银行、证监会、银保监会按职责分工负责）支持将双创示范基地企业信息纳入全国知识产权质押信息平台。在有条件的区域示范基地设立知识产权质押融资风险补偿基金，对无可抵押资产、无现金流、无订单的初创企业知识产权质押融资实施风险补偿。（国家发展改革委、人民银行、银保监会、国家知识产权局按职责分工负责）

（十三）完善创新创业创投生态链。鼓励国家出资的创业投资引导基金、产业投资基金等与双创示范基地深度合作，加强新兴领域创业投资服务，提升项目路演、投融资对接、信息交流等市场化专业化服务水平。（国家发展改革委、财政部、工业和信息化部、科技部按职责分工负责）支持金融机构在依法合规、风险可控前提下，与科研院所示范基

地和区域示范基地按照市场化原则合作建立创业投资基金、产业投资基金，支持成立公益性天使投资人联盟等平台组织，加大对细分领域初创期、种子期项目的投入。（国家发展改革委、科技部、人民银行、证监会、银保监会按职责分工负责）

六、深化对外开放合作，构筑全球化创业重要节点

（十四）做强开放创业孵化载体。鼓励有条件的双创示范基地建设国际创业孵化器，与知名高校、跨国公司、中介机构等联合打造离岸创新创业基地，提升海外创业项目转化效率。支持设立海外创业投资基金，为优质创新创业项目提供资金支持。（科技部、证监会、中国科协按职责分工负责）

（十五）搭建多双边创业合作平台。优先将双创示范基地纳入多双边创新创业合作机制，支持承办大型国际创新创业大赛和论坛活动。支持双创示范基地建立国际合作产业园、海外创新中心。加强与国际重点城市的创新创业政策沟通、资源融通和链接。支持双创示范基地依托双创周“海外活动周”等举办创新创业重点活动，对接国际创新资源。加强与海外孵化器、国际创业组织和服务机构合作，为本土中小企业“走出去”拓展合作提供支撑。（国家发展改革委、科技部、中国科协按职责分工负责）

七、推进全面创新改革试点，激发创新创业创造动力

（十六）探索完善包容创新监管机制。支持双创示范基地深化商事制度改革，营造良好营商环境。（市场监管总局牵头负责）在省级政府事权范围内，支持区域示范基地在完善创业带动就业保障体系、建立新业态发展“监管沙盒”、推动各类主体融通创新、健全对创业失败者容错机制等方面开展试点，加快构建创新引领、协同发展的创新创业创造生态。（有关省级人民政府统筹组织遴选方案）

（十七）深化双创体制改革创新试点。支持企业示范基地重点在建立大企业牵头的创新联合体、完善中央企业衍生混合所有制初创企业配套支持政策等方面开展试点，加快形

成企业主体、市场导向的融通创新体系。支持企业示范基地率先试点改革国有投资监管考评制度，建立可操作的创新创业容错机制。支持在具有较高风险和不确定性的业务领域实施员工跟投机制，探索“事业合伙人”方式，形成骨干员工和企业的利益共同体。（国务院国资委牵头统筹组织遴选方案）

（十八）创新促进科技成果转化机制。支持高校和科研院所示范基地在建设现代科研院所、推动高校创新创业与科技成果转化相结合、推进职务科技成果所有权或长期使用权改革、优化科技成果转化决策流程、完善产学研深度融合的新机制、建立专业化技术转移机构等方面开展试点，为加快科技成果转移转化提供制度保障。（科技部、教育部、中科院等按职责分工统筹组织遴选方案）

各地区、各部门要认真贯彻落实党中央、国务院决策部署，抓好本意见的贯彻落实。发展改革委要会同有关部门加强协调指导，完善双创示范基地运行监测和第三方评估，健全长效管理运行机制，遴选一批体制改革有突破、持续创业氛围浓、融通创新带动强的区域、企业、高校和科研院所，新建一批示范基地。对示范成效明显、带动能力强的双创示范基地要给予适当表彰激励，对示范成效差的要及时调整退出。

2020年7月23日

关于进一步降低物流成本的实施意见

国家发展改革委交通运输部物流是畅通国民经济循环的重要环节。近年来，物流降本增效积极推进，社会物流成本水平保持稳步下降，但部分领域物流成本高、效率低等问题仍然突出，特别是受新冠肺炎疫情影响，社会物流成本出现阶段性上升，难以适应建设现代化经济体系、推动高质量发展的要求。为贯彻落实党中央、国务院关于统筹疫情防控和经济社会发展的决策部署，进一步降低物流成本、提升物流效率，加快恢复生产生活秩序，现提出以下意见。

一、深化关键环节改革，降低物流制度成本

（一）完善证照和许可办理程序。加快运输领域资质证照电子化，推动线上办理签注。优化大件运输跨省并联许可服务，进一步提高审批效率。（交通运输部负责）

（二）科学推进治理车辆超限超载。深入推进治超联合执法常态化、制度化，细化执法流程，严格执行全国统一的治超执法标准。分车型、分阶段有序开展治理货运车辆非法改装工作，逐步淘汰各种不合规车型。组织开展常压液体危险货物罐车专项治理行动。（交通运输部、公安部、工业和信息化部、市场监管总局按职责分工负责）

（三）维护道路货运市场正常秩序。建立严厉打击高速公路、国省道车匪路霸的常态化工作机制，畅通投诉举报渠道，重点规范车辆通行、停车服务、道路救援等领域市场秩序。（公安部、交通运输部、国家发展改革委、市场监管总局、省级人民政府按职责分工负责）

（四）优化城市配送车辆通行停靠管理。持续推进城市绿色货运配送示范工程。完善以综合物流中心、公共配送中心、末端配送网点为支撑的三级配送网络，合理设置城市配送车辆停靠装卸相关设施。鼓励发展共同配送、统一配送、集中配送、分时配送等集约化

配送。改进城市配送车辆通行管理工作，明确城市配送车辆的概念范围，放宽标准化轻微型配送车辆通行限制，对新能源城市配送车辆给予更多通行便利。（交通运输部、商务部、公安部按职责分工负责）研究将城市配送车辆停靠接卸场地建设纳入城市建设和建筑设计规范。（住房城乡建设部负责）

（五）推进通关便利化。推动港口、口岸等场所作业单证无纸化，压缩单证流转时间，提升货物进出港效率。依托国际贸易“单一窗口”，开展监管、查验指令信息与港口信息双向交互试点，提高进出口货物提离速度。持续推进进出口“提前申报”，优化“两步申报”通关模式。梳理海运、通关环节审批管理事项和监管证件，对不合理或不能适应监管需要的，按规定予以取消或退出口岸验核。（交通运输部、商务部、海关总署按职责分工负责）

（六）深化铁路市场化改革。选取铁路路网密集、货运需求量大、运输供求矛盾较突出的地区和部分重要铁路货运线路（含疏运体系）开展铁路市场化改革综合试点，通过引入市场竞争机制，开展投融资、规划建设、运营管理、绩效管理、运输组织等改革。持续完善铁路货物运输价格灵活调整机制，及时灵敏反映市场供求关系。进一步放宽市场准入，吸引社会资本参与铁路货运场站、仓储等物流设施建设和运营。（国家发展改革委、交通运输部、财政部、国家铁路局、中国国家铁路集团有限公司负责）

二、加强土地和资金保障，降低物流要素成本

（七）保障物流用地需求。对国家及有关部门、省（自治区、直辖市）确定的国家物流枢纽、铁路专用线、冷链物流设施等重大物流基础设施项目，在建设用地指标方面给予重点保障。支持利用铁路划拨用地等存量土地建设物流设施。指导地方按照有关规定利用集体经营性建设用地建设物流基础设施。（自然资源部、中国国家铁路集团有限公司、省级人民政府负责）

（八）完善物流用地考核。指导地方政府合理设置物流用地绩效考核指标。在符合规

划、不改变用途的前提下，对提高自有工业用地或仓储用地利用率、容积率并用于仓储、分拨转运等物流设施建设的，不再增收土地价款。（自然资源部、省级人民政府负责）

（九）拓宽融资渠道。加大中央预算内投资、地方政府专项债券对国家物流枢纽、国家骨干冷链物流基地等重大物流基础设施建设的支持力度。引导银行业金融机构加强对物流企业融资支持，鼓励规范发展供应链金融，依托核心企业加强对上下游小微企业的金融服务。充分发挥全国中小企业融资综合信用服务平台作用，推广“信易贷”模式。落实授信尽职免责和差异化考核激励政策，明确尽职认定标准和免责条件。鼓励社会资本设立物流产业发展基金。（国家发展改革委、财政部、中国人民银行、中国银保监会、国家开发银行按职责分工负责）

（十）完善风险补偿分担机制。鼓励保险公司为物流企业获取信贷融资提供保证保险增信支持，加大政策性担保对物流企业的信贷担保支持力度。发挥商业保险优势，支持保险公司开发物流企业综合保险产品和物流新兴业态从业人员的意外、医疗保险产品。（中国银保监会负责）

三、深入落实减税降费措施，降低物流税费成本

（十一）落实物流领域税费优惠政策。落实好大宗商品仓储用地城镇土地使用税减半征收等物流减税降费政策。（财政部、税务总局负责）

（十二）降低公路通行成本。结合深化收费公路制度改革，全面推广高速公路差异化收费，引导拥堵路段、时段车辆科学分流，进一步提高通行效率。深化高速公路电子不停车快捷收费改革。加强取消高速公路省界收费站后的路网运行保障，确保不增加货车通行费总体负担。鼓励有条件的地方回购经营性普通收费公路收费权，对车辆实行免费通行。严格落实鲜活农产品运输“绿色通道”政策，切实降低冷鲜猪肉等鲜活农产品运输成本。（交通运输部、财政部、国家发展改革委、省级人民政府按职责分工负责）

（十三）降低铁路航空货运收费。精简铁路货运杂费项目，降低运杂费迟交金收费标

准，严格落实取消货物运输变更手续费。（中国国家铁路集团有限公司负责）大力推行大宗货物“一口价”运输。严格落实铁路专用线领域收费目录清单和公示制度，对目录清单外的收费项目以及地方政府附加收费、专用线产权单位或经营单位收费等进行清理规范。制定铁路专用线服务价格行为规则，规范铁路专用线、自备车维修服务收费行为，进一步降低收费标准，严禁通过提高或变相提高其他收费的方式冲抵降费效果。（市场监管总局、国家铁路局、中国国家铁路集团有限公司按职责分工负责）推动中欧班列高质量发展，优化班列运输组织，加强资源整合，推进“中转集散”，规范不良竞争行为，进一步降低班列开行成本。（国家发展改革委、中国国家铁路集团有限公司、财政部按职责分工负责）将机场货站运抵费归并纳入货物处理费。（中国民航局、省级人民政府负责）

（十四）规范海运口岸收费。降低港口、检验检疫等收费。对海运口岸收费进行专项清理整顿，进一步精简合并收费项目，完善海运口岸收费目录清单并实行动态管理，确保清单外无收费项目。研究将港口设施保安费等并入港口作业包干费，降低部分政府定价的港口收费标准。依法规范港口企业和船公司收费行为。降低集装箱进出口常规收费水平。（国家发展改革委、财政部、交通运输部、海关总署、市场监管总局按职责分工负责）

（十五）加强物流领域收费行为监管。对实行政府定价或政府指导价的收费项目，及时降低偏高收费标准；对实行市场调节价的收费项目，研究建立收费行为规则和指南。严格执行收费项目和标准公示制度，对不按公示价格标准收费或随意增加收费项目等行为，加大查处力度。依法查处强制收费、只收费不服务、超标准收费等违规违法行为。（国家发展改革委、市场监管总局、交通运输部、海关总署、省级人民政府按职责分工负责）

四、加强信息开放共享，降低物流信息成本

（十六）推动物流信息开放共享。在确保信息安全前提下，交通运输、公安交管、铁路、港口、航空等单位要向社会开放与物流相关的公共信息。按照安全共享和对等互利的原则，推动铁路企业与港口、物流等企业信息系统对接，完善信息接口等标准，加强列车

到发时刻等信息开放。研究建立全国多式联运公共信息系统，推行标准化数据接口和协议，更大程度实现数据信息共享。（交通运输部、公安部、工业和信息化部、国家铁路局、中国民航局、中国国家铁路集团有限公司按职责分工负责）

（十七）降低货车定位信息成本。对出厂前已安装卫星定位装置的货运车辆，任何单位不得要求重复加装卫星定位装置。规范货运车辆定位信息服务商收费行为，减轻货运车辆定位信息成本负担。（工业和信息化部、市场监管总局、交通运输部按职责分工负责）

五、推动物流设施高效衔接，降低物流联运成本

（十八）破除多式联运“中梗阻”。中央和地方财政加大对铁路专用线、多式联运场站等物流设施建设的资金支持力度，研究制定铁路专用线进港口设计规范，促进铁路专用线进港口、进大型工矿企业、进物流枢纽。持续推进长江航道整治工程和三峡翻坝综合转运体系建设，进一步提升长江等内河航运能力。加快推动大宗货物中长距离运输“公转铁”“公转水”。（财政部、国家发展改革委、交通运输部、工业和信息化部、国家铁路局、中国国家铁路集团有限公司按职责分工负责）以多式联运示范工程为重点，推广应用多式联运运单，加快发展“一单制”联运服务。（交通运输部、国家发展改革委、国家铁路局、中国国家铁路集团有限公司负责）

（十九）完善物流标准规范体系。推广应用符合国家标准的货运车辆、内河船舶船型、标准化托盘和包装基础模数，带动上下游物流装载器具标准化。（工业和信息化部、商务部、交通运输部、市场监管总局按职责分工负责）加强与国际标准接轨，适应多式联运发展需求，推广应用内陆集装箱（系列2），加强特定货类安全装载标准研究，减少重复掏箱装箱。（交通运输部、国家铁路局、工业和信息化部、公安部、中国国家铁路集团有限公司负责）

六、推动物流业提质增效，降低物流综合成本

（二十）推进物流基础设施网络建设。研究制定2021～2025年国家物流枢纽网络建设实施方案，整合优化存量物流基础设施资源，构建“通道+枢纽+网络”的物流运作体系，系统性降低全程运输、仓储等物流成本。（国家发展改革委、交通运输部负责）继续实施示范物流园区工程，示范带动骨干物流园区互联成网。（国家发展改革委、自然资源部负责）布局建设一批国家骨干冷链物流基地，有针对性补齐城乡冷链物流设施短板，整合冷链物流以及农产品生产、流通资源，提高冷链物流规模化、集约化、组织化、网络化水平，降低冷链物流成本。（国家发展改革委负责）加强县乡村共同配送基础设施建设，推广应用移动冷库等新型冷链物流设施设备。（商务部、国家发展改革委负责）加强应急物流体系建设，完善应急物流基础设施网络，整合储备、运输、配送等各类存量基础设施资源，加快补齐特定区域、特定领域应急物流基础设施短板，提高紧急情况下应急物流保障能力。（国家发展改革委、交通运输部、省级人民政府按职责分工负责）

（二十一）培育骨干物流企业。鼓励大型物流企业市场化兼并重组，提高综合服务能力和国际竞争力。培育具有较强实力的国际海运企业，推动构建与我国对外贸易规模相适应的国际航运网络。（国务院国资委、交通运输部按职责分工负责）严格落实网络货运平台运营相关法规和标准，促进公路货运新业态规范发展。鼓励物流企业向多式联运经营人、物流全链条服务商转型。（交通运输部、国家发展改革委按职责分工负责）

（二十二）提高现代供应链发展水平。深入推进供应链创新与应用试点，总结推广试点成功经验和模式，提高资金、存货周转效率，促进现代供应链与农业、工业、商贸流通业等融合创新。研究制定现代供应链发展战略，加快发展数字化、智能化、全球化的现代供应链。（国家发展改革委、商务部按职责分工负责）

（二十三）加快发展智慧物流。积极推进新一代国家交通控制网建设，加快货物管理、运输服务、场站设施等数字化升级。（交通运输部负责）推进新兴技术和智能化设备应用，

提高仓储、运输、分拨配送等物流环节的自动化、智慧化水平。（国家发展改革委负责）

（二十四）积极发展绿色物流。深入推动货物包装和物流器具绿色化、减量化，鼓励企业研发使用可循环的绿色包装和可降解的绿色包材。加快推动建立托盘等标准化装载器具循环共用体系，减少企业重复投入。（商务部、交通运输部、市场监管总局、工业和信息化部、国家邮政局按职责分工负责）

各地区各部门要按照党中央、国务院决策部署，加强政策统筹协调，切实落实工作责任，结合本地区本部门实际认真组织实施。国家发展改革委要会同有关部门发挥全国现代物流工作部际联席会议作用，加强工作指导，及时总结推广降低物流成本典型经验做法，协调解决政策实施中存在的问题，确保各项政策措施落地见效。

2020年6月8日

关于构建现代环境治理体系的指导意见

为贯彻落实党的十九大部署，构建党委领导、政府主导、企业主体、社会组织和公众共同参与的现代环境治理体系，现提出如下意见。

一、总体要求

（一）指导思想。以习近平新时代中国特色社会主义思想为指导，全面贯彻党的十九大和十九届二中、三中、四中全会精神，深入贯彻习近平生态文明思想，紧紧围绕统筹推进“五位一体”总体布局和协调推进“四个全面”战略布局，认真落实党中央、国务院决策部署，牢固树立绿色发展理念，以坚持党的集中统一领导为统领，以强化政府主导作用为关键，以深化企业主体作用为根本，以更好动员社会组织和公众共同参与为支撑，实现政府治理和社会调节、企业自治良性互动，完善体制机制，强化源头治理，形成工作合力，为推动生态环境根本好转、建设生态文明和美丽中国提供有力制度保障。

（二）基本原则。

——坚持党的领导。贯彻党中央关于生态环境保护的总体要求，实行生态环境保护党政同责、一岗双责。

——坚持多方共治。明晰政府、企业、公众等各类主体权责，畅通参与渠道，形成全社会共同推进环境治理的良好格局。

——坚持市场导向。完善经济政策，健全市场机制，规范环境治理市场行为，强化环境治理诚信建设，促进行业自律。

——坚持依法治理。健全法律法规标准，严格执法、加强监管，加快补齐环境治理体制机制短板。

（三）主要目标。到2025年，建立健全环境治理的领导责任体系、企业责任体系、全民行动体系、监管体系、市场体系、信用体系、法律法规政策体系，落实各类主体责任，提高市场主体和公众参与的积极性，形成导向清晰、决策科学、执行有力、激励有效、多元参与、良性互动的环境治理体系。

二、健全环境治理领导责任体系

（四）完善中央统筹、省负总责、市县抓落实的工作机制。党中央、国务院统筹制定生态环境保护的大政方针，提出总体目标，谋划重大战略举措。制定实施中央和国家机关有关部门生态环境保护责任清单。省级党委和政府对本地区环境治理负总体责任，贯彻执行党中央、国务院各项决策部署，组织落实目标任务、政策措施，加大资金投入。市县党委和政府承担具体责任，统筹做好监管执法、市场规范、资金安排、宣传教育等工作。

（五）明确中央和地方财政支出责任。制定实施生态环境领域中央与地方财政事权和支出责任划分改革方案，除全国性、重点区域流域、跨区域、国际合作等环境治理重大事务外，主要由地方财政承担环境治理支出责任。按照财力与事权相匹配的原则，在进一步理顺中央与地方收入划分和完善转移支付制度改革中统筹考虑地方环境治理的财政需求。

（六）开展目标评价考核。着眼环境质量改善，合理设定约束性和预期性目标，纳入国民经济和社会发展规划、国土空间规划以及相关专项规划。各地区可制定符合实际、体现特色的目标。完善生态文明建设目标评价考核体系，对相关专项考核进行精简整合，促进开展环境治理。

（七）深化生态环境保护督察。实行中央和省（自治区、直辖市）两级生态环境保护督察体制。以解决突出生态环境问题、改善生态环境质量、推动经济高质量发展为重点，推进例行督察，加强专项督察，严格督察整改。进一步完善排查、交办、核查、约谈、专项督察“五步法”工作模式，强化监督帮扶，压实生态环境保护责任。

三、健全环境治理企业责任体系

（八）依法实行排污许可管理制度。加快排污许可管理条例立法进程，完善排污许可制度，加强对企业排污行为的监督检查。按照新老有别、平稳过渡原则，妥善处理排污许可与环评制度的关系。

（九）推进生产服务绿色化。从源头防治污染，优化原料投入，依法依规淘汰落后生产工艺技术。积极践行绿色生产方式，大力开展技术创新，加大清洁生产推行力度，加强全过程管理，减少污染物排放。提供资源节约、环境友好的产品和服务。落实生产者责任延伸制度。

（十）提高治污能力和水平。加强企业环境治理责任制度建设，督促企业严格执行法律法规，接受社会监督。重点排污企业要安装使用监测设备并确保正常运行，坚决杜绝治理效果和监测数据造假。

（十一）公开环境治理信息。排污企业应通过企业网站等途径依法公开主要污染物名称、排放方式、执行标准以及污染防治设施建设和运行情况，并对信息真实性负责。鼓励排污企业在确保安全生产前提下，通过设立企业开放日、建设教育体验场所等形式，向社会公众开放。

四、健全环境治理全民行动体系

（十二）强化社会监督。完善公众监督和举报反馈机制，充分发挥“12369”环保举报热线作用，畅通环保监督渠道。加强舆论监督，鼓励新闻媒体对各类破坏生态环境问题、突发环境事件、环境违法行为进行曝光。引导具备资格的环保组织依法开展生态环境公益诉讼等活动。

（十三）发挥各类社会团体作用。工会、共青团、妇联等群团组织要积极动员广大职工、青年、妇女参与环境治理。行业协会、商会要发挥桥梁纽带作用，促进行业自律。加强对社会组织的管理和指导，积极推进能力建设，大力发挥环保志愿者作用。

（十四）提高公民环保素养。把环境保护纳入国民教育体系和党政领导干部培训体系，组织编写环境保护读本，推进环境保护宣传教育进学校、进家庭、进社区、进工厂、进机关。加大环境公益广告宣传力度，研发推广环境文化产品。引导公民自觉履行环境保护责任，逐步转变落后的生活风俗习惯，积极开展垃圾分类，践行绿色生活方式，倡导绿色出行、绿色消费。

五、健全环境治理监管体系

（十五）完善监管体制。整合相关部门污染防治和生态环境保护执法职责、队伍，统一实行生态环境保护执法。全面完成省以下生态环境机构监测监察执法垂直管理制度改革。实施“双随机、一公开”环境监管模式。推动跨区域跨流域污染防治联防联控。除国家组织的重大活动外，各地不得因召开会议、论坛和举办大型活动等原因，对企业采取停产、限产措施。

（十六）加强司法保障。建立生态环境保护综合行政执法机关、公安机关、检察机关、审判机关信息共享、案情通报、案件移送制度。强化对破坏生态环境违法犯罪行为的查处侦办，加大对破坏生态环境案件起诉力度，加强检察机关提起生态环境公益诉讼工作。在高级人民法院和具备条件的中基层人民法院调整设立专门的环境审判机构，统一涉生态环境案件的受案范围、审理程序等。探索建立“恢复性司法实践+社会化综合治理”审判结果执行机制。

（十七）强化监测能力建设。加快构建陆海统筹、天地一体、上下协同、信息共享的生态环境监测网络，实现环境质量、污染源和生态状况监测全覆盖。实行“谁考核、谁监测”，不断完善生态环境监测技术体系，全面提高监测自动化、标准化、信息化水平，推动实现环境质量预报预警，确保监测数据“真、准、全”。推进信息化建设，形成生态环境数据一本台账、一张网络、一个窗口。加大监测技术装备研发与应用力度，推动监测装备精准、快速、便携化发展。

六、健全环境治理市场体系

（十八）构建规范开放的市场。深入推进“放管服”改革，打破地区、行业壁垒，对各类所有制企业一视同仁，平等对待各类市场主体，引导各类资本参与环境治理投资、建设、运行。规范市场秩序，减少恶性竞争，防止恶意低价中标，加快形成公开透明、规范有序的环境治理市场环境。

（十九）强化环保产业支撑。加强关键环保技术产品自主创新，推动环保首台（套）重大技术装备示范应用，加快提高环保产业技术装备水平。做大做强龙头企业，培育一批专业化骨干企业，扶持一批专特优精中小企业。鼓励企业参与绿色“一带一路”建设，带动先进的环保技术、装备、产能走出去。

（二十）创新环境治理模式。积极推行环境污染第三方治理，开展园区污染防治第三方治理示范，探索统一规划、统一监测、统一治理的一体化服务模式。开展小城镇环境综合治理托管服务试点，强化系统治理，实行按效付费。对工业污染地块，鼓励采用“环境修复+开发建设”模式。

（二十一）健全价格收费机制。严格落实“谁污染、谁付费”政策导向，建立健全“污染者付费+第三方治理”等机制。按照补偿处理成本并合理盈利原则，完善并落实污水垃圾处理收费政策。综合考虑企业和居民承受能力，完善差别化电价政策。

七、健全环境治理信用体系

（二十二）加强政务诚信建设。建立健全环境治理政务失信记录，将地方各级政府和公职人员在环境保护工作中因违法违规、失信违约被司法判决、行政处罚、纪律处分、问责处理等信息纳入政务失信记录，并归集至相关信用信息共享平台，依托“信用中国”网站等依法依规逐步公开。

（二十三）健全企业信用建设。完善企业环保信用评价制度，依据评价结果实施分级分类监管。建立排污企业黑名单制度，将环境违法企业依法依规纳入失信联合惩戒对象名单，将其违法信息记入信用记录，并按照国家有关规定纳入全国信用信息共享平台，依法向社会公开。建立完善上市公司和发债企业强制性环境治理信息披露制度。

八、健全环境治理法律法规政策体系

（二十四）完善法律法规。制定修订固体废物污染防治、长江保护、海洋环境保护、生态环境监测、环境影响评价、清洁生产、循环经济等方面的法律法规。鼓励有条件的地方在环境治理领域先于国家进行立法。严格执法，对造成生态环境损害的，依法依规追究赔偿责任；对构成犯罪的，依法追究刑事责任。

（二十五）完善环境保护标准。立足国情实际和生态环境状况，制定修订环境质量标准、污染物排放（控制）标准以及环境监测标准等。推动完善产品环保强制性国家标准。做好生态环境保护规划、环境保护标准与产业政策的衔接配套，健全标准实施信息反馈和评估机制。鼓励开展各类涉及环境治理的绿色认证制度。

（二十六）加强财税支持。建立健全常态化、稳定的中央和地方环境治理财政资金投入机制。健全生态保护补偿机制。制定出台有利于推进产业结构、能源结构、运输结构和用地结构调整优化的相关政策。严格执行环境保护税法，促进企业降低大气污染物、水污染物排放浓度，提高固体废物综合利用率。贯彻落实好现行促进环境保护和污染防治的税收优惠政策。

（二十七）完善金融扶持。设立国家绿色发展基金。推动环境污染责任保险发展，在环境高风险领域研究建立环境污染强制责任保险制度。开展排污权交易，研究探索对排污权交易进行抵质押融资。鼓励发展重大环保装备融资租赁。加快建立省级土壤污染防治基金。统一国内绿色债券标准。

九、强化组织领导

（二十八）加强组织实施。地方各级党委和政府要根据本意见要求，结合本地区发展实际，进一步细化落实构建现代环境治理体系的目标任务和政策措施，确保本意见确定的重点任务及时落地见效。国家发展改革委要加强统筹协调和政策支持，生态环境部要牵头推进相关具体工作，有关部门各负其责、密切配合，重大事项及时向党中央、国务院报告。

2020年3月3日

关于新时代推进西部大开发形成新格局的指导意见

强化举措推进西部大开发形成新格局，是党中央、国务院从全局出发，顺应中国特色社会主义进入新时代、区域协调发展进入新阶段的新要求，统筹国内国际两个大局作出的重大决策部署。党的十八大以来，在党中央坚强的领导下，西部地区经济社会发展取得重大历史性成就，为决胜全面建成小康社会奠定了比较坚实的基础，也扩展了国家发展的战略回旋空间。但同时，西部地区发展不平衡不充分问题依然突出，巩固脱贫攻坚任务依然艰巨，与东部地区发展差距依然较大，维护民族团结、社会稳定、国家安全任务依然繁重，仍然是全面建成小康社会、实现社会主义现代化的短板和薄弱环节。新时代继续做好西部大开发工作，对于增强防范化解各类风险能力，促进区域协调发展，决胜全面建成小康社会，开启全面建设社会主义现代化国家新征程，具有重要现实意义和深远历史意义。为加快形成西部大开发新格局，推动西部地区高质量发展，现提出如下意见。

一、总体要求

以习近平新时代中国特色社会主义思想为指导，全面贯彻党的十九大和十九届二中、三中全会精神，统筹推进“五位一体”总体布局，协调推进“四个全面”战略布局，落实总体国家安全观，坚持稳中求进工作总基调，坚持新发展理念，坚持推动高质量发展，坚持以供给侧结构性改革为主线，深化市场化改革、扩大高水平开放，坚定不移推动重大改革举措落实，防范化解推进改革中的重大风险挑战。强化举措抓重点、补短板、强弱项，形成大保护、大开放、高质量发展的新格局，推动经济发展质量变革、效率变革、动力变革，促进西部地区经济发展与人口、资源、环境相协调，实现更高质量、更有效率、更加公平、更可持续发展，确保到2020年西部地区生态环境、营商环境、开放环境、创新环境明显改善，与全国一道全面建成小康社会；到2035年，西部地区基本实现社会主义现代化，基本公共服务、基础设施通达程度、人民生活水平与东部地区大体相当，努力实现不同类型地区互补发展、东西双向开放协同并进、民族边疆地区繁荣安全稳固、人与自然和谐共生。

二、贯彻新发展理念，推动高质量发展

（一）打好三大攻坚战。把打好三大攻坚战特别是精准脱贫攻坚战作为决胜全面建成小康社会的关键任务，集中力量攻坚克难。重点解决实现“两不愁三保障”面临的突出问题，加大深度贫困地区和特殊贫困群体脱贫攻坚力度，减少和防止贫困人口返贫，确保到2020年现行标准下西部地区农村贫困人口全部实现脱贫，贫困县全部摘帽。在全面完成脱贫任务基础上压茬推进乡村振兴战略，巩固脱贫攻坚成果。结合西部地区发展实际，打好污染防治标志性重大战役，实施环境保护重大工程，构建生态环境分区管控体系。精准研判可能出现的主要风险点，结合西部地区实际，进一步完善体制机制，拿出改革创新举措。坚持底线思维，强化源头管控，有效稳住杠杆率。

（二）不断提升创新发展能力。以创新能力建设为核心，加强创新开放合作，打造区域创新高地。完善国家重大科研基础设施布局，支持西部地区在特色优势领域优先布局建设国家级创新平台和大科学装置。加快在西部具备条件的地区创建国家自主创新示范区、科技成果转移转化示范区等创新载体。进一步深化东西部科技创新合作，打造协同创新共同体。在西部地区布局建设一批应用型本科高校、高职学校，支持“双一流”高校对西部地区开展对口支援。深入推进大众创业万众创新，促进西部地区创新创业高质量发展，打造“双创”升级版。健全以需求为导向、以企业为主体的产学研一体化创新体制，鼓励各类企业在西部地区设立科技创新公司。支持国家科技成果转化引导基金在西部地区设立创业投资子基金。加强知识产权保护、应用和服务体系建设，支持开展知识产权国际交流合作。

（三）推动形成现代化产业体系。充分发挥西部地区比较优势，推动具备条件的产业

集群化发展，在培育新动能和传统动能改造升级上迈出更大步伐，促进信息技术在传统产业广泛应用并与之深度融合，构建富有竞争力的现代化产业体系。推动农村一二三产业深度融合，促进农牧业全产业链、价值链转型升级。加快推进高标准农田、现代化生态牧场、粮食生产功能区和棉油糖等重要农产品生产保护区建设，支持发展生态集约高效、用地规范的设施农业。加快高端、特色农机装备生产研发和推广应用。推动发展现代制造业和战略性新兴产业。积极发展大数据、人工智能和“智能+”产业，大力发展工业互联网。推动“互联网+教育”“互联网+医疗”“互联网+旅游”等新业态发展，推进网络提速降费，加快发展跨境电子商务。支持西部地区发挥生态、民族民俗、边境风光等优势，深化旅游资源开放、信息共享、行业监管、公共服务、旅游安全、标准化服务等方面国际合作，提升旅游服务水平。依托风景名胜区、边境旅游试验区等，大力发展旅游休闲、健康养生等服务业，打造区域重要支柱产业。加快发展现代服务业特别是专业服务业，加强现代物流服务体系建设。

（四）优化能源供需结构。优化煤炭生产与消费结构，推动煤炭清洁生产与智能高效开采，积极推进煤炭分级分质梯级利用，稳步开展煤制油、煤制气、煤制烯烃等升级示范。建设一批石油天然气生产基地。加快煤层气等勘探开发利用。加强可再生能源开发利用，开展黄河梯级电站大型储能项目研究，培育一批清洁能源基地。加快风电、光伏发电就地消纳。继续加大西电东送等跨省区重点输电通道建设，提升清洁电力输送能力。加强电网调峰能力建设，有效解决弃风弃光弃水问题。积极推进配电网改造行动和农网改造升级，提高偏远地区供电能力。加快北煤南运通道和大型煤炭储备基地建设，继续加强油气支线、终端管网建设。构建多层次天然气储备体系，在符合条件的地区加快建立地下储气库。支持符合环保、能效等标准要求的高载能行业向西部清洁能源优势地区集中。

（五）大力促进城乡融合发展。深入实施乡村振兴战略，做好新时代“三农”工作。培养新型农民，优化西部地区农业从业者结构。以建设美丽宜居村庄为目标，加强农村人居环境和综合服务设施建设。在加强保护基础上盘活农村历史文化资源，形成具有地域和民族特色的乡村文化产业和品牌。因地制宜优化城镇化布局与形态，提升并发挥国家和区域中心城市功能作用，推动城市群高质量发展和大中小城市网络化建设，培育发展一批特色小城镇。加大对西部地区资源枯竭等特殊类型地区振兴发展的支持力度。有序推进农业转移人口市民化。推动基本公共服务常住人口全覆盖，保障符合条件的未落户农民工在流入地平等享受城镇基本公共服务。总结城乡“资源变资产、资金变股金、农（市）民变股东”等改革经验，探索“联股联业、联股联责、联股联心”新机制。统筹城乡市政公用设施建设，促进城镇公共基础设施向周边农村地区延伸。

（六）强化基础设施规划建设。提高基础设施通达度、通畅性和均等化水平，推动绿色集约发展。加强横贯东西、纵贯南北的运输通道建设，拓展区域开发轴线。强化资源能源开发地干线通道规划建设。加快川藏铁路、沿江高铁、渝昆高铁、西（宁）成（都）铁路等重大工程规划建设。注重高速铁路和普通铁路协同发展，继续开好多站点、低票价的“慢火车”。打通断头路、瓶颈路，加强出海、扶贫通道和旅游交通基础设施建设。加强综合客运枢纽、货运枢纽（物流园区）建设。完善国家物流枢纽布局，提高物流运行效率。加强航空口岸和枢纽建设，扩大枢纽机场航权，积极发展通用航空。进一步提高农村、边远地区信息网络覆盖水平。合理规划建设一批重点水源工程、江河湖泊骨干治理工程和大型灌区工程，加强大中型灌区续建配套与现代化改造、中小河流治理和病险水库除险加固、抗旱水源工程建设和山洪灾害防治。推进城乡供水一体化和人口分散区域重点小型标准化供水设施建设，加强饮用水水源地规范化建设。

（七）切实维护国家安全和社会稳定。统筹发展与安全两件大事，更好发挥西部地区国家安全屏障作用。巩固和发展平等团结互助和谐的社会主义民族关系，促进各民族共同团结奋斗和共同繁荣发展。深入推进立体化社会治安防控，构建坚实可靠的社会安全体系。

三、以共建"一带一路"为引领，加大西部开放力度

（八）积极参与和融入"一带一路"建设。支持新疆加快丝绸之路经济带核心区建设，形成西向交通枢纽和商贸物流、文化科教、医疗服务中心。支持重庆、四川、陕西发挥综合优势，打造内陆开放高地和开发开放枢纽。支持甘肃、陕西充分发掘历史文化优势，发挥丝绸之路经济带重要通道、节点作用。支持贵州、青海深化国内外生态合作，推动绿色丝绸之路建设。支持内蒙古深度参与中蒙俄经济走廊建设。提升云南与澜沧江—湄公河区域开放合作水平。

（九）强化开放大通道建设。积极实施中新（重庆）战略性互联互通示范项目。完善北部湾港口建设，打造具有国际竞争力的港口群，加快培育现代海洋产业，积极发展向海经济。积极发展多式联运，加快铁路、公路与港口、园区连接线建设。强化沿江铁路通道运输能力和港口集疏运体系建设。依托长江黄金水道，构建陆海联运、空铁联运、中欧班列等有机结合的联运服务模式和物流大通道。支持在西部地区建设无水港。优化中欧班列组织运营模式，加强中欧班列枢纽节点建设。进一步完善口岸、跨境运输和信息通道等开放基础设施，加快建设开放物流网络和跨境邮递体系。加快中国－东盟信息港建设。

（十）构建内陆多层次开放平台。鼓励重庆、成都、西安等加快建设国际门户枢纽城市，提高昆明、南宁、乌鲁木齐、兰州、呼和浩特等省会（首府）城市面向毗邻国家的次区域合作支撑能力。支持西部地区自由贸易试验区在投资贸易领域依法依规开展先行先试，探索建设适应高水平开放的行政管理体制。加快内陆开放型经济试验区建设，研究在内陆地区增设国家一类口岸。研究按程序设立成都国际铁路港经济开发区。有序推进国家级新区等功能平台建设。整合规范现有各级各类基地、园区，加快开发区转型升级。鼓励国家级开发区实行更加灵活的人事制度，引进发展优质医疗、教育、金融、物流等服务。办好各类国家级博览会，提升西部地区影响力。

（十一）加快沿边地区开放发展。完善沿边重点开发开放试验区、边境经济合作区、

跨境经济合作区布局，支持在跨境金融、跨境旅游、通关执法合作、人员出入境管理等方面开展创新。扎实推进边境旅游试验区、跨境旅游合作区、农业对外开放合作试验区等建设。统筹利用外经贸发展专项资金支持沿边地区外经贸发展。完善边民互市贸易管理制度。深入推进兴边富民行动。

（十二）发展高水平开放型经济。推动西部地区对外开放由商品和要素流动型逐步向规则制度型转变。落实好外商投资准入前国民待遇加负面清单管理制度，有序开放制造业，逐步放宽服务业准入，提高采矿业开放水平。支持西部地区按程序申请设立海关特殊监管区域，支持区域内企业开展委内加工业务。加强农业开放合作。推动西部优势产业企业积极参与国际产能合作，在境外投资经营中履行必要的环境、社会和治理责任。支持建设一批优势明显的外贸转型升级基地。建立东中西部开放平台对接机制，共建项目孵化、人才培养、市场拓展等服务平台，在西部地区打造若干产业转移示范区。对向西部地区梯度转移企业，按原所在地区已取得的海关信用等级实施监督。

（十三）拓展区际互动合作。积极对接京津冀协同发展、长江经济带发展、粤港澳大湾区建设等重大战略。支持青海、甘肃等加快建设长江上游生态屏障，探索协同推进生态优先、绿色发展新路径。依托陆桥综合运输通道，加强西北省份与江苏、山东、河南等东中部省份互惠合作。加快珠江—西江经济带和北部湾经济区建设，鼓励广西积极参与粤港澳大湾区建设和海南全面深化改革开放。推动东西部自由贸易试验区交流合作，加强协同开放。支持跨区域共建产业园区，鼓励探索“飞地经济”等模式。加强西北地区与西南地区合作互动，促进成渝、关中平原城市群协同发展，打造引领西部地区开放开发的核心引擎。推动北部湾、兰州—西宁、呼包鄂榆、宁夏沿黄、黔中、滇中、天山北坡等城市群互动发展。支持南疆地区开放发展。支持陕甘宁、川陕、左右江等革命老区和川渝、川滇黔、渝黔等跨省（自治区、直辖市）毗邻地区建立健全协同开放发展机制。加快推进重点区域一体化进程。

四、加大美丽西部建设力度，筑牢国家生态安全屏障

（十四）深入实施重点生态工程。坚定贯彻绿水青山就是金山银山理念，坚持在开发中保护、在保护中开发，按照全国主体功能区建设要求，保障好长江、黄河上游生态安全，保护好冰川、湿地等生态资源。进一步加大水土保持、天然林保护、退耕还林还草、退牧还草、重点防护林体系建设等重点生态工程实施力度，开展国土绿化行动，稳步推进自然保护地体系建设和湿地保护修复，展现大美西部新面貌。加快推进国家公园体系建设。

（十五）稳步开展重点区域综合治理。大力推进青海三江源生态保护和建设、祁连山生态保护与综合治理、岩溶地区石漠化综合治理、京津风沙源治理等。以汾渭平原、成渝地区、乌鲁木齐及周边地区为重点，加强区域大气污染联防联控，提高重污染天气应对能力。开展西部地区土壤污染状况详查，积极推进受污染耕地分类管理和安全利用，有序推进治理与修复。

（十六）加快推进西部地区绿色发展。落实市场导向的绿色技术创新体系建设任务，推动西部地区绿色产业加快发展。实施国家节水行动以及能源消耗总量和强度双控制度，全面推动重点领域节能减排。大力发展循环经济，推进资源循环利用基地建设和园区循环化改造，鼓励探索低碳转型路径。全面推进河长制、湖长制，推进绿色小水电改造。加快西南地区城镇污水管网建设和改造，加强入河排污口管理，强化西北地区城中村、老旧城区和城乡接合部污水截流、收集、纳管工作。加强跨境生态环境保护合作。

五、深化重点领域改革，坚定不移推动重大改革举措落实

（十七）深化要素市场化配置改革。探索集体荒漠土地市场化路径，设定土地用途，鼓励个人申领使用权。深入推进主业为充分竞争行业的商业类地方国有企业混合所有制

改革。深化资源性产品等要素价格形成机制改革，建立健全定价成本信息公开制度。有序放开竞争性环节电价，深化输配电价改革。推进增量配电业务改革试点，开展电力现货交易试点。实施丰水期居民生活电能替代等电价政策，促进西部地区清洁能源消纳。建立健全天然气弹性价格机制和上下游价格传导机制。建立健全市场化、多元化生态保护补偿机制，进一步完善生态保护补偿市场体系。构建统一的自然资源资产交易平台，健全自然资源资产收益分配制度。提高西部地区直接融资比例，支持符合条件的企业在境内外发行上市融资、再融资，通过发行公司信用类债券、资产证券化产品融资。西部贫困地区企业首次公开发行上市、新三板挂牌、发行债券、并购重组等适用绿色通道政策。

（十八）积极推进科技体制改革。开展探索赋予科研人员职务科技成果所有权或长期使用权试点工作。支持扩大科研经费使用自主权，提高智力密集型项目间接经费比例并向创新绩效突出的团队和个人倾斜。加快科技人员薪酬制度改革，扩大高校和科研院所工资分配自主权，健全绩效工资分配机制。

（十九）持续推进信用体系建设。建立健全地方信用法规体系。加强政务诚信建设，建立健全政府失信责任追究制度。完善省市县信用信息共享平台。加快征信市场建设，培育有良好信誉的信用服务机构，鼓励研发适合西部地区的征信产品。

（二十）努力营造良好营商环境。深化“放管服”改革，加快建设服务型政府。落实全国统一的市场准入负面清单制度，推动“非禁即入”普遍落实。推行政务服务“最多跑一次”和企业投资项目承诺制改革，大幅压缩工程建设项目审批时间。落实减税降费各项政策措施，着力降低物流、用能等费用。实施“双随机、一公开”监管，对新技术、新业态、新模式实行审慎包容监管，提高监管效能，防止任意检查、执法扰民。强化竞争政策的基础性地位，进一步落实公平竞争审查制度，加快清理废除妨碍统一市场和公平竞争的各种规定和做法，持续深入开展不正当竞争行为治理，形成优化营商环境长效机制。

六、坚持以人民为中心，把增强人民群众获得感、幸福感、安全感放到突出位置

（二十一）着力强化公共就业创业服务。完善城乡劳动者终身职业技能培训政策和组织实施体系。强化就业和国家通用语言培训。加大对高校毕业生在西部地区就业的扶持力度。积极引导农村劳动力转移就业和农民工返乡创业就业。妥善做好化解过剩产能中的职工分流安置工作。加大力度支持灵活就业和新就业形态。

（二十二）支持教育高质量发展。加强普惠性幼儿园建设，大力培养培训贫困地区幼儿园教师。加快改善贫困地区义务教育薄弱学校基本办学条件，全面加强乡村小规模学校、乡镇寄宿制学校建设。在县域义务教育学校学位供需矛盾突出地区有序增加义务教育供给，有效解决“大班额”问题，做好控辍保学工作。发展现代职业教育，推进职业教育东西协作，促进产教融合、校企合作。逐步普及高中阶段教育。加强学校语言文字工作，确保国家通用语言文字作为教育教学基本用语用字。支持探索利用人工智能、互联网开展远程教育，促进优质教学资源共享。支持西部地区高校“双一流”建设，着力加强适应西部地区发展需求的学科建设。持续推动东西部地区教育对口支援，继续实施东部地区高校对口支援西部地区高校计划、国家支援中西部地区招生协作计划，实施东部地区职业院校对口西部职业院校计划。促进西部高校国际人才交流，相关人才引进平台建设向西部地区倾斜。鼓励支持部委属高校和地方高校“订单式”培养西部地区专业化人才。

（二十三）提升医疗服务能力和水平。重点加强西部地区县级（含兵团团场）医院综合能力建设，持续改善农村医疗卫生条件，加快基层医疗卫生机构标准化建设。改善医疗基础设施和装备条件，提高医护人员专业技术水平。支持在西部地区建立若干区域医疗中心。探索利用人工智能、互联网等开展远程医疗，支持宁夏建设“互联网+医疗健康”示范区。充分发挥中医药在医疗卫生服务中的作用。加快补齐3岁以下婴幼儿照护服务短板。支持西部地区医疗机构与东中部地区医疗机构间开展双向交流。

（二十四）完善多层次广覆盖的社会保障体系。加快推进养老保险省级统筹，推进落实城乡居民基本养老保险待遇确定和基础养老金正常调整机制。合理确定基本医疗保险保障水平，完善医疗保险关系转移接续措施。完善失业保险制度，逐步提高失业保障水平。科学制定低保标准，逐步拓展低保覆盖范围。建设统一的社会保险公共服务平台，推广以社会保障卡为载体的“一卡通”服务管理模式。

（二十五）健全养老服务体系。加快构建以居家为基础、社区为依托、机构为补充、医养相结合的养老服务体系。稳步推进公办养老机构改革和建设，全面放开养老服务市场，积极引导社会资本进入养老服务业，扩大西部地区养老服务有效供给，探索建立长期照护保障体系。加大对养老服务设施建设支持力度，加强农村特困人员供养服务机构建设管理，稳步提高托底保障能力和服务质量。实施养老服务专业人才培养等工程。

（二十六）强化公共文化体育服务。完善公共文化服务设施网络，强化数字技术运用，推动文化惠民工程整合创新、提档升级。推进县级融媒体中心建设，推动广播电视户户通，建立健全应急广播平台及传输覆盖网络。鼓励发展含少数民族传统体育在内的群众体育。加强公共体育场馆建设，推进相关场馆免费或低收费开放。

（二十七）改善住房保障条件。完善分类分级补助标准，加大对农村危房改造补助资金倾斜支持力度。鼓励通过闲置农房置换或长期租赁等方式，解决农村特困群体基本住房安全问题。落实易地扶贫搬迁政策，完善安置区配套基础设施和公共服务设施。积极改善城镇中等偏下及以下收入住房困难家庭、新就业无房职工和城镇稳定就业的无房外来务工人员居住条件。

（二十八）增强防灾减灾与应急管理能力。推进西部地区城乡基层防灾减灾救灾能力建设，完善事故灾害综合风险评估技术标准体系，推进事故灾害综合风险评估和隐患排查治理。结合西部地区实际，推进实施灾害风险防控、监测预警、应急抢险救援、信息服务保障、救灾物资储备以及防灾减灾救灾科技支撑、宣传教育等能力建设工程。实施地震易发区房屋设施加固工程。推进西部地区灾害应急救援联动指挥平台建设，建立应急救援资源共享及联合处置机制。打造符合西部地区需求的防灾减灾救灾科技创新团队、实验基地和实验平台。加快提高骨干救援队伍专业化技术装备水平。

七、加强政策支持和组织保障

（二十九）分类考核。参照高质量发展综合评价指标和分领域评价指标，根据西部地区不同地域特点，设置各有侧重、各具特色的考核内容和指标，实施差异化考核。深入研究制定分类考核的具体措施。

（三十）财税支持。稳妥有序推进中央和地方收入划分改革。中央财政在一般性转移支付和各领域专项转移支付分配中，继续通过加大资金分配系数、提高补助标准或降低地方财政投入比例等方式，对西部地区实行差别化补助，加大倾斜支持力度。考虑重点生态功能区占西部地区比例较大的实际，继续加大中央财政对重点生态功能区转移支付力度，完善资金测算分配办法。考虑西部地区普遍财力较为薄弱的实际，加大地方政府债券对基础设施建设的支持力度，将中央财政一般性转移支付收入纳入地方政府财政承受能力计算范畴。指导推动省以下财政事权和支出责任划分，调动市县积极性。对设在西部地区的鼓励类产业企业所得税优惠等政策到期后继续执行。赋予西部地区具备条件且有需求的海关特殊监管区域内企业增值税一般纳税人资格。对西部地区鼓励类产业项目在投资总额内进口的自用设备，在政策规定范围内免征关税。

（三十一）金融支持。支持商业金融、合作金融等更好为西部地区发展服务。引导金融机构加大对西部地区小微企业融资支持力度。落实无还本续贷、尽职免责等监管政策，在风险总体可控前提下加大对西部地区符合条件的小微企业续贷支持力度。引导和鼓励银行业金融机构合理调配信贷资源，加大对西部贫困地区扶贫产业支持力度。支持轻资产实体经济企业或项目以适当方式融资。增加绿色金融供给，推动西部地区经济绿色转型升级。依法合规探索建立西部地区基础设施领域融资风险分担机制。

（三十二）产业政策。实行负面清单与鼓励类产业目录相结合的产业政策，提高政策精准性和精细度。在执行全国统一的市场准入负面清单基础上，对西部地区鼓励类产业目录进行动态调整，与分类考核政策相适应。适时修订中西部地区外商投资优势产业目录并进行动态调整。继续完善产业转移引导政策，适时更新产业转移指导目录。加大中央财政对西部地区自然资源调查评价的支持力度，自然资源调查计划优先安排西部地区项目。凡有条件在西部地区就地加工转化的能源、资源开发利用项目，支持在当地优先布局建设并优先审批核准。鼓励新设在西部地区的中央企业及其分支机构在当地注册。适当降低社会保险费率，确保总体上不增加企业负担。

（三十三）用地政策。继续实施差别化用地政策，新增建设用地指标进一步向西部地区倾斜，合理增加荒山、沙地、戈壁等未利用土地开发建设指标。加强对基础设施领域补短板项目的用地保障。支持西部地区开放平台建设，对国家级新区、开发区利用外资项目以及重点开发开放试验区、边境经济合作区、跨境经济合作区产业发展所需建设用地，在计划指标安排上予以倾斜支持。推进耕地指标和城乡建设用地指标在国家统筹管理下实现跨省域调剂。

（三十四）人才政策。努力造就忠诚干净担当的西部地区高素质干部队伍，注重选拔符合西部地区需要的专业化人才，建立健全有利于吸引、激励和留住人才的体制机制。落实完善工资待遇倾斜政策，结合事业单位改革，鼓励引导机关事业单位人员特别是基层公务员、教师、医护人员、科技人员等扎根西部。鼓励符合条件的企业实施股权激励、分红等中长期激励。允许国有企事业单位专业技术和管理人才按有关规定在西部地区兼职并取得合法报酬。允许退休公职人员按有关规定在西部地区创业。

（三十五）帮扶政策。深入开展对口支援新疆、西藏和青海等省藏区以及对口帮扶贵州等工作。继续实施中央和国家机关及企事业单位等定点帮扶。支持军队发挥优势，积极参与西部大开发。推动统一战线继续支持毕节试验区改革发展。鼓励东中部城市帮助边境城市对口培训亟需的管理和技术人才。鼓励企业结对帮扶贫困县（村）。进一步推动从中央和国家机关、东部地区选派优秀干部到西部地区挂职任职，注重提拔使用在西部地区作出突出贡献的优秀干部。继续做好公务员对口培训工作。

（三十六）组织保障。加强党对西部大开发工作的领导，强化各级党组织在推进西部大开发形成新格局进程中的领导作用。强化基层党组织建设，健全以党组织为领导的组织体系，着力提升基层党组织的组织力，引导广大党员干部在西部大开发中发挥先锋模范作用。激励干部担当作为，鼓励创造性贯彻落实。国务院西部地区开发领导小组要加强统筹指导，各成员单位和有关部门要各司其职、压实责任，密切配合、通力协作，制定配套政策措施并推进落实。国家发展改革委要切实承担国务院西部地区开发领导小组办公室职责，适时对政策实施情况进行评估，发挥好督查促落实作用。西部地区各级党委和政府要切实承担主体责任，主动作为、真抓实干，结合本地区实际出台贯彻落实本意见的具体举措，团结带领广大干部群众认真抓好各项任务落实。要切实解决困扰基层的形式主义问题，让西部地区基层干部腾出更多精力干实事。东中部地区及社会各界要继续支持和参与西部大开发。

各地区各部门要在党中央的坚强领导下，增强“四个意识”，坚定“四个自信”，做到“两个维护”，认真落实党中央、国务院决策部署，解放思想、锐意进取、深化改革、破解矛盾，加快建立更加有效的区域协调发展新机制，以更大力度、更强举措推进西部大开发形成新格局。

2020年5月17日

工业数据分类分级指南（试行）

第一章 总则

第一条 为贯彻《促进大数据发展行动纲要》《大数据产业发展规划（2016—2020年）》有关要求，更好推动《数据管理能力成熟度评估模型》（GB/T 36073—2018）贯标和《工业控制系统信息安全防护指南》落实，指导企业提升工业数据管理能力，促进工业数据的使用、流动与共享，释放数据潜在价值，赋能制造业高质量发展，制定本指南。

第二条 本指南所指工业数据是工业领域产品和服务全生命周期产生和应用的数据，包括但不限于工业企业在研发设计、生产制造、经营管理、运维服务等环节中生成和使用的数据，以及工业互联网平台企业（以下简称平台企业）在设备接入、平台运行、工业APP应用等过程中生成和使用的数据。

第三条 本指南适用于工业和信息化主管部门、工业企业、平台企业等开展工业数据分类分级工作。涉及国家秘密信息的工业数据，应遵守保密法律法规的规定，不适用本指南。

第四条 工业数据分类分级以提升企业数据管理能力为目标，坚持问题导向、目标导向和结果导向相结合，企业主体、行业指导和属地监管相结合，分类标识、逐类定级和分级管理相结合。

第二章 数据分类

第五条 工业企业结合生产制造模式、平台企业结合服务运营模式，分析梳理业务流程和系统设备，考虑行业要求、业务规模、数据复杂程度等实际情况，对工业数据进行分类梳理和标识，形成企业工业数据分类清单。

第六条 工业企业工业数据分类维度包括但不限于研发数据域（研发设计数据、开发测试数据等）、生产数据域（控制信息、工况状态、工艺参数、系统日志等）、运维数据域（物流数据、产品售后服务数据等）、管理数据域（系统设备资产信息、客户与产品信息、产品供应链数据、业务统计数据等）、外部数据域（与其他主体共享的数据等）。

第七条　平台企业工业数据分类维度包括但不限于平台运营数据域（物联采集数据、知识库模型库数据、研发数据等）和企业管理数据域（客户数据、业务合作数据、人事财务数据等）。

第三章　数据分级

第八条　根据不同类别工业数据遭篡改、破坏、泄露或非法利用后，可能对工业生产、经济效益等带来的潜在影响，将工业数据分为一级、二级、三级等三个级别。

第九条　潜在影响符合下列条　件之一的数据为三级数据：

（一）易引发特别重大生产安全事故或突发环境事件，或造成直接经济损失特别巨大；

（二）对国民经济、行业发展、公众利益、社会秩序乃至国家安全造成严重影响。

第十条　潜在影响符合下列条　件之一的数据为二级数据：

（一）易引发较大或重大生产安全事故或突发环境事件，给企业造成较大负面影响，或直接经济损失较大；

（二）引发的级联效应明显，影响范围涉及多个行业、区域或者行业内多个企业，或影响持续时间长，或可导致大量供应商、客户资源被非法获取或大量个人信息泄露；

（三）恢复工业数据或消除负面影响所需付出的代价较大。

第十一条　潜在影响符合下列条　件之一的数据为一级数据：

（一）对工业控制系统及设备、工业互联网平台等的正常生产运行影响较小；

（二）给企业造成负面影响较小，或直接经济损失较小；

（三）受影响的用户和企业数量较少、生产生活区域范围较小、持续时间较短；

（四）恢复工业数据或消除负面影响所需付出的代价较小。

第四章　分级管理

第十二条　工业和信息化部负责制定工业数据分类分级制度规范，指导、协调开展工业数据分类分级工作。各地工业和信息化主管部门负责指导和推动辖区内工业数据分类分级工作。有关行业、领域主管部门可参考本指南，指导和推动本行业、本领域工业数据分类分级工作。

第十三条　工业企业、平台企业等企业承担工业数据管理的主体责任，要建立健全相关管理制度，实施工业数据分类分级管理并开展年度复查，并在企业系统、业务等发生重大变更时应及时更新分类分级结果。有条件的企业可结合实际设立数据管理机构，配备专职人员。

第十四条　企业应按照《工业控制系统信息安全防护指南》等要求，结合工业数据分级情况，做好防护工作。

企业针对三级数据采取的防护措施，应能抵御来自国家级敌对组织的大规模恶意攻击；针对二级数据采取的防护措施，应能抵御大规模、较强恶意攻击；针对一级数据采取的防护措施，应能抵御一般恶意攻击。

第十五条　鼓励企业在做好数据管理的前提下适当共享一、二级数据，充分释放工业数据的潜在价值。二级数据只对确需获取该级数据的授权机构及相关人员开放。三级数据原则上不共享，确需共享的应严格控制知悉范围。

第十六条　工业数据遭篡改、破坏、泄露或非法利用时，企业应根据事先制定的应急预案立即进行应急处置。涉及三级数据时，还应将事件及时上报数据所在地的省级工业和信息化主管部门，并于应急工作结束后30日内补充上报事件处置情况。

2020年2月27日

统计篇

2020 年全球地区及国家 GDP 增长情况

区域及国家	2019年（%）	2020 年（%）
美国	2.3	−3.5
德国	0.5	−4.9
法国	1.3	−8.2
意大利	0.2	−8.9
西班牙	2.0	−11.0
日本	1.0	−4.8
英国	1.3	−9.9
加拿大	1.5	−5.4
中国	6.1	−3.1
印度	4.8	2.3
东盟五国	4.7	−8.0
俄罗斯	1.1	−3.4
巴西	1.2	−4.1
墨西哥	0.0	−8.2
沙特阿拉伯	0.2	−4.1
尼日利亚	2.3	−1.8
南非	0.4	−7.0

数据来源：世界货币基金组织

2020 年国内社会生产销售及消费情况

类别	2020年累计（万亿元）	同比（%）
国内生产总值	101.6	2.3
其中：第一产业	7.8	3.0
第二产业	38.4	2.6
第三产业	55.4	2.1
社会消费品零售总额	39.2	−3.9
工业增加值	31.3	2.4

数据来源：国家统计局

2020 年全国用电情况

指标名称	绝对量（亿千瓦·时）	同比（%）
全国全社会用电量	75110	3.1
其中：第一产业用电量	859	10.2
第二产业用电量	51215	2.5
工业用电量	50297	2.5
第三产业用电量	12087	1.9
城乡居民生活用电量	10949	6.9

数据来源：国家能源局

2015 ~ 2020 年棉花及化纤短纤产量情况

项目	单位	2015 年	2016 年	2017 年	2018 年	2019 年	2020 年
棉花	万吨	586	494	605	609	591	592
粘胶短纤产量	万吨	318	351	364	377	394	379
涤纶短纤产量	万吨	960	915	925	889	1020	1053

数据来源：中国棉纺织行业协会、有关单位会商、中国化学纤维工业协会

2020年纺织工业经济指标完成情况汇总表（规模以上）

序号	指标名称	单位	本年累计	去年累计	同比（%）
1	企业户数	户	34196	34196	
2	亏损户数	户	7777	5121	51.86
3	亏损面	%	22.74	14.98	7.76（百分点）
4	营业收入	亿元	45191	49569	−8.83
5	营业成本	亿元	39474	43552	−9.36
6	销售费用	亿元	1026	1124	−8.64
7	管理费用	亿元	1628	1758	−7.41
8	财务费用	亿元	528	504	4.77
9	利润总额	亿元	2065	2206	−6.38
10	亏损企业亏损额	亿元	362	285	26.78
11	资产总计	亿元	41469	40197	3.16
12	其中：流动资产合计	亿元	22987	22063	4.19
13	其中：应收票据及应收账款	亿元	5170	4688	10.28
14	存货	亿元	5826	5933	−1.79
15	其中：产成品	亿元	2989	2938	1.76
16	负债合计	亿元	22887	22200	3.10
17	出口交货值	亿元	5929	6914	−14.25

数据来源：国家统计局

2020 年棉纺纱加工、棉织造加工经济指标完成情况汇总表

序号	指标名称	单位	本年累计	去年累计	同比(%)
1	企业户数	户	6962		
2	亏损户数	户	1611		
3	亏损面	%	23.14		
4	营业收入	亿元	9680	11088	−12.70
5	营业成本	亿元	8755	10003	−12.48
6	销售费用	亿元	146	171	−14.67
7	管理费用	亿元	249	293	−14.99
8	财务费用	亿元	125	130	−3.97
9	利润总额	亿元	337	413	−18.47
10	亏损企业亏损额	亿元	74	80	−8.59
11	资产总计	亿元	8488	8302	2.25
12	其中：流动资产合计	亿元	4600	4420	4.08
13	其中：应收票据及应收账款	亿元	867	723	19.93
14	存货	亿元	1290	1346	−4.19
15	其中：产成品	亿元	648	673	−3.60
16	负债合计	亿元	4826	4793	0.67
17	出口交货值	亿元	511	651	−21.52

数据来源：国家统计局

2020 年跟踪重点企业经济指标完成情况汇总表

序号	指标名称	同比(%)
1	亏损面	0.83
2	营业收入	−8.62
3	营业成本	−8.43
4	销售费用	0.07
5	管理费用	−5.00
6	财务费用	−0.05
7	其中：利息费用	−5.41
8	利润总额	−13.83
9	亏损企业亏损额	−6.54
10	资产总计	0.64
11	负债合计	4.96
12	出口交货值	−19.59

数据来源：中国棉纺织行业协会

2015 ~ 2020 年棉纺织行业纱、布总产量

项目	单位	2015年	2016年	2017年	2018年	2019年	2020年
纱	万吨	1843	1884	1929	1914	1829	1641
布	亿米	585	610	610	600	560	460

数据来源：中国棉纺织行业协会

2015 ~ 2020 年棉纺用原料加工量

项目	单位	2015年	2016年	2017年	2018年	2019年	2020年
棉纤维	万吨	675	715	755	755	690	600
粘胶短纤	万吨	300	305	340	340	345	317
涤纶短纤（含再生）	万吨	930	928	900	885	855	782
其他	万吨	30	30	30	30	30	28

数据来源：中国棉纺织行业协会、中国化学纤维工业协会

2020 年我国出口棉布统计表

序号	国家及地区	出口额（亿美元）	出口数量（亿米）
1	孟加拉国	7.61	11.14
2	尼日利亚	6.45	9.44
3	越南	6.38	9.35
4	菲律宾	6.16	9.02
5	多哥	2.77	4.05
6	柬埔寨	1.79	2.63
7	美国	1.77	2.59
8	冈比亚	1.58	2.31
9	贝宁	1.43	2.09
10	泰国	1.42	2.08

数据来源：中国海关总署

2020 年我国进口棉纱统计表

序号	国家及地区	进口额（亿美元）	出口数量（万吨）
	合计	42.51	190.0
1	越南	20.25	88.5
2	印度	5.65	24.5
3	巴基斯坦	5.39	25.5
4	乌兹别克斯坦	3.80	18.8
5	印度尼西亚	2.50	11.2
6	马来西亚	1.42	6.2
7	中国大陆	1.34	3.4
8	中国台湾	1.29	7.5
9	孟加拉国	0.16	1.4
10	韩国	0.14	0.4

数据来源：中国海关总署

2014 ~ 2020 年世界棉花平衡表

项目	2014/2015	2015/2016	2016/2017	2017/2018	2018/2019	2019/2020	2020/2021
起始存量（百万吨）	21.8	24.4	21.1	19.1	17.5	17.4	21.6
产量（百万吨）	26	22.1	23.1	26.1	25.9	26.4	24.8
供应（百万吨）	47.8	46.5	44.1	45.2	43.4	43.9	34.2
消耗（百万吨）	24.2	23.9	24.5	26	27.4	26.2	25.2
结存量（百万吨）	23.9	22.7	19.6	19.2	16	17.5	21.2
存量/用量（%）	99	95	80	74	59	67	84

数据来源：美国农业部

2020/2021 年全球棉花供需表（12 月）

单位：万吨

国家和地区	期初库存	产量	进口量	消费量	出口量	期末库存
全球	2164.7	2479.9	939.9	2517.6	940.8	2123.3
美国	157.9	347.3	0	54.4	326.6	124.1
澳大利亚	17.4	52.3	0	0.9	30.5	38.5
孟加拉国	52.7	3.3	150.2	158.9	0	46.8
巴西	313.5	261.3	0.7	65.3	217.7	292.4
中国	803.4	598.8	217.7	827.4	2.8	789.7
印度	389.3	642.3	21.8	522.5	108.9	422
巴基斯坦	73.8	98	102.3	217.7	1.1	54.9
土耳其	60.3	61	95.8	152.4	9.8	54.9
中亚五国	59.2	126.9	0	91.2	34.4	60.5
越南	30.7	0	148.1	148.1	0	30.7

数据来源：美国农业部

2020年中国棉纺织行业景气指数

月份	棉纺织景气指数	其中						
		原料采购指数	原料库存指数	生产指数	产品销售指数	产品库存指数	企业经营指数	企业信心指数
1	46.18	46.5	54.06	45.7	45.74	46.13	41.05	46.36
2	45.71	43.25	48.43	46.04	46.51	49.77	40.8	45.91
3	51.82	51.25	48.71	54.2	53.66	48.86	51.84	46.36
4	46.51	45.67	47.45	47.24	45.33	46.56	45.71	47.29
5	47.85	49.41	48.65	47.45	47.66	49.82	47.08	46.07
6	48.94	51.57	49.08	50.75	48.22	48.17	46.6	46.79
7	48.78	50.62	49.73	49.98	48.64	48.32	46.67	47.42
8	49.7	51.96	49.33	50.54	49.17	50.05	46.95	50.65
9	52.58	54	50.73	52.88	52.7	53.81	51.34	53.05
10	53.58	55.85	50.42	53.96	56.86	55.4	52.63	49.7
11	51.23	52.67	49.66	52.18	51.79	51.45	49.92	50.28
12	53.43	55.06	52.4	52.08	54.79	54.02	53.65	53.65

注：中国棉纺织景气指数，是由中国棉纺织行业协会通过对棉纺织企业的月度调查统计汇总、编制而成的指数，涵盖了企业采购、生产、销售、经营等主要环节，用于反映棉纺织行业的运营情况。此指数以50作为分界点，当高于50时，反映行业形势向好；低于50时，则反映行业形势下滑。

发布单位：中国棉纺织行业协会

风采篇

中泰集团
ZHONGTAI GROUP

新疆中泰纺织集团有限公司
企业概况

新疆中泰纺织集团

新疆中泰纺织集团有限公司（以下简称“中泰纺织集团”）前身是始建于2007年8月6日的新疆富丽达纤维有限公司，2016 年 5 月完成并购重组，成为新疆中泰（集团）有限责任公司（以下简称“中泰集团”）旗下新疆中泰化学股份有限公司所属全资子公司，2019年8月6日更名为中泰纺织集团，注册资本23.79亿元人民币，法人代表郭新武。公司以做强纺织板块所属产业为目的，于2020年11月26日调整管控模式和组织架构，作为中泰集团二级运营单位，参控股企业13家，托管中泰集团旗下企业2家。

为积极响应发展纺织产业带动百万人就业战略，中泰纺织集团通过延伸产业链、提升价值链、打通供应链，已形成从绿色制浆、再生木浆制造、纤维素短纤维生产、高端纺纱及下游织造的全产业链发展模式，形成年产72万吨纤维素短纤维、25万吨浆粕、60万吨硫酸，345万锭粘胶纱、240万件行业订制服装，合计配套136MW动力站，合并资产总额186.79亿元，各族员工近6844人的大型企业。实现了烧碱-粘胶纤维有机结合，构建起煤-电-盐-烧碱-粘胶-纱-布等一体化集群耦合、循环互补、协调发展全产业链。

主导产品有棉型漂白、中长漂白、细旦漂白、毛型漂白、高白医用纤维、阻燃纤维、毛型纤维等各规格纤维素短纤维，及其它各种不同纤度、长度的特种及有色纤维素短纤维，32支以下气流纺纱和60支以下涡流纺特种差别化粘胶、棉及混纺纱。主导产品主要以高支、高密、宽幅家用纺织品和高档服装面料为主，具有耐磨、抗起球、色泽鲜艳、吸湿性好、舒适性好、适应性强等特点。公司产品通过STANDARD 100 by OEKO-TEX®认证和森林管理体系的FSC、CFCC两大认证；公司通过STeP认证审核（可持续纺织生产认证），申请Made in Green（绿色制造）贴标。公司先后获得“国家纤维素纤维及纺织品研发与生产示范基地”“全国五一劳动奖状”等诸多荣誉称号。

“十四五”期间，中泰纺织集团推进产业集聚区的建设与发展，加快投资建设“织一染一整一服”于一体的全纺织产业链项目，加快发展差别化纤维，投资建设针织、无纺布、成衣等项目，充分发挥龙头企业的核心竞争优势，努力把新疆纺织产业推向一个新高度。

中泰集团
ZHONGTAI GROUP

新疆中泰纺织集团

新疆富丽震纶棉纺有限公司企业简介

新疆富丽震纶棉纺有限公司位于新疆库尔勒经济技术开发区望湖路158号，是由新疆中泰纺织集团有限公司与苏州震纶棉纺有限公司于2014年10月共同投资组建的新型纺纱项目。其中，新疆中泰纺织集团有限公司持股51%，苏州震纶棉纺有限公司持股49%。

项目总投资40亿元，占地面积1500亩，总建筑面积52.7万平方米，现有员工1200余人。2017年11月，一期项目12个车间全部建成投产，形成120万锭产能，年产各类气流纺、涡流纺、环锭纺、赛络紧密纺等高品质粘胶纱线15万吨，成为国内纺纱形式齐全的大规模粘胶纱线纺纱企业。

公司在项目建设及快速发展过程中，始终坚持“高起点、高定位、高标准”的发展战略，引进德国特吕茨勒清梳联和在线检测并条机、赐来福全自动转杯纺纱机、日本村田细络联型络筒机、涡流纺纱机以及瑞士洛瓦空调系统。公司主导产品主要以高支、高密、宽幅家用纺织品和高档服装面料为主，具有耐磨、抗起球、色泽鲜艳、吸湿性好、舒适性好、适应性强等特点，产品销往国内外，受到市场广泛好评。

公司先后获得STANDARD100byOEKO-TEX®认证，全国ISO9001质量管理体系、ISO14001环境管理体系、OHSAS18001职业健康安全三大国际管理体系认证、FSC认证，新疆维吾尔自治区第三批绿色制造单位绿色工厂、新疆维吾尔自治区高新技术企业认定。

巴州金富特种纱业有限公司企业简介

巴州金富特种纱业有限公司是中泰集团下属上市公司中泰化学的全资子公司,公司成立于2013年3月19日，总注册资金14.73亿元，占地面积840亩。是库尔勒经济技术开发区1000万纱锭纺织服装城的重要组成部分，公司总投资35亿元，现在有200台气流纺和76台涡流纺（折环锭纺160万纱锭）的生产规模全面投产，年产能规模为18万吨，年可实现销售收入35亿元，是全国最大的气流纺生产基地之一。公司主营产品为32支以下气流纺纱和60支以下涡流纺特种·差别化粘胶、棉及混纺纱。用于针织、机织和家纺产品。

公司建设紧密贴合当地政府纺织“十三五”发展规划的要求，项目建设对促进新疆棉纺织行业的发展，对促进巴州地区纺织产业集聚的形成和发展，推动产业优化升级，提高知名度，改善本地区投资环境，建设和谐社会具有重要的推动作用，得到了各级领导的高度关注，公司将建立现代化企业管理制度，注重本地人才的培养，用一流的技术和质量，加大新产品的研发力度，2020年研发的新产品有：洁净高白度粘胶纱、中空性能（功能）涡流纺粘胶纱、黑色纱线、麻灰纱、抗菌纱线。为促进整个巴州、新疆的经济增长发挥重要的作用。

青岛齐泰科技有限公司
地址：青岛黄岛区曼谷路56号
联系人：唐女士 18909922969
浙江省杭州市萧山区宁围街道诺德财富中心B座
联系人：高先生 13906714058

百年风雨铸伟业，任重道远写新篇

青岛宏大纺织机械有限责任公司

黄海之滨，崂山西麓，百年沧桑，基业赓续。2021年新启，作为我国纺机行业中最年长的企业之一，青岛宏大凭借着对行业的初心和使命的坚守，砥砺前行，自强不息，走过了一条由小到大，由大到精的发展之路，演绎了一段百年不衰的发展奇迹，成为傲立我国纺机制造业前沿的领军企业之一。

回首企业的百年历程，追忆企业的前世今生，青岛宏大人充满了历史的沧桑感和发展的自豪感。

一、前尘往事：追寻企业的源头

拨开历史的尘埃，时间回溯到20世纪初，德、日相继侵占青岛，利用青岛特有的地理和资源优势，陆续开办了多家纺纱厂，青岛的机器纺织业渐成规模。1920年，时任青岛总商会副会长、民族资本家的隋石卿，看准商机，投资创办了以纺织机械维修和配件制作为主业的“华昌铁工厂”。工厂初创时规模很小、设备简陋，只有十几名工人，但这些工人大都经过严格培训，技术水平精湛，很快就承担起各大纱厂的机械修配业务，开启了青岛纺机生产的先河。

此后业务不断扩展，工厂几易其址，并更名为“利生铁工厂”，除纺织机械修配外，还承揽发电厂、自来水厂等设备配制，并为当时的抗日武装制造枪械等。到1936年，工厂已发展成为占地3000余平方米，各种设备60余部，设有机械、铸造、装配三个工场，工人400余人，除为各大纱厂和水、电等工厂做配制外，还生产十几个品种多规格的工作母机以及蒸汽机、锅炉和鼓风机等，具备较强的生产技术实力，是青岛早期最大的民族机械工厂。

1938年，日本二次侵占青岛期间，以其曾制造军火有抗日嫌疑为由，强行收买了利生铁工厂，更名为“丰田式铁工厂”。1939年，工厂迁入水清沟新厂址，占地面积74000余平方米，内设十个工场，工人700余人，主要为各棉纺厂修复被炸毁的纺织机械设备，还生产少量建筑机械和矿山设备等。

抗日战争胜利后，丰田式铁工厂被政府接收，改为“中国纺织公司青岛分公司第一机械厂”，工厂占地面积78000余平方米，员工800余人，主要从事纺织机械修配及少量简易纺织机制造等。1948年，工厂曾奉令承制纺纱机、梳棉机、清花机等，但由于时局动荡，工厂管理混乱，直到中华人民共和国成立前始终是一家以修配业务为主的机械工厂。

工厂在日本人控制时期，工人受到残酷的奴役和剥削。在日伪时期工厂就有了地下党组织，多次发动工人开展反对日方企业主的罢工斗争；中华人民共和国成立前夕，组织工人开展护厂和反南迁斗争，使这份人民的资产完整地回到了人民的怀抱。

二、火红年代：计划经济的“宠儿”

中华人民共和国成立后，工厂插上了腾飞的翅膀，以最快的速度践行了党“恢复生产，建设新中国”的方针。1950年即仿制出日式CM型梳棉机，结束了只能修配不能生产整机的历史，及时装备了新建的西北、武汉、邯郸等棉纺厂的配套。1954年，在科技人员和工人的共同努力下，研制成功首台国产梳棉机（1181型，后改为A181型），填补了当时国内空白，成为我国唯一梳棉机生产的厂家。

计划经济时期，工厂作为国家纺织工业部定点企业，承担着为纺织企业提供梳棉机、纺织专用电动机和金属针布等配套任务，供、产、销、人、财、物统归纺织工业部直接管理，是青岛市仅有的两家大型央企之一。其时正值我国经济恢复时期，纺织工业发展迅猛，对纺机装备需求量大，工厂规模不断壮大，职工多达七八千人，企业地位高待遇好，是计划经济的“宠儿”。

在那个火红的年代里，工人阶级的主人翁精神得到了极大焕发，为国民经济的恢复和几个“五年计划”的完成大干快上，争做奉献，涌现出许多先进模范人物和典型事迹。如铸造车间工人刘同诰，积极响应国家增产节约的号召，在本职岗位上拼搏大干，屡创生产纪录，并改进操作方法为企业节省上万资金。他带领班组职工不断探索和实践，开创了循环翻砂工作法，大幅提高了生产效率，被命名为“刘同诰工作法”在全行业推广，刘同诰作为首届全国劳动模范，出席了一、二、三届全国人民代表大会，受到了党和国家领导人的接见。以宫业全、王刚毅为代表的老一辈科技人员，为国产梳棉机和纺织电动机的研发做出了突出贡献，为企业的产品发展奠定了坚实基础。

整个计划经济时期，工厂累计生产梳棉机5万余台、纺织专用电动机280余万千瓦、金属针布4.8万余套，装备了国内90%以上的纺织企业，并出口20余个国家和地区，实现了出口创汇，为我国纺织工业和国民经济发展做出了重要贡献。

同时，作为国有大型骨干企业，还承担着支援地方工业和三线建设的重要任务。期间，先后向省市有关企业输送了许多管理干部和技术骨干等，为地方工业发展做出应有贡献。20世纪60年代，为响应国家备战号召，工厂分别对渭南电机厂、白银针布厂、邯郸纺机厂、宜昌纺机厂等三线工厂先后选派管理干部和员工300余人，帮助建设新厂，并成为这些工厂的重要骨干力量。

在文化大革命期间，企业管理受到干扰。但在广大职工的共同努力下，生产得以维持，产品开发持续不断，主导产品梳棉机在A186型基础上，相继研制出A187、A189、A190型等高产梳棉机，电动机、金属针布等产品也不断提质和创新，分别荣获国家、行业和省市多个奖项。

三、市场洗礼：起伏跌宕的历程

改革开放之后，企业由高度计划经济体制转为市场竞争性企业，激发了企业活力，加快了产品升级换代的步伐。但随着一大批民营纺机企业的兴起和市场竞争的不断加剧，企业在长期计划经济体制下形成的传统思维方式、行为模式和管理机制，受到市场大潮的无情冲击，加上老国企的各种社会负担，就像一个背着沉重包袱的人与轻装上阵的人赛跑，显得力不能及。

1992年，新的企业领导班子以“科技兴业，从严治厂，卧薪尝胆，重振雄风”为目标，励精图治，开拓创新，转变经营机制，强化管理举措，致力科技开发，狠抓产品质量。同时，从更新思想观念，规范员工行为，提升企业形象三个方面着手，深化企业文化建设，凝聚职工心气，激励职工斗志，挽大厦于将倾，扭转了企业被动局面。与此同时，为适应我国纺织产业升级的需要，经过多年探索和攻关，在科技人员和广大职工共同努力下，相继研制成功国家“七五”“八五”科技攻关项目自动络筒机和清梳联合机，填补了国内空白，改变了梳棉机单一产品，形成了三大高新产品齐头并进的新局面，实现了“重振雄风”的目标。

20世纪90年代后期，国内纺织工业结构调整，限产压锭，加上国际金融危机的双重冲击，导致纺机市场严重萎缩，产品销售急剧滑坡，企业生产经营难以为继，陷入前所未有的困难境地。面对严峻形势，企业领导班子和广大员工坚定信心，不等不靠，逆势而上，迎战困难，以“学邯钢，决战99，扭亏为盈”为目标，全厂上下同舟共济，义无反顾，打一场扭亏翻身仗。同时加大内部改革力度，充分调动各部门的主动性、积极性和创造性。广大职工发扬坚忍执着，无私奉献的主人翁精神，不计时间，不计报酬，团结一心，顽强拼搏。为完成攻坚任务，许多职工把铺盖搬到厂里昼夜奋战。经过全体职工奋力拼搏，一举完成了扭亏为盈的目标。同时，企业的内部管理和企业文化建设等，都跃居行业领先水平，又一次实现了凤凰涅槃，浴火重生。

市场大潮的洗礼，艰难困苦的磨砺，使职工队伍形成了坚韧自强的品格、不屈不挠的斗志和忘我奉献的精神，不管是顺境还是逆境，历尽沧桑而初心不改，始终保持了一种胜不骄，败不馁，坚忍执着，勇往直前的作风，它已成为企业的一种精神财富和文化基因，支撑企业不断发展。

四、传承基业：续写时代的篇章

1999年，根据上级集团的战略部署，企业实施资产重组，集中精华，缩小规模，将原青岛纺织机械厂的优良资产，剥离组建“青岛宏大纺织机械有限责任公司”，开启了企业发展新时代。公司组建以来，在上级集团的引领下，紧跟时代步伐，适应市场需求，发挥自身优势，坚持守正创新，各项工作开创了新的局面。公司是国家级企业技术中心、高新技术企业、国家创新型试点企业、全国企事业单位知识产权试点单位和行业认定的梳棉机、自动络筒机产品研发中心。

始于初心，成于坚守。近几年来，面对全球经济总体放缓、市场竞争不断加剧、纺机生产下行压力加大的严峻形势，公司领导班子坚持眼睛向内，自我加压，从抓干部作风转变和全面提升产品质量入手，实施精细化管理和均衡化生产，推进企业内部市场化改革，固本强基，创新发展，公司经济效益持续提升，呈现出一个蓬勃向上的发展势头。青岛宏大正以全新的姿态和骄人的业绩，责无旁贷地担当起传承百年基业的历史使命。

科技创新是企业保持基业长青的源头活水。青岛宏大始终执着于“打造纺机精品，推动产业进步”的使命责任，以产品创新为先导，立足世界纺机制造高端，不断加大科技研发投入，切实重视科技人才队伍建设，产品不断推陈出新，新产品贡献率达80%以上，仅近三年完成新产品开发计划69项，公司三大主导产品的质量性能和智能化水平稳步提升：拥有70余年研发生产历史的梳棉机，制造技术厚积薄发，宽幅高产梳棉机成为世界一流的引领者；清梳联合机具有高效短流程先进工艺技术特点和数字化、智能化领先优势；自动络筒机各项指标达到或接近世界同类产品先进水平。产品市场占有率国内领先，不仅装备了国内80%以上的纺织企业，还远销亚、非、欧、美等三十多个国家和地区，与世界一流产品同台竞技，逐步实现由“跟跑、并跑”向“领跑”的转变。

企业文化是企业持续发展的灵魂和动力。作为一家百年企业，青岛宏大拥有丰厚的历史文化积淀。公司坚持与时俱进，持续推进企业文化建设的不断深化和提升。去年以来，公司以上级集团文化为导向，以企业百年文化底蕴为传承，坚持“上下对应，传创结合”的原则，对企业文化进行全面系统的总结、提炼、整合与创新，形成了富有时代精神和公司特色的新的企业文化体系，并抓好宣贯落实，使员工做到内化于心，外化于行，以文化力驱动经济力，为推动企业持续健康发展提供精神动力和文化支撑。

百年风雨铸伟业，任重道远写新篇。走过风雨兼程的百年，青岛宏大站在了一个新的历史起点。新百年，青岛宏大以打造“励精致远”文化品牌为引领，以“成为世界一流，追求基业长青”为愿景，坚守初心，牢记使命，不负韶华，开拓进取，为再创新的百年梦想续写新的篇章。

纱线的百年情怀

利泰醒狮（太仓）控股有限公司

利泰醒狮（太仓）控股有限公司是中国领先的大型棉纺集团企业之一，起源于江苏太仓市，其历史可追溯至1905年，是目前国内仅存的少数百年纺纱企业之一。自2008年，金昇集团将利泰醒狮纳入麾下，加快了其转型升级和国际化的步伐。利泰醒狮集团目前四大园区已建成三百万纱锭，拥有全球单体规模超大的智能化、现代化工厂，配备业内先进的紧密纺、环锭纺、气流纺等智能纺织机械，形成符合“绿色、智能、定制、共赢、循环”的全新商业模式，致力于高品质全棉纱线产品的研发生产与销售，深得中外客户的信赖，已与国内外知名面料及服装加工企业建立合作关系，服务于全球各主要知名服装及家用纺织品品牌商，赢得了一致认可和好评。同时将采用5G、AR、VR等技术在产业链上游进军“互联网+绿色农业”，在下游打造C2B的全新业态，以纵向一体化战略引领纺织行业转型升级。

利泰醒狮秉承“品质通四海”的企业价值观，以高档针织用纱享誉业界，立志成为“针织纱线的领导者”，共纺人类美好生活。选配卓郎赐来福最先进的Autocoro 8 与Autocoro 9全自动气流机，拥有单体超大规模的转杯纺工厂，全棉气流纺纱线产能在中国位居行业前列，可生产全品类气流纺品种，如机织、针织、竹节、超柔等，产品覆盖针织、梭织、医卫、牛仔、家纺、蜡染等各领域，品质得到各细分市场客户的一致认可，有较好的口碑及市场影响力，成为全棉全品类气流纺纱线的领跑者。同时利泰醒狮一直聚焦“绿色+健康”，全部以绿色的纯天然棉花为原料，尤以有机棉品种为特色，融入全球中高端供应链中，赢得了客户的一致认可。

从设计之初，利泰醒狮各园区就严格按照智能工厂的思路进行规划，所有设备以及检测仪器都是通过工业互联网平台互联互通，打通数据从底层到顶层的关键通道，充分发挥工业互联网+对生产过程的指导功能。

装备智能化：各工厂均采用目前国际先进的纺纱设备以及配套装置，环锭纺工厂的清梳联、粗细联以及细络联体现了流程的自动化水平；细纱单锭监测装置及粗纱断头自停不但能提升运营效率，还能有效减少用工及用棉；全自动打包装备能有效降低用工及提高用户体验；拥有全套乌斯特检测设备的中心试验室，实现原料、半制品到纱线的全流程产品质量检测，同时通过专家系统将数据实时集成，将生产环节和质量环节紧密结合起来，实现人机料环法的和谐循环，降低沟通成本，提升运行效率。

信息智能化：考虑到机台的数据采集是信息化的基础，每一个机台以及每一个辅助设备（电表、水表、气表等）都配备了独立的采集通道，能够将机台实时信息及时呈现，关联机台—品种、机台—人员、机台—能耗、机台—质量等因素，从而实现订单的动态成本核算，为信息化建设奠定了坚实的基础。目前，所有工厂均配备了单独的工序管理系统以及统一的数据采集系统。通过对数据的收集以及再处理，辅助管理层进行精准决策、有效决策、快速决策。软件开发方面拥有自己的研发团队，根据生产用户的实际需求，独立开发了设备监测系统、产量报表系统、质量报表系统、仓储管理系统等软件，通过网站服务尤其是移动APP的开发，极大地方便员工和管理层对数据的分层、获取、应用。除此之外，企业级别的OA系统以及ERP系统采用“定位园区、服务集团”的服务策略，通过各园区的中心机房统一提供服务，为醒狮板块提供强大的运营支撑。

利泰醒狮具有强大的研发队伍，包括纺织工程、机械制造、计算机应用等方面的专业人才队伍，在产品创新、应用创新、技术改造等方面不断提升，拥有多项专利以及软件著作权等软实力指标。配备全套乌斯特仪器的中心试验室已得到“省级技术中心”的授牌，以先进的中心试验室为依托，通过自行申报及第三方（含通讯运营商、软硬件供应商、高校科研机构等）联合申报方式，申请了多个创新型项目，实现产学研用一体化落地。其中2018年申请的智能制造综合标准化与新模式应用项目——低功耗环锭纺纱智能工厂建设项目已通过工信厅正式验收，专家组给予了高度评价。

公司要有好的产品才能有好的客户，也才能有好的效益。百年利泰作为纯棉高端针织纱线引导者，依托智能化的设备、卓越的管理、精准的市场定位及稳定的质量，坚定不移地在这一领域深耕、沉淀、积累。愿随鲲鹏起，长风浩荡几万里，利泰醒狮（太仓）控股有限公司在2021年必将更加坚定地前行！

"三友·唐丝"2020年全国棉纺织行业营业收入排名名单

名次	企业名称	名次	企业名称
1	山东魏桥创业集团有限公司	25	江苏大生集团有限公司
2	天虹纺织集团有限公司	26	孚日集团股份有限公司
3	山东如意时尚投资控股有限公司	27	淄博银仕来纺织有限公司
4	华孚时尚股份有限公司	28	无锡一棉纺织集团有限公司
5	百隆东方股份有限公司	29	江苏天华纱业集团
6	鲁泰集团	30	冠县冠星纺织集团总公司
7	临清三和纺织集团有限公司	31	忠华集团有限公司
8	德州恒丰集团（理事单位）	32	苏州震纶棉纺有限公司
9	河南新野纺织集团股份有限公司	33	新疆东纯兴纺织有限公司（集团）
10	新疆中泰纺织集团有限公司	34	佛山市顺德区前进实业有限公司
11	华芳集团有限公司	35	德州华源生态科技有限公司（集团）
12	福建新华源纺织集团有限公司	36	浙江鑫海纺织有限公司（集团）
13	江苏联发纺织股份有限公司	37	江西金源纺织有限公司（集团）
14	福建长源纺织有限公司（集团）	38	南阳纺织集团有限公司
15	安徽华茂集团有限公司	39	江苏悦达纺织集团有限公司
16	福建金源纺织有限公司（集团）	40	江苏省华强纺织有限公司
17	浙江万舟控股集团有限公司	41	浙江七星纺织有限公司（集团）
18	利泰醒狮（太仓）控股有限公司	42	舞钢市银河纺织有限公司（集团）
19	溢达中国控股有限公司	43	黑牡丹（集团）股份有限公司
20	湖北孝棉实业集团有限责任公司	44	焦作市海华纺织股份有限公司
21	石家庄常山纺织集团有限责任公司	45	临清秋华纺织有限公司
22	山东岱银纺织集团股份有限公司	46	吴江京奕特种纤维有限公司
23	浙江盛泰服装集团股份有限公司	47	江苏泰达控股集团有限公司
24	三阳纺织有限公司	48	宜宾天之华纺织科技有限公司（集团）

续表

名次	企业名称	名次	企业名称
49	立马纺织集团股份有限公司	75	浙江克罗托纺织有限公司
50	河北新大东纺织有限公司	76	昌邑市华晨悦胜纺织有限公司（集团）
51	杭州宏海纺织有限公司	77	浙江文荣纺织有限公司
52	湖南东信集团有限公司	78	江苏康妮投资有限公司
53	邓州市永泰棉纺股份有限公司（集团）	79	韶关市北江纺织有限公司
54	齐鲁宏业纺织集团有限公司	80	枣庄海扬王朝纺织有限公司
55	浙江威臣纺织股份有限公司（集团）	81	愉悦家纺有限公司
56	宜兴乐祺纺织集团有限公司	82	开封市鑫旺棉业有限公司
57	咸阳纺织集团有限公司	83	山东澳亚纺织有限公司
58	湖南云锦集团股份有限公司	84	绍兴国周控股集团有限公司
59	帛方纺织有限公司	85	山东明胜纺织有限公司
60	江阴美纶纱业有限公司	86	常州市武进马杭色织布有限公司
61	际华三五四二纺织有限公司	87	佛山市致兴纺织服装有限公司
62	浙江金梭纺织有限公司	88	浙江亿骏时尚纺织有限公司（集团）
63	南通双弘纺织有限公司	89	西安纺织集团有限责任公司
64	许昌裕丰纺织智能科技集团有限公司	90	南宁锦虹棉纺织有限责任公司
65	河南平棉纺织集团股份有限公司	91	尉氏纺织有限公司
66	浙江鑫兰纺织有限公司	92	苏州普路通纺织科技有限公司
67	山东华兴纺织集团有限公司	93	浙江仕雅达纺织有限公司
68	苏州世祥生物纤维有限公司	94	芜湖富春染织股份有限公司
69	浙江陆晟纺织有限公司（集团）	95	诸城市中纺金维纺织有限公司（集团）
70	湖北金安纺织集团股份有限公司	96	佛山市马大生纺织有限公司
71	武汉裕大华纺织服装集团有限公司	97	山东联润新材料科技有限公司（集团）
72	山东宏诚集团有限公司	98	项城市纺织有限公司
73	兰溪市裕达纺织有限公司（集团）	99	江苏向阳集团有限公司
74	江苏裕纶纺织集团有限公司	100	湖南科创纺织股份有限公司

发布单位：中国棉纺织行业协会

“三友·唐丝”2020年全国棉纺织行业优良发展型企业名单

（按拼音排序）

序号	企业名称	序号	企业名称
1	安徽裕华纺织有限公司	11	江阴市广业纺织有限公司
2	丹阳市丹盛纺织有限公司	12	辽宁中泽集团朝阳纺织有限责任公司
3	海宁八方布业有限公司	13	南通大富豪纺织科技有限公司
4	杭州萧山林芬纺织有限公司	14	山东聊城华润纺织有限公司
5	河南省禹州市神禹纺织有限公司	15	山东阳谷顺达纺织有限公司
6	湖北德永盛纺织有限公司	16	无锡四棉纺织有限公司
7	际华三五零九纺织有限公司	17	远纺工业（无锡）有限公司
8	江苏瓯堡纺织染整有限公司	18	浙江湖州威达集团股份有限公司
9	江苏怡人纺织科技股份有限公司	19	浙江九舜纺织有限公司
10	江西恒昌棉纺织印染有限公司	20	浙江瑞域纺织有限公司

发布单位：中国棉纺织行业协会

“三友·唐丝”2020年全国非棉纱产品营业收入排名名单

（含粘胶短纤纱、涤纶短纤纱产品排名名单）

名次	企业名称	名次	企业名称
1	新疆中泰纺织集团有限公司	21	山东岱银纺织集团股份有限公司
2	福建长源纺织有限公司（集团）	22	南宁锦虹棉纺织有限责任公司
3	天虹纺织集团有限公司	23	南通双弘纺织有限公司
4	福建新华源纺织集团有限公司	24	无锡四棉纺织有限公司
5	德州恒丰集团（理事单位）	25	安徽华茂集团有限公司
6	福建金源纺织有限公司（集团）	26	帛方纺织有限公司
7	苏州震纶棉纺有限公司	27	咸阳纺织集团有限公司
8	宜宾天之华纺织科技有限公司（集团）	28	河南平棉纺织集团股份有限公司
9	德州华源生态科技有限公司（集团）	29	诸城市中纺金维纺织有限公司（集团）
10	杭州宏海纺织有限公司	30	愉悦家纺有限公司
11	苏州世祥生物纤维有限公司	31	忠华集团有限公司
12	江苏大生集团有限公司	32	淄博银仕来纺织有限公司
13	吴江京奕特种纤维有限公司	33	丹阳市丹盛纺织有限公司
14	江西金源纺织有限公司	34	南阳纺织集团有限公司
15	江西华春色纺科技发展有限公司	35	临清秋华纺织有限公司
16	苏州普路通纺织科技有限公司	36	无锡一棉纺织集团有限公司
17	山东华兴纺织集团有限公司	37	山东阳谷顺达纺织有限公司
18	新疆东纯兴纺织有限公司（集团）	38	江西恒昌棉纺织印染有限公司
19	江苏向阳集团有限公司	39	江苏怡人纺织科技股份有限公司
20	齐鲁宏业纺织集团有限公司	40	南通大富豪纺织科技有限公司

发布单位：中国棉纺织行业协会

"三友·唐丝"2020 年全国粘胶短纤纱产品营业收入排名名单

名次	企业名称	名次	企业名称
1	新疆中泰纺织集团有限公司	16	南宁锦虹棉纺织有限责任公司
2	福建新华源纺织集团有限公司	17	江苏向阳集团有限公司
3	福建长源纺织有限公司（集团）	18	齐鲁宏业纺织集团有限公司
4	宜宾天之华纺织科技有限公司（集团）	19	山东华兴纺织集团有限公司
5	苏州震纶棉纺有限公司	20	南通双弘纺织有限公司
6	天虹纺织集团有限公司	21	南阳纺织集团有限公司
7	苏州世祥生物纤维有限公司	22	江西恒昌棉纺织印染有限公司
8	杭州宏海纺织有限公司	23	无锡一棉纺织集团有限公司
9	德州恒丰集团（理事单位）	24	山东阳谷顺达纺织有限公司
10	江苏大生集团有限公司	25	帛方纺织有限公司
11	吴江京奕特种纤维有限公司	26	山东岱银纺织集团股份有限公司
12	新疆东纯兴纺织有限公司（集团）	27	诸城市中纺金维纺织有限公司（集团）
13	苏州普路通纺织科技有限公司	28	河南新野纺织集团股份有限公司
14	江西金源纺织有限公司	29	咸阳纺织集团有限公司
15	德州华源生态科技有限公司（集团）	30	南通大富豪纺织科技有限公司

发布单位：中国棉纺织行业协会

“三友·唐丝”2020年全国涤纶短纤纱产品营业收入排名名单

名次	企业名称	名次	企业名称
1	福建金源纺织有限公司（集团）	16	帛方纺织有限公司
2	天虹纺织集团有限公司	17	苏州普路通纺织科技有限公司
3	福建长源纺织有限公司（集团）	18	兰溪市裕达纺织有限公司（集团）
4	江西金源纺织有限公司	19	南宁锦虹棉纺织有限责任公司
5	杭州宏海纺织有限公司	20	山东岱银纺织集团股份有限公司
6	宜宾天之华纺织科技有限公司（集团）	21	吴江京奕特种纤维有限公司
7	江西华春色纺科技发展有限公司	22	苏州震纶棉纺有限公司
8	江苏向阳集团有限公司	23	南通大富豪纺织科技有限公司
9	南通双弘纺织有限公司	24	安徽华茂集团有限公司
10	齐鲁宏业纺织集团有限公司	25	咸阳纺织集团有限公司
11	苏州世祥生物纤维有限公司	26	山东阳谷顺达纺织有限公司
12	临清秋华纺织有限公司	27	湖南东信集团有限公司
13	德州恒丰集团（理事单位）	28	南阳纺织集团有限公司
14	福建新华源纺织集团有限公司	29	江苏悦达纺织集团有限公司
15	江苏怡人纺织科技股份有限公司	30	华芳集团有限公司

发布单位：中国棉纺织行业协会

“三友·唐丝”2020年全国色纺纱产品营业收入排名名单

名次	企业名称	名次	企业名称
1	百隆东方股份有限公司	6	江苏康妮投资有限公司
2	华孚时尚股份有限公司	7	江阴市广业纺织有限公司
3	江苏天华纱业集团	8	山东联润色纺科技有限公司
4	山东如意时尚投资控股有限公司	9	浙江湖州威达集团股份有限公司
5	江阴美纶纱业有限公司	10	杭州萧山林芬纺织有限公司

发布单位：中国棉纺织行业协会

“三友·唐丝”2020年全国白坯布产品营业收入排名名单

名次	企业名称	名次	企业名称
1	山东魏桥创业集团有限公司	21	华芳集团有限公司
2	浙江万舟控股集团有限公司	22	南阳纺织集团有限公司
3	浙江鑫海纺织有限公司（集团）	23	河南平棉纺织集团股份有限公司
4	临清三和纺织集团有限公司	24	湖北孝棉实业集团有限责任公司
5	浙江七星纺织有限公司（集团）	25	石家庄常山纺织集团有限责任公司
6	浙江威臣纺织股份有限公司（集团）	26	西安纺织集团有限责任公司
7	淄博银仕来纺织有限公司	27	昌邑市华晨悦胜纺织有限公司（集团）
8	河南新野纺织集团股份有限公司	28	山东宏诚集团有限公司
9	咸阳纺织集团有限公司	29	冠县冠星纺织集团总公司
10	浙江克罗托纺织有限公司	30	浙江瑞域纺织有限公司
11	德州恒丰集团（理事单位）	31	江苏大生集团有限公司
12	浙江文荣纺织有限公司	32	无锡一棉纺织集团有限公司
13	浙江亿骏时尚纺织有限公司（集团）	33	江苏悦达纺织集团有限公司
14	安徽华茂集团有限公司	34	际华三五零九纺织有限公司
15	临清秋华纺织有限公司	35	三阳纺织有限公司
16	际华三五四二纺织有限公司	36	湖南云锦集团股份有限公司
17	浙江立马云山纺织股份有限公司	37	帛方纺织有限公司
18	孚日集团股份有限公司	38	杭州宏海纺织有限公司
19	浙江创维纺织有限公司	39	宜宾天之华纺织科技有限公司（集团）
20	吴江京奕特种纤维有限公司	40	愉悦家纺有限公司

发布单位：中国棉纺织行业协会

“三友·唐丝”2020年全国色织布产品营业收入排名名单

名次	企业名称	名次	企业名称
1	鲁泰集团	6	常州市武进马杭色织布有限公司
2	江苏联发纺织股份有限公司	7	江苏瓯堡纺织染整有限公司
3	溢达中国控股有限公司	8	安徽华茂织染有限公司
4	浙江盛泰服装集团股份有限公司	9	绍兴国周控股集团有限公司（染纱产业）
5	张家港广天色织有限公司	10	芜湖富春染织股份有限公司（染纱产业）

发布单位：中国棉纺织行业协会

“三友·唐丝”2020年全国牛仔布产品营业收入排名名单

名次	企业名称	名次	企业名称
1	广东前进牛仔布有限公司	9	山东如意时尚投资控股有限公司（牛仔布产业）
2	浙江金梭纺织有限公司	10	韶关市北江纺织有限公司
3	浙江鑫兰纺织有限公司	11	浙江腾马纺织有限公司
4	宜兴乐威牛仔布有限公司	12	枣庄海扬王朝纺织有限公司
5	黑牡丹（集团）股份有限公司	13	海宁八方布业有限公司
6	佛山市致兴纺织服装有限公司	14	山东岱银纺织集团股份有限公司
7	河北新大东纺织有限公司	15	浙江陆晟纺织有限公司
8	佛山市马大生纺织有限公司		

发布单位：中国棉纺织行业协会

2019年全国棉纺织行业竞争力百强企业名单

名次	企业名称	名次	企业名称
1	山东魏桥创业集团有限公司（棉纺织产业）	24	黑牡丹（集团）股份有限公司（棉纺织产业）
2	鲁泰集团（棉纺织产业）	25	孚日集团股份有限公司(棉纺织产业）
3	天虹纺织集团有限公司	26	苏州震纶棉纺有限公司
4	华孚时尚股份有限公司（棉纺织产业）	27	江苏大生集团有限公司
5	百隆东方股份有限公司	28	德州华源集团有限公司
6	德州恒丰集团（理事单位）	29	湖北孝棉实业集团有限责任公司
7	河南新野纺织集团股份有限公司（棉纺织产业）	30	三阳纺织有限公司
8	江苏联发集团股份有限公司（棉纺织产业）	31	新疆中泰（集团）有限责任公司（棉纺织产业）
9	安徽华茂集团有限公司（棉纺织产业）	32	江苏天华纱业集团
10	临清三和纺织集团有限公司（棉纺织产业）	33	忠华集团有限公司（棉纺织产业）
11	山东如意时尚投资控股有限公司（棉纺织产业）	34	绍兴国周控股集团有限公司（棉纺织产业）
12	福建长源纺织集团	35	齐鲁宏业纺织集团有限公司
13	福建新华源集团	36	际华三五四二纺织有限公司
14	无锡一棉纺织集团有限公司（棉纺织产业）	37	江西金源纺织有限公司
15	华芳集团有限公司（棉纺织产业）	38	焦作市海华纺织股份有限公司
16	江苏悦达纺织集团有限公司（棉纺织产业）	39	南通双弘纺织有限公司
17	淄博银仕来纺织（集团）有限公司	40	舞钢市银河纺织集团
18	浙江盛泰服装集团股份有限公司（棉纺织产业）	41	湖南东信集团有限公司
19	溢达中国控股有限公司（棉纺织产业）	42	立马纺织集团股份有限公司
20	福建金源纺织（集团）	43	南阳纺织集团有限公司
21	山东岱银纺织集团股份有限公司（棉纺织产业）	44	江苏省华宝纺织有限公司
22	石家庄常山纺织集团有限责任公司（棉纺织产业）	45	临清秋华纺织有限公司
23	利泰集团	46	浙江金梭纺织有限公司

续表

名次	企业名称	名次	企业名称
47	福州翔隆纺织有限公司	74	浙江鑫兰纺织有限公司
48	河南平棉纺织集团股份有限公司	75	韶关市北江纺织有限公司
49	江苏康妮投资有限公司	76	江阴美纶纱业有限公司
50	广东前进牛仔布有限公司	77	无锡四棉纺织有限公司
51	许昌裕丰纺织智能科技有限公司	78	帛方纺织有限公司
52	江苏省华强纺织有限公司	79	山东澳亚纺织有限公司(棉纺织产业)
53	吴江京奕特种纤维有限公司	80	浙江七星纺织有限公司
54	湖北金安纺织集团股份有限公司	81	杭州宏峰纺织集团有限公司（棉纺织产业）
55	江苏泰达控股集团有限公司	82	浙江威臣纺织股份有限公司
56	湖南云锦集团股份有限公司	83	浙江春江轻纺集团有限责任公司
57	冠县冠星纺织集团总公司（棉纺织产业）	84	远纺工业（无锡）有限公司
58	江苏双山集团股份有限公司	85	浙江湖州威达集团股份有限公司
59	河北新大东纺织有限公司	86	南宁锦虹棉纺织有限责任公司
60	浙江万舟控股集团有限公司	87	咸阳纺织集团有限公司
61	枣庄海扬王朝纺织有限公司	88	山东联润新材料科技有限公司
62	邓州市永泰棉纺股份有限公司	89	芜湖富春染织股份有限公司
63	山东宏诚集团有限公司（棉纺织产业）	90	愉悦家纺有限公司（棉纺织产业）
64	常州市武进马杭色织布有限公司	91	江苏新金兰纺织制衣有限责任公司
65	河北宏润新型面料有限公司	92	尉氏纺织有限公司
66	河南华星科创股份有限公司	93	兰溪市裕达纺织（集团）
67	诸城市中纺金维纺织有限公司	94	佛山市马大生纺织有限公司
68	浙江鑫海纺织有限公司	95	浙江文荣纺织有限公司
69	武汉裕大华纺织服装集团有限公司	96	际华三五零九纺织有限公司
70	江苏裕纶纺织集团有限公司	97	浙江陆晟纺织集团
71	江苏瓯堡纺织染整有限公司	98	湖南科创纺织股份有限公司
72	山东华兴纺织集团有限公司（棉纺织产业）	99	浙江克罗托纺织有限公司
73	华晨（昌邑）纺织集团（棉纺织产业）	100	佛山市致兴纺织服装有限公司

发布单位：中国棉纺织行业协会

2019年全国棉纺织行业优良发展型企业名单

（按拼音排序）

序号	企业名称
1	丹阳市丹盛纺织有限公司
2	海宁八方布业有限公司
3	杭州奥华纺织有限公司
4	杭州萧山林芬纺织有限公司
5	河南宏达纺织有限公司
6	河南省新野鹏升纺织有限公司
7	湖北富棣田纺织有限公司
8	辉县市黄河纺织有限公司
9	江苏向阳集团有限公司（棉纺织产业）
10	江苏怡人纺织科技股份有限公司
11	江阴市广业纺织有限公司
12	开封市鑫旺棉业有限公司
13	辽宁中泽集团朝阳纺织有限责任公司
14	临清市华兴纺织有限公司
15	临清市志海纺织有限责任公司
16	山东明胜纺织有限公司
17	山东省郓城县鸿丰纺织有限公司
18	山东阳谷顺达纺织有限公司
19	西安纺织集团有限责任公司
20	浙江九舜纺织有限公司

发布单位：中国棉纺织行业协会

2020 年度“福建新华源”非棉纤维应用“火炬手”

序号	单位名称 （按单位首字母顺序排序）	姓名	职务
1	百隆东方股份有限公司	程四新	品质部经理
2	帛方纺织有限公司	刘呈刚	开发主管
3	德州华源生态科技有限公司	张海超	助理工程师
4	福建华源纺织有限公司	马　骏	动力主管
5	福建新华源纺织集团有限公司	冉学兰	细纱主管
6	河南省禹州市神禹纺织有限公司	刘晓歌	质量工艺总监
7	江苏悦达棉纺有限公司	高　菁	质量工程师
8	兰溪市裕达纺织有限公司	董　礼	纺纱车间主任
9	临清秋华纺织有限公司	王生远	纺纱主任
10	陵县恒丰纺织品有限公司	王　丽	生产技术处副处长
11	南通双弘纺织有限公司	吕俊峰	生产部部长
12	山东鲁联新材料有限公司	刘淑云	生产管理部副经理
13	山东正凯新材料股份有限公司	王延永	技术研发部主任
14	魏桥纺织股份有限公司	吕治家	研发中心主任
15	汶上如意技术纺织有限公司	鲁建波	工艺设计员
16	无锡四棉纺织有限公司	吴灿江	车间主任
17	无锡一棉纺织集团有限公司	夏　敏	车间主任
18	新疆富丽震纶棉纺有限公司	黄雨薇	工艺员
19	浙江鑫兰纺织有限公司	朱晓英	研发工程师
20	淄博银仕来纺织有限公司	黄浩华	面料研发部长

发布单位：中国棉纺织行业协会

2021/2022 中国纱线流行趋势推荐产品名单

入围产品名称	推荐单位	产品规格
再生聚酯喷气涡流纺纱	德州华源生态科技有限公司	100%再生聚酯纤维（涤纶）
再生纤维素纤维转杯纺色纺纱	浙江湖州威达集团股份有限公司	100%环保再生纤维素纤维（粘胶）
醋酸纤维混纺纱	山东联润新材料科技有限公司	60%莫代尔/40%醋酯纤维
环保再生棉纱	温州天成纺织有限公司	20% ～60%再生棉
高支再生纤维素纤维紧赛纱	福建新华源纺织集团有限公司	100%莱赛尔，1.33dtex×38mm
再生纤维素纤维纱线	苏州震纶棉纺有限公司	100%环保再生纤维素纤维（粘胶）
纯亚麻短流程赛络纱	河南平棉纺织集团股份有限公司	100%本色脱胶亚麻
循环棉混纺色纺纱	汶上如意技术纺织有限公司	40%循环棉/20%棉/40%原液着色聚酯纤维（涤纶）
抑菌植物染纱	德州恒丰纺织有限公司	精棉/有机棉/新型纤维纯纺或混纺
纯棉无荧光纱	利泰醒狮（太仓）控股有限公司	100%棉
天然舒适保暖混纺纱	安徽华茂纺织股份有限公司	50%腈纶/40%莫代尔/10%羊毛
蓄热保暖三包芯混纺纱	山东岱银纺织集团股份有限公司	53%火山岩灰色聚酯纤维（涤纶）/23%棉/17%涤纶长丝/7%双氨纶丝
保暖中空纯棉纱	魏桥纺织股份有限公司	100%棉
吸湿抑菌亚麻混纺纱	山东岱银纺织集团股份有限公司	38%莱赛尔/28%再生纤维素纤维（粘胶）/19%亚麻/15%锦纶
抑菌混纺赛络纺纱	高青如意纺织有限公司	80%棉/20%再生纤维素纤维（安泰贝）
吸湿发热抑菌赛络纺纱	杭州永昉纺织有限公司	40%功能性再生纤维素纤维（粘胶）/30%功能性腈纶/30%精梳棉
抑菌混毛纱	南京禾素时代抗菌材料科技有限公司	44%棉/19%禾素纤维/9%羊驼毛/28%羊毛
抑菌混纺纱	德州恒诚仓储物流集团有限公司	80%棉/20%星卫纤维

续表

入围产品名称	推荐单位	产品规格
抑菌混纺紧赛纱	临邑恒丰纺织科技有限公司	60%莫代尔/40%恒锦抑菌纤维
抑菌保暖石墨烯纤维混纺纱	魏桥纺织股份有限公司	棉/氨纶/20% ～80%石墨烯纤维
抑菌PHBV混纺紧赛纱	无锡四棉纺织有限公司	70%莫代尔/30%PHBV
精梳紧赛纺超柔纱	扶沟县昌茂纺织有限责任公司	100%棉
高支转杯纯棉纱	利泰醒狮（太仓）控股有限公司	100%棉
再生纤维素纤维转杯纱	林茨（南京）粘胶丝线有限公司	100%莱赛尔
绢丝混纺高支纱	无锡四棉纺织有限公司	50%莱赛尔/25%棉/25%绢丝
再生纤维素纤维锦纶混纺纱	无锡一棉纺织集团有限公司	80%莫代尔/20%锦纶
木棉混纺纱	忠华集团有限公司	60%棉/20%木棉纤维/20%天丝
段彩段弹混纺花式纱	魏桥纺织股份有限公司	5% ～10%舒弹丝纤维
可染丙纶纤维混纺纱	南通双弘纺织有限公司	70%再生纤维素纤维（粘胶）/30%丙纶纤维
再生纤维素纤维绢丝混纺纱	无锡一棉纺织集团有限公司	80%莱赛尔/20%绢丝

发布单位：中国棉纺织行业协会

2020年度中国纺织工业联合会专利奖名单

（棉纺织领域）

金奖

序号	专利名称及专利号	专利权人
1	一种快速反应的色织面料设计生产方法 ZL201710822263.4	东华大学

银奖

序号	专利名称及专利号	专利权人
1	一种可控式花色仿点子纱的制作方法 ZL201110088706.4	百隆东方股份有限公司
2	一次织造成型可充绒羽绒被壳及其生产方法 ZL201710842068.8	魏桥纺织股份有限公司
3	一喷八根纬纱细特高密宽幅织物及生产方法 ZL201310238807.4	际华三五四二纺织有限公司
4	一种特种骨架复合新材料纱线及其制备方法 ZL.201610837231.7	帛方纺织有限公司

优秀奖

序号	专利名称及专利号	专利权人
1	抗静电抑菌热湿舒适性夏装制服面料及其制备工艺 ZL201410839101.8	福建长源纺织有限公司
2	立体横皱起毛毛巾及其织造工艺 ZL201210149784.5	孚日集团股份有限公司
3	多重集聚纺底座等高定位安装工具及其使用方法 ZL201710248671.3	安徽华茂纺织股份有限公司
4	由多台短细纱机串联组成的细纱系统 ZL201510846573.0	南通双弘纺织有限公司
5	具有间歇循环方式的风道装置和去除浮尘飞花方法 ZL201510989568.5	山东岱银纺织集团股份有限公司

2020年度中国纺织工业联合会科学技术授奖名单

（科技进步奖棉纺织有关项目）

壹等奖

序号	项目名称	主要完成单位
1	花式色纺纱多模式纺制关键技术及应用	华孚时尚股份有限公司、江南大学
2	低能耗低排放织造浆纱关键技术及应用	西安工程大学、陕西五环（集团）实业有限责任公司等

贰等奖

序号	项目名称	主要完成单位
1	高品质喷气涡流色纺纱制备关键技术及产业化	百隆东方股份有限公司、绍兴文理学院
2	喷气涡流纺高支高混比汉麻家纺面料生产关键技术及应用	江苏悦达纺织集团有限公司、江南大学
3	喷气涡流纺超高支合股纱的产品开发及技术研究	德州华源生态科技有限公司等
4	全气候热湿舒适纱线设计与制造关键技术	福建长源纺织有限公司、东华大学等
5	集聚型赛络菲尔复合纺纱技术研究及其产品开发	山东联润新材料科技有限公司、中国纺织信息中心
6	高档精纺面料多元复合关键技术研究及产业化	山东如意科技集团有限公司、西安工程大学等

2020 年全国纺织行业技术能手获得者

姓名	单位
赵培培	山东宏儒纺织科技有限公司
牛相双	山东宏杰纺织科技有限公司
张永连	佛山市顺德区联进纺织有限公司
高欣欣	山东铭宏纺织科技有限公司
李　圆	魏桥纺织股份有限公司
宋蕾蕾	山东铭宏纺织科技有限公司

发布单位：中国纺织工业联合会

2020 年全国棉纺织行业技术能手获得者

姓名	单位
任明艳	山东宏杰纺织科技有限公司
郭　磊	山东宏儒纺织科技有限公司
李晓锋	浙江金梭纺织有限公司
刘　静	魏桥纺织股份有限公司
谭美美	广东前进牛仔布有限公司
孙金英	浙江金梭纺织有限公司
杜　丽	江苏悦达纺织集团有限公司
赵　婷	兰溪市鑫盛织造厂
王纯平	兰溪市鑫盛织造厂
唐　艳	黑牡丹纺织有限公司
漆春梅	广东前进牛仔布有限公司
李卫华	黑牡丹纺织有限公司

发布单位：中国棉纺织行业协会、纺织行业职业技能节鉴定指导中心

2020 年全国棉纺织行业织布操作能手获得者

姓名	单位
徐长琴	江苏悦达纺织集团有限公司
陆雪梅	南通东帝纺织品有限公司
吴丹丹	浙江鑫兰纺织有限公司
张萍萍	山东如意牛仔产业集团
祝蓉英	浙江金兆纺织有限公司
赵艳玲	山东岱银纺织集团股份有限公司
李金秋	山东兰雁纺织服装有限公司
陈树容	浙江奇锦纺织有限公司
何　花	山东兰雁纺织服装有限公司
时卫卫	山东如意牛仔产业集团
杨莎莎	河北新大东纺织有限公司
胡　好	佛山致兴纺织有限公司

发布单位：中国棉纺织行业协会、纺织行业职业技能节鉴定指导中心

2019 中国纺织行业年度创新人物

（棉纺织会员单位,按姓氏笔画排序）

姓名	企业名称	职务
卫　江	武汉裕大华纺织服装集团有限公司	党委副书记、总经理
沈方勇	湖北天门纺织机械股份有限公司	董事长
陈　文	福建新华源纺织集团有限公司	总裁
顾元德	宜宾恒丰丽雅纺织科技有限公司	总经理

发布单位：中国纺织工业联合会

2020 年度全国优秀纺织（青年）企业家

（棉纺织会员单位，按姓氏笔画排序）

优秀纺织企业家：

姓名	企业名称	职务
孙传芳	德州恒丰集团	理事长
张艳红	魏桥纺织股份有限公司 威海魏桥科技工业园有限公司	副董事长 董事长
张晓露	宁夏如意科技时尚产业有限公司	董事长
宛秋华	临清秋华纺织有限公司	董事长
童福友	浙江金梭纺织有限公司	董事长

优秀青年企业家：

姓名	企业名称	职务
刘德铭	鲁泰纺织股份有限公司	董事、总监
陈庚召	康平纳集团有限公司	常务副总经理
林济宝	福建隆源纺织有限公司	总经理
宛　斌	临清三和纺织集团有限公司	总经理

发布单位：中国纺织工业联合会

2020年中国纺织工业联合会产品开发贡献奖

（棉纺织企业会员，排名不分先后）

安徽华茂纺织股份有限公司

百隆东方股份有限公司

山东岱银纺织集团股份有限公司

佛山市致兴纺织服装有限公司

江苏占姆士纺织有限公司

江苏欧堡纺织染整有限公司

鲁丰织染有限公司

孚日集团股份有限公司

正凯纺织有限公司

奥康医疗用品股份有限公司

即发集团有限公司

发布单位：中国纺织工业联合会

纺织行业“专精特新”中小企业(第一批)

（棉纺织企业，排名不分先后）

河北力科纺织有限责任公司

临清市志海纺织有限责任公司

山东联润新材料科技有限公司

发布单位：中国纺织工业联合会

2021年实施的棉纺织标准名单

序号	标准号	标准名称
01	FZ/T 10016—2020	纺织经纱上浆用聚丙烯酸类浆料试验方法不挥发物含量测定
02	FZ/T 10020—2020	纺织经纱上浆用聚丙烯酸类浆料试验方法粘度测定
03	FZ/T 12005—2020	普梳涤与棉混纺本色纱线
04	FZ/T 12040—2020	涤纶（锦纶）长丝/氨纶包覆纱
05	FZ/T 12067—2020	涤纶羊毛混纺本色纱
06	FZ/T 12015—2020	天然彩色棉纱线及含天然彩色棉纱线
07	FZ/T 12045—2020	粘胶纤维色纺纱
08	FZ/T 15002—2020	纺织经纱上浆用聚丙烯酸类浆料

中国棉纺纺织精品基地

（按申请时间排列）

安徽华茂集团

“中国棉纺织精品基地”

百隆东方有限公司

“中国色纺纱精品基地”

华孚时尚股份有限公司

“中国色纺纱精品基地”

三阳纺织有限公司

“中国纯棉高支漂白纱线精品基地”

德州华源生态科技有限公司

“中国差别化纱线精品基地”

青岛纺联控股集团有限公司

“中国多组份纱布精品基地”

南通双弘纺织有限公司

“中国化纤混纺纱精品基地”

福建省长乐市新华源纺织有限公司

“中国粘胶纱线精品基地”

中国棉纺织特色产品生产基地

（按申请时间排列）

福建省长乐市华源纺织有限公司

“中国粘胶纱特色产品生产基地”

湖南云锦集团股份有限公司

“中国新型纤维牛仔纱特色产品生产基地”

福建省长乐市恒源纺织有限公司

“中国粘胶混纺产品生产基地”

浙江湖州威达集团股份有限公司

“中国色纺新型纺纱特色产品生产基地”

吴江京奕特种纤维有限公司

“中国喷气涡流纺纱特色产品生产基地”

南通纺织控股集团纺织染有限公司

“中国纯棉中粗支漂白纱特色产品生产基地”

杭州金丰纺织有限公司

“中国差别化纱线特色产品生产基地”

河南省舞钢市

“中国紧密纺纱线生产基地”

江苏新金兰纺织制衣有限责任公司

“中国色纺纱特色产品生产基地”

湖北德永盛纺织有限公司

“中国纯棉赛络纺竹节纱特色产品生产基地”

中国棉纺织行业节能减排技术暨创新应用目录（第八批）

（按企业名称拼音排序）

节能减排创新应用技术

序号	应用名称	企业名称
1	空压机余热全方位利用	帛方纺织有限公司
2	绿色纺纱生产线建设项目	福建长源纺织有限公司
3	空压系统节能改造	河南平棉纺织集团股份有限公司
4	纺纱"重定量、大牵伸"高效工艺	河南平棉纺织集团股份有限公司
5	新能源车辆的使用	河南平棉纺织集团股份有限公司
6	设备电气控制和环保设施技术改造	江苏伊思达纺织有限公司
7	节能技术系列改造	江苏悦达棉纺有限公司
8	A191B条卷机自动上管自动落卷自动化改造	魏桥纺织股份有限公司
9	FA076成卷机自动化改造	魏桥纺织股份有限公司
10	降低国产高速精梳机落棉率	魏桥纺织股份有限公司
11	"两高一低一无"浆纱工艺关键技术	浙江玉帛纺织股份有限公司

节能减排相关技术

序号	技术名称	企业名称
1	一种雾化无盲区靶式撞击流喷嘴	陕西金翼通风科技有限公司
2	筒子纱智能染色工厂	泰安康平纳机械有限公司

中国棉纺织行业协会
China Cotton Textile Association

中国棉纺织行业产品品牌

（纱类）

纯棉本色纱

- 安徽华茂集团有限公司
- 无锡一棉纺织集团有限公司
- 舞钢市银河纺织有限公司
- 江苏悦达棉纺织有限公司
- 江苏省华宝纺织有限公司
- 江苏裕纶纺织集团有限公司
- 重庆三峡技术纺织有限公司
- 天津天纺投资控股-北洋纺织
- 河北新大东纺织有限公司
- 南通华强布业有限公司
- 德州华源生态科技有限公司
- 河南新野纺织股份有限公司
- 魏桥纺织股份有限公司
- 石家庄常山恒新纺织有限公司
- 山东岱银纺织集团股份有限公司
- 河南永安纺织有限公司
- 华芳集团有限公司
- 三阳纺织有限公司
- 山东明胜纺织有限公司

纯棉色纺纱

- 广东溢达纺织有限公司
- 汶上如意技术纺织有限公司
- 百隆东方股份有限公司
- 江阴市天华纱业有限公司

化纤及混纺本色纱

- 山东联润新材料科技有限公司
- 福建新华源发展集团
- 江苏大生集团有限公司
- 南通双弘纺织有限公司
- 福建长源纺织有限公司
- 南通华强布业有限公司
- 福建省长乐市锦源纺织有限公司
- 重庆三峡技术纺织有限公司
- 巴州金富特种纱业有限公司
- 湖南东信集团有限公司
- 苏州震纶棉纺有限公司
- 帛方纺织有限公司
- 福建长源纺织有限公司
- 山东大海集团有限公司
- 福建省长乐市金源纺织有限公司
- 江苏双山集团股份有限公司
- 福州翔隆纺织有限公司
- 无锡四棉纺织有限公司

中国棉纺织行业协会
China Cotton Textile Association

中国棉纺织行业产品品牌

（布类）

纯棉本色布

- 无锡一棉纺织集团有限公司
- 安徽华茂集团有限公司
- 际华三五零九纺织有限公司
- 天津天纺投资控股有限公司
- 浙江鑫海纺织有限公司
- 际华三五四二纺织有限公司
- 河南新野纺织股份有限公司
- 魏桥纺织股份有限公司
- 三阳纺织有限公司
- 浙江立马云山纺织股份有限公司
- 浙江兰棉纺织有限公司
- 荆州市奥达纺织有限公司

纯棉色织布

- 广东溢达纺织有限公司
- 鲁泰纺织股份有限公司
- 江苏联发纺织股份有限公司
- 江苏占姆士纺织有限公司

纯棉牛仔布

- 浙江金梭纺织有限公司
- 临邑澳泰纺织有限公司
- 佛山市马大生纺织有限公司
- 黑牡丹纺织有限公司
- 枣庄海扬王朝纺织有限公司
- 魏桥纺织股份有限公司
- 广东前进牛仔布有限公司
- 佛山市致兴纺织服装有限公司
- 山东兰雁纺织服装有限公司

化纤及混纺本色布

- 际华三五四二纺织有限公司
- 际华三五零九纺织有限公司
- 淄博银仕来纺织有限公司

化纤及混纺牛仔布

- 山东兰雁纺织服装有限公司
- 韶关市北江纺织股份有限公司
- 河北新大东纺织有限公司
- 枣庄海扬王朝纺织有限公司
- 浙江鑫兰纺织有限公司

2020 年中国棉纺织行业协会活动掠影

参观香山革命纪念馆 · 北京

主题党日活动 · 北京

党员领导干部讲党课

党建工作2020年度总结会 · 北京

大湾区纱线展直播逛展 · 深圳

国际纱线展 · 上海

中国纱线流行趋势交流会 · 深圳

国际面料展 · 上海

非棉纤维应用火炬手颁奖 · 南通

棉纺织全产业链高峰论坛 · 郑州

新原料应用及智能制造交流研讨会 · 邹平

智能制造发展论坛 · 兰溪

中国棉纺织总工程师论坛 · 南通

棉织委员会联席会 · 上海

新产品鉴定会 · 枣庄

标准审稿会 · 南昌

织布工大赛 · 兰溪

调研 · 广东